주택연금 농지연금 산지연금

“100세 시대 노후? 100% 완벽 준비 끝!!”

저자 | 이호근 부동산연금박사

신아사

이호근

(현) 한국자산관리공사(캠코) 온비드 전문가칼럼 칼럼니스트
(현) 황경진 경매전문학원 부원장
(현) 황경진경매TV(주) 전임교수
부산대학교 환경대학원 도시계획학과 공학석사(도시계획)
서울대학교 환경대학원 도시 · 환경 고위정책과정 수료
E-mail : ho6866@hanmail.net

주택연금 농지연금 산지연금

1판 1쇄 발행 _ 2023년 8월 18일
1판 2쇄 발행 _ 2024년 2월 25일

저　자 · 이 호 근
발행인 · 정 현 걸
발　행 · 신 아 사
인　쇄 · 부건애드
주　소 · 서울특별시 은평구 통일로 59길 4 (2F)
전　화 · (02) 382-6411　팩스 · (02) 382-6401
홈페이지 · www.shinasa.co.kr
E-mail · shinasa@daum.net
출판등록 · 1956년 1월 5일 (제 9-52호)

ISBN 979-11-92428-99-4 (13320)

정가 30,000원

추천사

우리가 복지 선진국이라고 하면 대부분 국민이 노후 자금으로 몇억 원씩 준비하고 있는 나라라고 생각하기 쉽지만 그렇지 않습니다. 세상을 떠날 때까지 최소생활비 정도를 연금으로 받을 수 있도록 준비하고 있는 나라가 선진국입니다. 예를 들어 미국, 일본, 독일과 같은 선진국의 시니어들에게 "당신의 매월 주 수입원이 뭐예요?"라고 물어보면 60~90% 정도가 공적·사적연금이라고 대답합니다. 반면, 우리나라의 경우에는 주 수입원이 연금이라고 대답하는 시니어의 비율을 20%를 조금 넘는 수준입니다. 전직 공무원, 군인, 교직원과 특별히 개인적으로 연금 준비를 한 일부 시니어들만이 여기에 해당되기 때문입니다. 경제협력개발기구(OECD) 가입국 중 우리나라의 노인빈곤율이 가장 높은 이유 중 하나가 바로 여기에 있습니다. 그런데, 노후 최저 생활비 정도를 매월 연금으로 받기 위해서는 연금보험료 납부기간이 길어야 합니다. 20~30대 사회생활 시작과 동시에 3층 연금(국민연금, 퇴직연금, 개인연금)에 가입해야 하는 이유입니다.

그렇다면 3층연금으로 노후 최소생활비 정도를 받을 수 있도록 준비하지 못한 경우에는 어떻게 해야 할 것인가? 그런 분들을 위해 마련된 것이 주택연금, 농지연금 그리고 산지연금입니다. 이 세 가지 연금을 묶어서 부동산연금이라고 부릅니다. 이 책에서는 이 세 가지 부동산연금의 개념, 이용방법, 이용할 때 유의할 점, 동영상 상담사례 등을 자세히 소개하고 있습니다.

저자인 이호근 부원장은 부산대학교 도시공학과 석사과정(도시공학), 한양대학교 LBA 법률 부동산과정, 서울대학교 도시 · 환경 최고위과정 등에서 부동산학을 공부하고 동아대, 한양대 등에서 부동산공법을 강의하였으며, 한국자산관리공사 온비드의 전문가 컬럼니스트로도 활약하고 있습니다. 2016년부터는 황경진 경매학원 부원장으로 부동산연금 관련 강의와 물건분석 등에 대한 컨설팅을 하고 있습니다.

부동산 불패신화가 지배하고 있는 우리나라에서는 상당한 부동산을 소유하고 있으면서도 노후생활비 부족으로 힘들어하는 분들이 많습니다. 부동산만은 자녀에게 상속해야 한다는 고정관념 때문일 것입니다. 그러나 지금과 같이 노인이 노인에게 재산을 상속하는 시대에 이미 노인이 된 자녀에게 재산을 상속한들 무슨 의미가 있을까요? 차라리 그 부동산을 연금화하여 노후자금의 어려움을 더는 게 부모 입장에서도 자녀 입장에서도 훨씬 현명한 선택이 되지 않을까 생각합니다.

저자 이호근 부원장은 노후자금 문제로 어려움을 당하고 있는 많은 시니어분들의 모습을 보면서 그분들의 현명한 선택을 돕기 위해 이 책을 쓸 결심을 했다고 합니다. 100세 시대 후반인생 설계와 자산관리 측면에서 부동산의 연금화 문제를 고민하고 계시는 많은 분들께 이 책의 일독을 권해드립니다.

트러스톤자산운용 연금포럼

대표 강 창 희

추천사

바야흐로 100세 시대이다. 믿기지 않겠지만 적어도 이 책을 읽는 분이라면, 노후준비는 거의 확실히 준비했다고 본다. 장수가 축복인 시대는 이제 서서히 막을 내렸다고 해도 과언이 아니다. 대가족 시대에는 집안 누군가가 집안 어른의 노후를 책임을 지고 부양을 하였다. 심지어는 친인척 및 이웃 조차도 모른 척하지 않고 노후를 함께 했다. 이제는 핵가족 시대라 노후는 가족이 아닌 본인와 배우자가 미리 준비하여야 한다. 국민연금이 있기는 하지만 길고 긴 노후를 책임지기에는 턱없이 부족하다.

처음 이 책의 원고를 접하였을 때 참으로 시기적절하다고 생각했다. 누구나가 노후를 준비한다고 하지만 막상 어떻게 해야할 지 모르기 때문이다. 대부분 귀 동냥으로 여기저기 알아보지만 별다른 대책을 찾지를 못하고 있고 일자리 찾는데만 혈안이 되어있다. 누구나 살고 있는 집을 연금으로 생각하는 사람은 별로 없다. 이제는 자식들이 직장이나 일자리를 가지는 순간부터 각자의 독립된 경제생활을 해야 한다.

이 책을 읽는 분이라면 아직도 늦지 않다. 지금부터 시작하면 된다. 지금과 같은 부동산 하락기에는 주택이나 농지, 산지 매입의 적기이다. 더군다나 경매나 공매로 구입한다면 더더욱 좋은 시기이다. 꼭 부동산 하락기가 아니라도 내가 관심을 가지고 노력하는 순간이 가장 빠른 좋은 시기이다. 여러분은 이 책을 만난다는 것이 얼마나 행운인지 책을 다 읽고 나면 알게 될 것이다.

그런 의미에서 이 책은 아주 특별하다. 농지 · 주택 · 산지연금을 준비하는데 아주 안성맞춤인 책이다. 각각의 연금을 준비하는데 하나에서 열까지 친절하게 안내해 준다. 실제 사례까지 하나하나 알려준다. 그래서 이 책은 은퇴를 앞두거나 준비하는 분들에게는 꼭 필요한 책이다.

이학박사, 경 · 공매 전문가

김 민 환

추천사

주택연금, 농지연금, 산지연금 활용으로 노후를 안전하게 운영하려면? 그것도 국가기관에서 지급한다는데? 그게 어디 쉽나 쉬우면 다 하지, 나랑 상관 없는 일 아닐까? 라고들 말한다. 나하고 먼 이야기지, 그것도 있는 사람 이야기지... 이렇게 치부하지 말자.

물론 혼자서 더듬어 보면 쉽지 않다. 생선을 사려면 생선가게에, 과일을 사려면 과일가게에, 연금 제대로 챙기려면 제대로 된 안내서 보면 되는 거지. 그래서 전문가 찾는 거 아닐까. 지금 내 눈앞에 딱!! 지침서를 들고 이.호.근. 그가 나타났다.

부모님들은 항상 염려한다. 늙으면 안 아파야지, 자식들한테 손 안 벌려야지, 구차하게는 살지 말아야지... 이런 저런 걱정을 하시면서도 막상 노후자금을 확보하는 건 생각보다 쉬운 일이 아니라 걱정만 하신다.

그런데 방법이 있다 하지 않은가? 그것도 그 누구보다 믿을 수 있는 국가기관에서 준다는데? 경제적 안정을 찾기 위한 대안으로 이만한 게 있을까 싶은 소액부터 고액까지 맞춤 연금 안전하게 보장 받으려면 전문가가 쓴 책을 손에 쥐고 안내에 따라 가보자. 분야 최고 전문가와 협업하며 실전경험을 쌓아온 부동산연금박사 이호근 경 · 공매 전문가, 그를 만나보자. 이 책안에 그 답이 있다.

CFO(주)KGMC

서 영 인

머리글

고령화가 빠르게 진행되고 있는 국내 사정을 고려할 때, 매달 지급받는 연금의 필요성은 매우 중요하다. 최근 OECD의 '2022 한국경제보고서'에 따르면 한국은 급격한 고령화와 경제활동 인구에 비해 노인 부양 비율이 과도하게 증가할 것으로 예측되고 있다.

103세 철학자
김형석 연세대 명예교수님.
"인생은 2단계 아니고,
3단계가 더 중요하다"

우리는 50세 전후 퇴직 후 100세 시대를 맞이하는 초고령화 사회에 직면하고 있다. 2022년 기준으로 우리나라 국민들의 기대 수명은 평균 83.5세로, 남성은 80.5세, 여성은 86.5세로 지속적으로 증가하고 있다.

이러한 초고령화 사회에서 국민연금 등의 공적 연금은 고령층의 노후 생활을 보장하기에는 역할이 부족하다. 우리나라 60대 이상 계층의 가계 자산 중 부동산 비중은 82%에 이르며, 미국과 일본의 경우는 부동산 자산이 비율이 각각 30%와 38%로, 금융 자산의 비중이 50~70%를 차지하고 있다. 실제로 선진국들의 노후 준비는 주로 금융 자산에 중점을 두고 있다.

낮엔 태권도 관장, 밤엔 택배... 30대 아빠의 '슬픈 투잡'

23일 새벽 1시. 서울 동작구 빌라촌 내 18평 투룸 반(半)전셋집 안방에서 휴대전화 알람이 요란하게 울렸다. 태권도장 관장 김모(39)씨가 알람을 끄고 일어나, 아내가 깨지 않도록 조심스레 옷을 챙겨 입고 거실로 나갔다. 식탁 위 삶은 계란 두 알을 까먹고, 관원 아이들을 태워 주는..

정책 >

노인의 나라 韓… 50년 뒤 인구 둘 중 하나는 '65세 이상'

통계청 '고령자의 특성·의식 변화' 발표
2037년 되면 '75세 이상' 〉 '65~74세'
75세↑ 40%·65~74세 60% "일하고파"
고령 가구 10곳 중 6곳은 "소득 부족해"

서울 탑골공원 인근에서 어르신들이 무료급식을 기다리고 있다. /연합뉴스

국내의 금융 자산전문가인 강창희 트러스톤 연금포럼 대표는 "노후 준비의 가장 중요한 원칙은 매달 안정적인 현금 흐름을 확보하는 재무 설계"라고 강조하며, 연금박사인 이영주는 "우리나라는 많은 사람들이 위험한 발상으로 목돈과 부동산 자산만으로 노후를 준비하지만, 이는 매우 위험한 접근 방식"이라고 연금의 필요성을 강조하고 있다.

경 · 공매 전문가인 법학박사 황경진 경매전문학원장도 "경매나 공매를 통해 '주택연금', '농지연금', '산지연금'으로 매달 최소 500만원 이상의 연금을 준비하는 것이 가장 확실한 노후준비 방안"이라고 강조하고 있다.

노후 준비는 건강한 신체적인 생활 유지, 적극적이고 다양한 사회활동, 경제적인 노후 대책 마련 등을 포함하는 일이다.

국민연금공단 국민연금연구원이 2023년 1월에 발표한 '제9차(2021년도) 중 · 고령자의 경제생활 및 노후준비실태' 보고서에 따르면, 국내 50대 이상 중 · 고령자들은 평균적으로 노후를 시작하는 나이를 69.4세로 설정하고 있으며, 향후 상향되겠지만 부부 기준으로 평균 월 생활비는 최소 277만원, 개인은 177만원 수준으로 조사되었다.

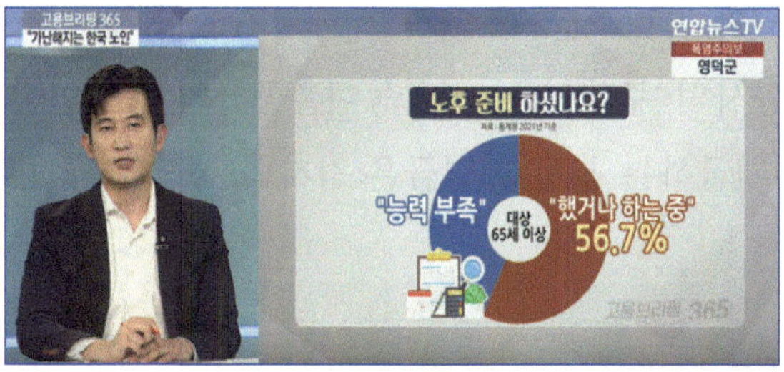

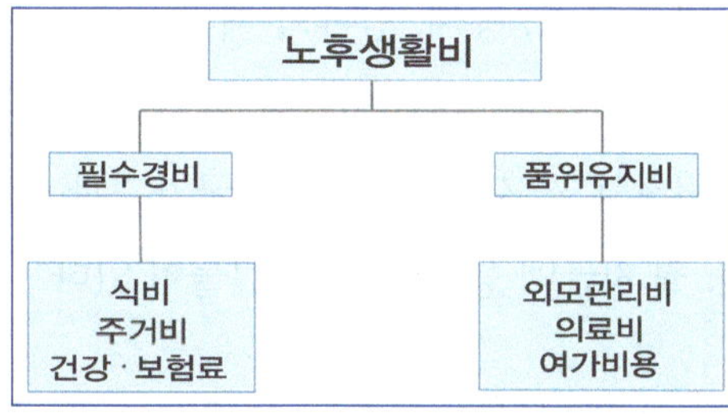

적정한 생활비는 건강한 노년을 전제로 하며, 표준적인 생활을 유지하기에 적정한 비용을 의미한다. 그러나 2022년 9월 말 기준 국민연금의 평균 수령액은 약 58만원으로, 고령자들이 인식하는 개인 최소 생활비의 절반에도 미치지 못하는 수준이다. 국민연금에만 의존한다면 노후는 재앙이 될 수 있으며, 자녀들에게 부담을 지우지 않기 위해서는 국민연금 외에 다른 연금 수입과 평생 현역을 준비해야 한다.

저자는 고령화 대비를 위해 부동산 연금의 필요성을 강조하고 있으며, 국가기관에서 지급하는 부동산 연금 3가지인 '주택연금', '농지연금', '산지연금'을 경매 · 공매를 활용하여 100세 시대를 준비하는 최선의 노후 보장 및 완벽한 대책으로 제시하고 있다. 50대 자녀들은 부모님의 건강과 행복을 위해 지금부터 준비를 시작해야 한다.

2020~2021년에는 국내 부동산 시장이 과열되었지만, 2023년부터는 부동산 시장이 침체기에 접어들어 L자형 장기침체를 우려하는 전문가들이 많다. 경매 · 공매 물건도 급속히 증가하는 추세이다.

경매 감정가가 조금 높게 평가되었다고 하더라도, 일반 감정가를 기준으로 한 경매 · 공매를 통해 부동산 연금 물건을 취득하는 것은 수익률과 재테크 측면에서도 가장 우수한 선택이라고 필자는 생각한다.

최근 주택, 농지, 임야의 매각가율은 물건에 따라 차이가 있지만, 매각가율이 계속해서 하락하고 있다. 앞서 언급한 한국주택금융공사의 '주택연금', 한국농어촌공사의 '농지연금', 산림청의 '산지연금'과 같은 국가기관에서 지급하는 부동산 연금은 각자의 특징과 가입조건, 월 지급액 등 다양한 조건들이 있다.

이와 관련하여, 필자는 자세한 상품 내용을 설명하고, 노후 준비를 하는 분들의 궁금점을 사례 위주로 쉽게 설명하고 있다.

출처는 유튜브 '법학박사 황경진경매TV'의 주택연금 524강(1072강, 1074강, 1165강 등)과 농지연금 1172강(1061강, 1078강, 1167강 등) 유튜브 또는 네이버에서 구독하면 큰 도움이 된다.

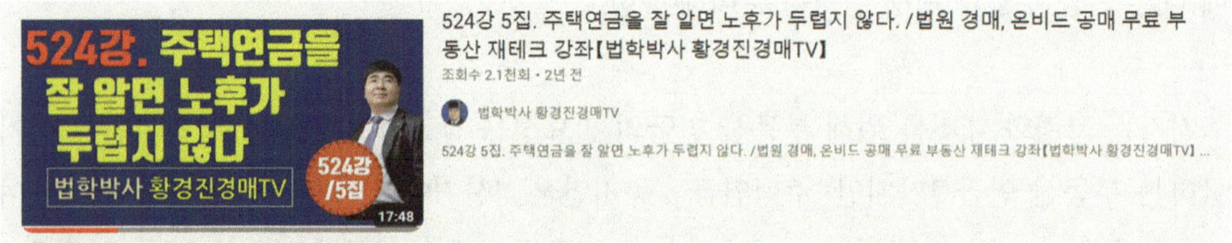

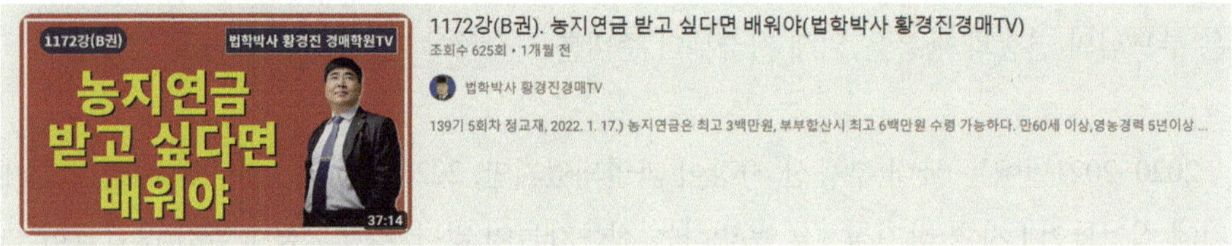

퇴직 후의 불안과 막막한 노후 준비를 정부 기관에서 주관하는 평생 연금으로 해결해드려, 고령화라는 피할 수 없는 현실을 재앙이 아니라 더 행복하고 건강한 노후 생활로 만들어 드릴 것을 약속한다.

마지막으로 이 책이 나오기까지 격려와 용기, 그리고 희망을 주신 분들이 계셨습니다.

강창희 트러스톤 자산운용 연금포럼 대표께 먼저 감사 인사를 드립니다.

제가 보잘 것 없는 원고로 집필을 시작할 때, 대표님께서는 그 원고에 힘과 용기를 불어넣어 주셨습니다. 그 덕분에 이 과정이 순풍에 돛을 달았습니다. 대표님의 말씀 하나하나가 저에게 소중한 신념을 주었습니다.

법학박사 황경진 경매학원장은 항상 '청출어람'을 강조하시며, 공부하고 노력해야 한다는 것을 몸소 보여주셨습니다. 원장님께서는 저에게 '물 들어올 때 노를 젓는 법'을 가르쳐 주시며, 경 · 공매의 네비게이션 역할을 넘어 삶의 좌표를 설정해 주셨습니다. 이 귀한 출간의 기쁨을 느낄 수 있었던 것은 원장님 덕분입니다.

김민환 박사께서는 출판 준비과정에서 원고 하나하나 교정과 무한한 아이디어를 주시고, 그리고 헌신적인 시간 주심에 감사의 말씀을 전합니다. 또한 박사과정을 열심히 수행 중인 배준범 후배께도 감사의 말씀을 전하고 싶습니다.

무엇보다 빛나는 책이 되게 해 주신 도서출판 신아사 정현걸 대표님, 김금란 실장님께 진심을 다해 감사드립니다. 연중 가장 바쁜 일정 중인데도 출간에 온 정성을 기울여 주셨고, 향후 도서 보급에도 특별한 지지를 해 주셨습니다.

더불어 언제나 힘들 때 함께 고민해 준 아내의 헌신과 지지 덕분에 이런 책이 제 곁에 오게 되었기에 말로는 못 다한 고마움을 전합니다. 그녀는 항상 곁을 지켜주는 친구이자, 훌륭한 멘토이니까요.

또 아들 정우, 딸 지혜, 손녀 루희 , 손자 루호에게도 얼마나 소중하고 고마운 존재인 지 말하고 싶습니다.

이밖에 저를 있게 한 가족과 친인척, 지인, 선후배를 비롯하여 오랫동안 제 곁에서 함께 해주신 모든 분들께 머리 숙여 감사를 드리며, 더욱 노력하며 성장하는 모습을 보여드리겠습니다.

2023년 8월

한국자산관리공사 온비드 전문가 칼럼니스트 겸

황경진 경매전문학원 부원장 저자 이호근 씀

차례
CONTENTS

CONTENTS

CONTENTS

CONTENTS

제2편 농지연금

CONTENTS

CONTENTS

CONTENTS

제3편 산지연금

CONTENTS

CONTENTS

제 1 편 주택연금

중앙SUNDAY : 비즈니스 | 배현기의 연령별, 상황별 연금 설계

주택연금, 집값 떨어져도 지급액 안 줄고 평생 수령 가능

중앙선데이 | 입력 2022.08.06 00:53 지면보기 지면보기

조선경제 > 증권·금융

집값 떨어지자… 주택연금 가입 56%나 늘었다

정부도 노후 빈곤대책으로 적극권장 '인기몰이'

김지섭 기자
업데이트 2023.06.13. 15:54

지난해 이후 집값 하향세와 정부 정책 등에 힘입어 노후에 집을 담보로 매달 연금을 받는 '주택연금' 가입자가 크게 늘고 있다. 11일 주택금융공사에 따르면 올해 1분기(1~3월) 주택연금 신규 가입자는 5057명으로 지난해 1분기(3233명)보다 56.4% 증가했다. 지난해 1분기에도 신규 가입자가 전년보다 30.7% 늘었는데 2년 연속 급증한 것이다. 갈수록 자녀가 부모를 부양하는 걸 기대하기 어려워지고, 가계 자산의 대부분이 부동산인 만큼 주택연금 가입자는 앞으로도 꾸준히 늘어날 것으로 보인다.

제1장 주택연금

1. 주택연금의 개념 및 종류

1) 주택연금(주택담보 노후연금보증)의 개념

주택 소유자 또는 주택 소유자의 배우자가 55세 이상인 경우로서

(1) 주택 소유자가 소유 주택에 (근)저당권을 설정하거나,

(2) 주택 소유자와 한국주택금융공사와 체결한 신탁 계약(주택 소유자 또는 주택 소유자의 배우자를 수익자로 하되, 한국주택금융공사를 공동 수익자로 하는 계약)에 따른 신탁을 등기하여 금융기관으로부터 평생 또는 일정한 기간 동안 매월 연금 방식으로 노후 생활자금을 지급받는 국가 보증의 금융상품(역모기지론)을 말한다.[1)]

역모기지론

소득이 없는 고령자가 자신이 소유한 주택을 담보로 제공하고 노후생활 자금을 매달 대출받는 제도이다. 역모지기론은 소득이 없어도 상환은 사후에 하면 되므로 주거가 안정되며, 소득이 없는 경우에도 상환 압박이 없다. 그리고 주택연금은 양도소득세 걱정이 없는 것이 큰 장점이다.

2) 주택연금의 지급구조

주택연금 가입자를 위한 국가보증업무는 한국주택금융공사에서 수행하고 있으며, 금융기관은 한국주택금융공사의 보증서에 따라 주택연금 가입자에게 대출 방식으로 주택연금을 지급한다. 이와 같은 주택연금의 지급구조는 다음과 같다.

1. 상담·/신청 (공사)	→	2. 심사 (공사)	→	3. 보증약정/담보설정 (공사)	→	4. 보증서 발급 (공사)	→	5. 대출실행 (금융기관)
- 주택연금 설명서 및 체크리스트 - 신청서 및 필요 서류 제출		- 가입자 요건심사 - 현장방문 조사 - 담보주택 가격 평가 등		- 약정서 작성 - 근저당권 설정		- 보증서 발급 (온라인)		- 대출약정 - 주택연금 수령 - 기타 비용 납부

1)「한국주택금융공사법」 제2조 8의2호 및「한국주택금융공사법 시행령」 제3조의2 제2항.

3) 주택연금의 종류

주택연금은 (근)저당권 방식에 따라 ① 주택에 (근)저당권을 설정하여 담보로 제공하는 기존의 (근)저당권 방식, 그리고 2021년부터 새로 도입된 (근)저당권 방식인 ② 주택 소유자와 공사가 체결하는 신탁 계약에 따른 신탁을 등기(소유권 이전)하여 담보로 제공하는 신탁 방식으로 구분된다.

구 분	(근)저당권 방식	신탁 방식
담보 제공 방법	• (근)저당권 설정(가입자)	• 신탁등기(공사)
배우자 승계	• 연금 가입자 사망 시 배우자가 자녀 등 공동 상속인의 동의를 얻어 주택 소유권을 100% 확보 후 주택연금 승계 가능	• 연금 가입자 사망 시 신탁 계약에 따라 배우자가 수익권을 취득하고, 공동 상속인의 동의나 별도 등기 절차 없이 주택연금 승계 가능
잔여 재산 귀속	• 담보주택 처분 후 잔여 재산은 민법에 따라 법정 상속인에게 귀속	• 담보주택 처분 후 잔여 재산은 사전에 연금 가입자가 지정한 귀속 권리자에게 귀속
실거주 요건	• 연금가입자 또는 배우자가 담보주택에 실거주해야 함	• 연금 가입자 또는 배우자가 담보주택에 실거주해야 함
임대차	• 보증금 있는 임대차 불가 (보증금 없는 월세만 가능)	• 보증금 있는 임대차 가능 (보증금은 공사가 지정하는 은행에 예치)
담보 취득 비용	• 가입자가 부담하되, 「지방세특례제한법」에 따라 '24.12월까지 등록면허세를 75% 감면	• 가입자가 부담하되, '22.12월까지는 공사가 부담
담보주택 유형	• 주택, 노인복지 주택[2], 주거 목적 오피스텔 • 주거 면적이 50% 이상인 복합용도 주택	• 주택, 노인복지주택, 주거 목적 오피스텔. ① 복합용도 주택, ② 법령 등에 따라 주택 소유 자격이 제한된 주택, ③임대차보증금이 있는 임대차 계약이 3건 이상인 임대목적 주택인 경우 이용 제한

4) 주택연금 설치 목적 및 근거

주택연금은 55세 이상 어르신들의 주거 안정(종신 거주)과 노후소득 보장(종신연금)을 동시에 달성함으로써 국민의 복지 증진과 국민경제의 발전에 이바지함을 목적으로 한다.[3]

---

2) 주택연금에 가입이 가능한 노인복지주택 현황은 <한국주택금융공사 홈페이지-주택연금-주택연금 소개-법규에 의한 공고사항> 부분에서 확인할 수 있다.

3) 「한국주택금융공사법」 제1조 및 「한국주택금융공사법 시행령」 제3조의2제2항.

2. 주택연금의 장점

1) 평생거주, 평생지급

평생 동안 가입자 및 배우자 모두 내 집에서 거주할 수 있다. 부부 중 한 분이 돌아가신 경우에도 연금 감액 없이 100% 같은 금액의 지급이 보장된다.

2) 국가가 지급보증

국가가 연금지급을 보증하므로 연금지급 중단 위험이 없다.

3) 합리적인 상속

주택연금 가입자 및 배우자 모두 사망한 후 연금 수령액이 집값을 초과하더라도 부족분을 상속인에게 청구하지 않으며, 반대로 집값이 남는 경우 남는 부분은 상속인에게 돌아간다.

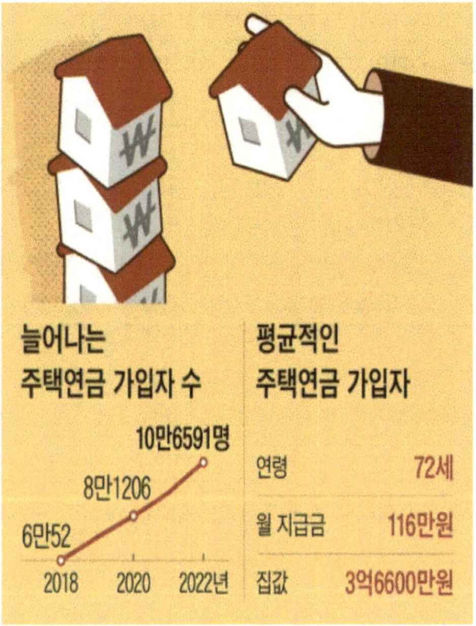

그래픽=김하경

연령 및 집값에 따른 주택연금 월 수령액(원)

종신 지급 방식·정액형, 올해 3월 1일 기준

	집값 6억원	7억	8억	9억	10억	11억	12억
55세	90만 7000 수령	105만 8000	120만 9000	136만	151만 2000	166만 3000	181만 4000
60세	122만 8000 수령	143만 3000	163만 8000	184만 3000	204만 7000	225만 2000	245만 7000
65세	147만 8000 수령	172만 4000	197만 1000	221만 7000	246만 4000	261만 5000	
70세	180만 3000 수령	210만 4000	240만 5000	270만 5000		276만 3000	
75세	224만 수령	261만 3000			297만 7000		
80세	285만 5000 수령				331만		

자료=주택금융공사

그래픽=김하경

4) 다양한 세제혜택

(1) 주택연금에 가입하면서 주택(「주택법」 제2조 제4호의 준주택 중 주거 목적으로 사용되는 오피스텔 포함)에 대해 (근)저당권 설정 시 등록면허세를 감면받을 수 있다.[4)]

(2) 주택연금에 가입하면서 담보로 제공된 주택에 대한 재산세와 장기주택 저당대출에 가입하면서 담보로 제공된 주택에 대한 재산세는 다음의 기준에 따라 감면받을 수 있다.[5)]

① 주택연금을 이용하는 동안 주택연금 가입주택(1가구 1주택인 경우로 한정)의 시가 표준액이 5억원 이하인 경우에는 재산세의 25%를, 시가 표준액이 5억원을 초과하는 경우에는 5억원에 해당하는 재산세액의 25%를 2024년 12월 31일까지 감면받을 수 있다.[6)]

② 금융기관으로부터 연금 방식으로 생활자금 등을 지급받기 위해 장기 주택 저당대출에 가입한 경우에 담보로 제공하는 주택(1가구 1주택인 경우로 한정)의 주택 공시가격 등이 5억원 이하인 경우에는 재산세의 25%를, 주택 공시가격 등이 5억원을 초과하는 경우에는 5억원에 해당하는 재산세액의 25%를 2024년 12월 31일까지 감면받을 수 있다.[7)]

---

4) 「지방세특례제한법」 제35조제1항.

5) 「지방세특례제한법」 제35조제2항 · 제3항.

6) 「지방세특례제한법」 제35조제2항.

7) 「지방세특례제한법」 제35조제3항.

제2장 주택연금 가입

1. 가입조건

1) 주택연금 가입연령

(1) 가입 가능한 나이

본인 또는 배우자의 나이가 55세 이상인 주택 소유자는 주택연금에 가입 할 수 있다.[8)]

(2) 나이 계산 방법[9)]

① 나이 계산은 한국주택금융공사의 보증을 받기 위해 최초로 주택에 (근)저당권 설정 등기를 하는 시점을 기준으로 한다.

② 나이는 주민등록상 생년월일을 기준으로 년 · 월 · 일까지 계산하여 년 미만은 버린다.

(3) 최고 가입 가능 나이 제한은 없다.[10)]

2) 치매 어르신 등의 주택연금 가입방법

(1) 성년후견제도를 활용한 주택연금 가입

① 주택연금 가입자는 의사능력 및 행위능력이 있어야 한다.

② 주택은 소유하고 있지만 치매 등을 앓고 있어 주택연금 가입이 어려운 어르신들은 성년후견제도를 활용해 주택연금에 가입할 수 있으며, 이 경우 한국주택금융공사에 후견 등기에 관한 "등기사항증명서" 등을 제출한 후 후견의 종류별로 다음과 같은 방법으로 가입한다.[11)]

---

8)「한국주택금융공사법 시행령」 제3조의2제2항 및「주택담보노후연금보증규정」(한국주택금융공사 내규, 2022.12. 12. 개정 · 시행) 제4조제1항.

9)「주택담보노후연금보증규정」 제4조제2항 및「주택담보노후연금보증 업무처리기준」(한국주택금융공사 내규 2022. 8. 26. 개정, 2022. 9. 1. 시행) 제1장제2절.

10)「주택담보노후연금보증 업무처리기준」 제1장제2절.나.

11)「주택담보노후연금보증규정」 제29조제4항 및「주택담보노후연금보증 업무처리기준」 제2장제3절2.

성년후견제도?

질병, 장애, 노령, 그 밖의 사유로 인해 정신적 제약으로 후견이 필요한 성인의 권익 보호와 지원을 위해 마련된 제도

종류	주택연금 가입방법
성년후견	성년후견인의 법징대리권의 범위(금융거래상 대리권의 제한 여부 등)를 확인한 후, 성년후견인이 주택 소유자를 대리하여 주택연금에 가입
한정후견	한정후견인에게 동의권이 있는 경우 : 한정후견인의 동의권의 범위를 확인한 후 그의 동의를 받아 주택 소유자 본인이 직접 주택연금에 가입
	한정후견인에게 대리권이 있는 경우 : 한정후견인의 법정대리권의 범위(금융거래상 대리권의 제한 여부 등)를 확인한 후, 한정후견인이 주택 소유자를 대리하여 주택연금에 가입
특정후견	주택 소유자 본인이 직접 가입함을 원칙으로 하되, 특정 후견인의 대리에 의하는 경우는 특정 후견인의 대리권의 기간, 범위 및 특정 후견인의 대리에 법원 또는 후견 감독인의 동의가 필요한 지 여부 등을 확인하고 진행
후견계약	주택 소유자 본인이 직접 가입함을 원칙으로 하되, 후견 계약상 임의 후견인의 대리에 의하는 경우는 임의 후견감독인의 선임 및 동의 여부, 후견 계약에 담보 제공 등의 금융거래가 포함되어 있는지 등을 확인하고 진행

2. 가입대상 주택

1) 주택의 유형

(1) 주택연금을 신청할 수 있는 가입대상 주택은「부동산 가격공시에 관한 법률」에 따라 공시 또는 고시되는 가격이 9억원 이하(2023년 10월 12일부터 공시가격 9억원에서 12억원으로 완화, 공시 또는 고시되는 가격이 없는 경우에는 주택금융운영위원회가 정한 주택연금 보증 기준에 따른 가격을 말함)인 다음의 주택 또는 시설 등이다.

① 일반 주택(단독 주택과 공동 주택으로 구분)

② 노인복지 주택(「노인복지법」 제32조 제1항 제3호)

③ 실지 거래가액 합계액이 9억원(2023년 10월 12일부터 공시가격 9억원에서 12억

원으로 완화)을 초과하는, 고가 주택의 기준에 해당하는 주택(「소득세법」 제89조 제1항 제3호)

④ 준주택 중 주거 목적으로 사용되는 오피스텔(「주택법」 제2조 제4호)[12)]

주거 목적 오피스텔의 경우 등기사항증명서서상 용도가 업무시설 또는 오피스텔이면서 주거 목적으로 사용되어야 한다.[13)]

↳ 다음의 기준을 모두 만족하는 경우 주거 목적으로 사용되는 것으로 본다.

✤ 가입자 또는 배우자의 주민등록상 주소지가 담보주택 주소지와 일치할 것

✤ 방문조사 또는 서류조사를 통해 확인한 결과 신청인 또는 배우자가 실제 담보주택에 거주할 것

✤ 전용 입식 부엌, 전용 화장실 및 세면시설 등 필수 주거시설이 설치되어 있을 것

✤ 보증신청일 현재 담보주택이 재산세 과세대장에 주택으로 기재되어 주택분 재산세가 과세되고 있을 것

(2) 실지거래가액 합계액이 9억을 초과하는(2023.10.12. 12억원으로 완화) 주택 또는 시설 등을 담보로 한 주택연금의 연금지급액은 고가 주택의 기준가액을 해당 담보주택의 가격으로 보고 그에 따라 결정한다.[14)]

(3) 일반주택의 경우 등기사항증명서상 용도가 주택이어야 한다.[15)]

① 복합용도 주택(등기사항증명서상 "근린생활시설 및 주택", "상가 및 주택" 등으로 표시되고 통상 주택 부분만 별도로 구분 등기가 되지 않은 근린주택, 상가주택, 점포주택 등을 말함)은 전체 건물 면적에서 주택 면적이 차지하는 비중이 1/2 이상인 경우 주택연금 가입대상이 될 수 있다.

② 주택으로 등기되지 않는 '시설'로서 업무시설(주거목적 오피스텔 제외), 노유자

12) "준주택"이란 주택 외의 건축물과 그 부속토지로서 주거시설로 이용가능한 시설 등을 말하며, 그 범위와 종류는 대통령령으로 정한다. 주택법 제4조(준주택의 종류와 범위)법 제2조 제4호에 따른 준주택의 종류와 범위는 다음 각 호와 같다. 1. 「건축법 시행령」 별표 1제2호라목에 따른 기숙사 2. 「건축법 시행령」 별표 1제4호거목 및 제15호다목에 따른 다중생활시설 3. 「건축법 시행령」 별표 1제11호나목에 따른 노인복지시설 중 「노인복지법」 제32조 제1항 제3호의 노인복지주택 4. 「건축법 시행령」 별표 1제14호나목2)에 따른 오피스텔

13) 「주택담보노후연금보증 업무처리기준」 제1장제2절2.가(3).

14) 실지거래가액 합계액이 9억을 초과하는, 고가주택의 기준에 해당하는 주택(「소득세법」 제89조제1항 제3호)

15) 「주택담보노후연금보증 업무처리기준」(2022. 8. 26. 개정, 2022. 9. 1. 시행) 제1장제2절2.가(1)

시설(노인복지주택 제외), 상가, 판매 및 영업시설, 숙박시설, 시장 등의 경우에는 주택연금 가입대상이 되지 않는다.

(4) 노인복지주택의 경우 등기사항증명서상 용도와 관계없이 특별자치도지사 · 시장 · 군수 · 구청장에게 신고된 노인복지주택 중 폐지되지 않은 곳이면 된다.

가입 가능한 노인복지주택

노인복지주택명	주 소
서울시니어스타워 강남타워	서울특별시 강남구 자곡로 100-2(자곡동 631)
후성누리움	서울특별시 강동구 명일로 135(둔촌동)
서울시니어스타워 가양타워	서울특별시 강서구 화곡로 68길 102(등촌동)
서울시니어스타워 강서타워	서울특별시 강서구 등촌3동 669-1(공항대로315)
상암 카이저팰리스	서울특별시 마포구 월드컵북로47길37(상암동)
시니어캐슬 클라시온	서울특별시 은평구 은평로21길 34-5(녹번동)
정동상림원	서울특별시 중구 정동길 21-31(정동)
시니어스 분당타워	경기도 성남시 분당구 구미로 173번길 47
정원속궁전	경기도 성남시 분당구 불정로 112
더헤리티지	경기도 성남시 분당구 대왕판교로 155(금곡동)
광교두산위브	경기도 수원시 영통구 광교로 42번길 80(이의동)
블루밍더클래식	경기도 하남대로 770(신장동)
옥성골든카운티	전라북도 완산구 중인1길 136-20(중인동)
내장산 실버아파트	전라북도 정읍시 금붕1길 190
서울시니어스타워 고창타워	전라북도 고창군 고창읍 석정2로 140
스프링카운티자이	경기도 용인시 기흥구 동백죽전대로 333(중동)
노블레스타워	서울특별시 성북구 종암로 90(종암동) 서울특별시 성북구 종암로 18길22

* 출처 : 보건복지부

노인복지주택 | 지방자치단체에 신고된 노인복지주택

(종신지급방식, 정액형) (단위 : 천원)

연령	주택가격											
	1억원	2억원	3억원	4억원	5억원	6억원	7억원	8억원	9억원	10억원	11억원	12억원
50세	89	178	267	356	445	534	623	712	801	890	979	1,068
55세	122	244	366	489	611	733	856	978	1,100	1,222	1,345	1,467
60세	169	338	508	677	846	1,016	1,185	1,354	1,524	1,693	1,862	2,032
65세	208	417	625	834	1,042	1,251	1,460	1,668	1,877	2,085	2,294	2,503
70세	261	522	784	1,045	1,307	1,568	1,830	2,091	2,352	2,614	2,875	3,137
75세	331	663	995	1,327	1,659	1,991	2,323	2,655	2,987	3,319	3,562	3,562
80세	432	865	1,298	1,730	2,163	2,596	3,029	3,461	3,894	3,963	3,963	3,963

(5) 주거목적 오피스텔의 경우 등기사항증명서상 용도가 업무시설 또는 오피스텔이면서 주거목적으로 사용되어야 한다.

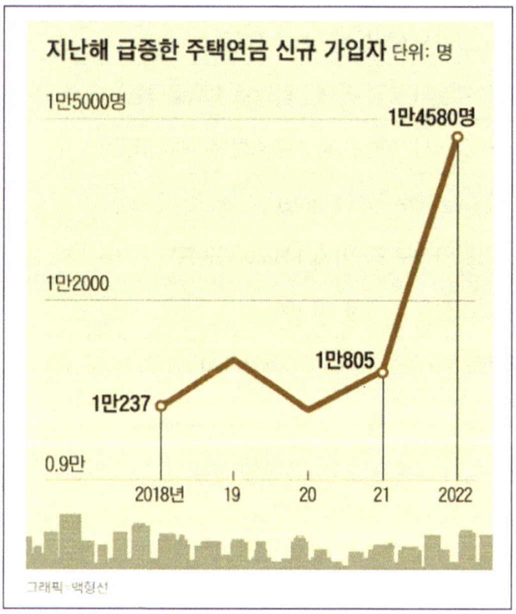

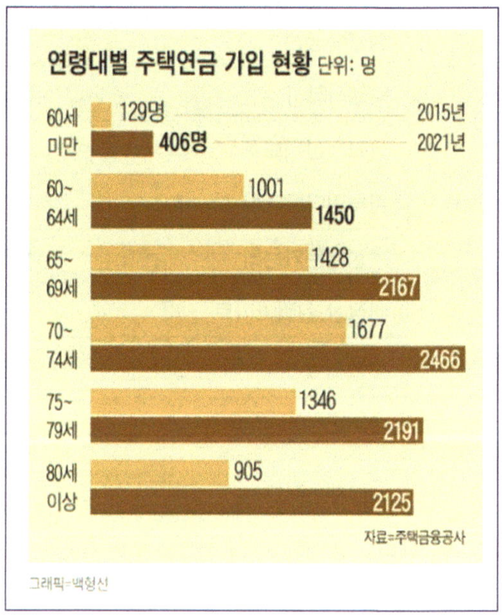

2) 보유 주택수

(1) 주택연금에 가입하려면 원칙적으로 보유주택이 1주택이어야 한다. 다만, 다음의 어느 하나에 해당하는 경우에는 예외적으로 보유주택이 1주택이 아니어도 주택연금에 가입할 수 있다.

① 보유 주택의 공시가격 등의 합계가 9억원(2023년 10월 12일부터 공시가격 9억원에서 12억원으로 완화) 이하로서 거주하고 있는 1주택을 담보주택으로 보증 신청한 경우

② 상속, 이사 등으로 인해 일시적으로 2주택을 보유하게 되었으나 담보주택 이외의 1주택을 일정기간 이내에 처분하는 조건으로 거주하고 있는 1주택을 담보주택으로 보증 신청한 경우

3) 보유 주택수의 판정

보유 주택 수는 정부의 전산망을 활용하여 확인한 자료를 기준으로 주택연금 가입 신청인과 그 배우자가 보유한 주택수를 합하여 판정한다. 다만, 1주택으로 보지 않는 주택과 담보주택이 아닌 오피스텔은 포함하지 않는다.[16)]

3. 가입방법

1) 가입 상담 및 신청

(1) 주택연금에 가입하려는 사람은 우선 담보주택 소재지를 관할하는 한국주택금융공사(이하 '공사'라 함)의 지사 등을 방문(신청인이 원하는 경우 관할 외 지사 등에서 취급 가능)하거나 인터넷을 통해 가입 상담 및 신청을 하면 된다.

(2) 보증 가능 여부 등에 대한 가입 상담은 관할 지사 등에서 전문상담사에게 받을 수 있다. 다만, 원거리 소재, 거동 불편 등 개인 사정으로 내방하기 어려운 경우에는 출장 또는 전화상담도 가능하다.[17)]

16) 「주택담보노후연금보증규정」 제6조제2항 · 제3항.

17) 「주택담보노후연금보증규정」(한국주택금융공사 내규, 2022. 12. 12. 개정 · 시행) 제21조제1항 및 「주택담보노후연

주택연금 신청서류(2023년도)				
번호	구비 서류	개수	본인	배우자
1	주민등록등본	2		
2	주민등록초본	1		
3	가족관계증명서	2	본인 1	배우자 1
4	전입세대 열람내역	2	구주소, 신주소	
5	인감증명서	3	본인2	배우자1
6	지방세납세증명서	1	용도 : 부동산등기신탁용	
7	주택연금신청서	1	거래은행 방문	
8	부채증명서	1	대출받은 은행	
9	등기권리증			
10	인감도장	2	본인1	배우자1
11	신분증	2	본인1	배우자1

2) 담보주택 가격평가

(1) 담보주택의 가격은 보증 신청일 현재 공신력 있는 기관의 인터넷 시세 또는 공시가격을 적용한다. 다만, 공신력 있는 기관의 인터넷 시세 또는 공시가격이 없거나 보증신청인이 원하면 외부 감정평가업자의 감정평가액으로 할 수 있다.[18]

(2) 위에 따른 담보주택 가격은 보증 신청일을 기준으로 다음의 순서대로 적용하여 평가한다. 다만, 신청인이 요구하는 경우에는 아래 가격을 우선 적용할 수 있다.

① 한국부동산원의 인터넷 시세

② 국민은행의 인터넷 시세

③ 공시가격(공시가격이 없는 경우 시가 표준액)

④ 공사와 협약을 체결한 감정평가업자의 최근 6개월 이내 감정평가액을 순차적으로 적용한다. 다만, 고객이 요구하는 경우에는 감정평가액을 우선 적용하며, 감정평가비용은 고객이 부담한다. 위의 방법으로 평가한 주택가격이 시가 9억원(2023년 10월 12일부터 공시가격 9억원에서 12억원으로 완화)을 초과하는 경우에는 담보주택의 가격을 9억원(2023년 10월 12일부터 12억원)으로 본다.

금보증 업무처리기준」(한국주택금융공사 내규, 2022. 8. 26. 개정, 2022. 9. 1. 시행) 제2장제1절1.

18) 「주택담보노후연금보증규정」 제26조제1항).

3) 보증약정 및 담보설정

(1) 보증승인

① 공사는 담보주택조사 및 가격평가를 바탕으로 보증심사를 거쳐 보증 신청일부터 1개월 이내에 승인 여부를 결정한다.[19)]

② 보증을 승인하였을 때에는 보증 승낙의 뜻을 신청인과 채권자에게 통지한다. 다만, 채권자에 대한 통지는 보증서 발급으로 갈음할 수 있다.

③ 담보주택 조사 및 보증심사 결과 보증이 부적당하다고 판단될 때에는 그 뜻을 신청인에게 통지한다.

(2) 보증약정

심사 완료 후 보증승인이 결정되면 피보증인, 연대보증인 및 사전채무 인수인은 공사에 서명 또는 기명날인한 보증약정서와 인감증명서(기명 날인한 경우)를 제출하고 보증약정서 사본을 교부받는다.[20)]

(3) 담보설정

① 공사는 보증을 할 때 담보주택에 대해 보증채무를 이행함으로써 신청인에게 행사할 수 있는 구상채권(사전구상권 포함) 및 공사가 채권자의 보증부대출 채권을 양수함으로써 보유하게 될 해당 대출채권을 피담보채권으로 하여 '(근)저당권 설정계약서'를 통해 (근)저당권을 설정한다. 다만, 신청인과 금융기관 사이의 약정에 따라 금융기관이 직접 (근)저당권을 설정하는 것으로 통지받은 경우에는 공사가 담보주택에 대해 (근)저당권을 설정하지 않는다.[21)]

② 신청인은 (근)저당권 설정 시 이와 동시에 담보주택의 소유권등기에 '이 주택은 「한국주택금융공사법」에 따른 한국주택금융공사의 동의를 받지 않고는 제한물권을 설정하거나 압류 · 가압류 · 가처분 및 임대차 등 소유권을 제한하는 어떤 행위도 할 수 없음'이라는 내용의 부기등기를 해야 한다.

(4) 보증서 발급

① 보증약정 및 담보설정 사항과 신청인의 신용관리정보 해당 여부 등을 확인한 결과 이상이 없다고 인정되면 공사는 금융기관에 전자보증서(공사와 금융기관

---

19) 「주택담보노후연금보증규정」 제28조제1항.

20) 「주택담보노후연금보증 업무처리기준」 제2장제3절4.

21) 「주택담보노후연금보증규정」 제31조제1항.

의 전산시스템을 연결하는 전용선을 이용한 통지)를 발급한다.[22)]

② 보증서 발급 시에는 필요한 경우 특약이 부여될 수 있다.

(5) 대출 실행

보증 액정을 체결하고 보증서 발급이 완료되면 마지막으로 신청인은 금융기관을 방문하여 대출 신청 및 대출 약정을 체결하고 주택연금을 받는다.

4. 가입 비용

1) 보증료

(1) 보증료의 의의와 종류

① 보증료는 주택연금 가입자가 장수하거나 주택가격이 하락했을 때 주택가격을 초과하여 발생할 수 있는 손실에 대한 일종의 보험료이다.

② 보증료에는 주택연금 가입 시 한번 납부하는 초기 보증료와 매월 나누어 납부하는 연 보증료가 있다.

(2) 초기 보증료

① 주택연금 가입자는 담보주택 가격의 2%를 초과하지 않는 범위에서 주택가격 상승률, 연금 산정 이자율, 사망 확률 등을 고려하여 이사회가 정하는 보증료율을 곱하여 산출한 초기 보증료를 부담한다.

② 현재 적용되는 보증료율은 1.5%이다. 다만, 총대출 한도 5억원의 적용을 받는 경우에는 위 금액 내에서 별도로 산출할 수 있다.

③ 초기 보증료는 가입 시 한번 납부하는 것으로 보증서 발급일 이후 처음으로 보증부 대출이 지급되는 날에 전액 납부되며, 연금지급 총액에 자동으로 가산되는 것이므로 실제 별도로 현금을 납부할 필요는 없다. 다만, 담보주택이 변경되는 경우에는 신규담보 취득 후 처음으로 월지급금이 지급되는 날에 납부해야 된다.

(3) 연 보증료

① 주택연금 가입자는 보증 잔액(납부일에 실행되는 부증부 대출 포함)의 연 2%를

---

22) 「주택담보노후연금보증규정」 제2조제15호 및 제32조제1항.

초과하지 않는 범위에서 주택가격 상승률, 연금산정 이자율, 사망 확률을 고려하여 이사회가 정하는 보증료율을 곱하여 산출한 보증료를 부담한다.

② 연 보증료는 보증료 납부일 현재 보증잔액에 연 0.75%를 곱하여 산출하고, 연 보증료 납부일은 원칙적으로 월지급금이 지급되는 날이다.

③ 연 보증료는 주택연금 대출잔액에 대해 매월 납부하는 것으로, 매월 연금지급금액에 자동으로 가산되는 것이므로 실제 별도로 현금을 납부할 필요는 없다.

2) 보증료 환급

(1) 초기 보증료는 원칙적으로 환급되지 않는다.

(2) 다만, 다음의 경우에는 "초기 보증료 환급액 계산 방법"에 따라 산출한 금액을 전부 또는 일부 환급받을 수 있다.

① 재난 등에 의한 주택 멸실로 보증부 대출 전액을 상환하고 기존 보증을 해지하는 경우

② 철회 기한 내에 피보증인이 사망하거나 최초 보증부 대출 실행일부터 1년이 경과하기 이전에 피보증인과 배우자가 모두 사망하여 기존 보증을 해지하는 경우

③ 주택연금 가입 후 30일 이내에 가입을 철회하는 경우에는 이미 납부한 초기 보증료 및 연 보증료 전액을 환급받을 수 있다.[23)]

3) 그 밖의 비용

(1) 보증료 이외에 주택연금에 가입할 때 드는 비용은 다음과 같다.

① (근)저당권 설정을 위한 법무사 비용

② 등록면허세 및 지방교육세 등 세금

- 등록면허세는 (근)저당권 설정 금액을 기준으로 부과되며,

가. 최초 보증기한(부부 중 연소자를 기준으로 100세의 말일)의 예상 주택가격(보증신청일 기준 주택가격에 주택가격 상승률을 적용한 가액),

나. 보증금액의 120% 중에서 (근)저당권설정 금액을 선택할 수 있다.

③ (근)저당권 설정 시 발생하는 농어촌특별세와 국민주택채권 매입 의무는 면제

23) 「주택담보노후연금보증규정」 제20조제3항.

5. 가입 혜택

1) 등록면허세 감면

(1) 등록면허세액이 300만원 이하인 경우에는 등록면허세의 75% 경감

(2) 등록면허세액이 300만원을 초과하는 경우에는 225만원 공제

2) 재산세 감면

주택연금 가입을 위해 담보로 제공된 주택(1가구 1주택인 경우로 한정)에 대해서는 다음의 구분에 따라 2024년 12월 31일까지 재산세가 감면된다.[24)]

(1) 시가표준액이 5억원 이하인 주택의 경우에는 재산세의 25% 감면

(2) 시가표준액이 5억원을 초과하는 경우에는 해당 연도 시가표준액이 5억원에 해당하는 재산세액의 25% 공제

고품격 시니어 매거진
브라보 마이 라이프
BRAVO My Life

전체기사 피플 헬스 라이프 컬처 머니

브라보마이라이프 > 머니

치솟는 금리, 주택연금 가입 적기 "정말 지금?"

기사입력 2022-08-04 08:34 기사수정 2022-08-04 15:11

[구해줘 부동산] 가입 당시 정해진 금액 평생 보장돼 '주목'

24) 「지방세특례제한법」 제35조제2항.

제3장 주택연금 지급

1. 지급방식 및 지급금액

1) 지급방식 : 내 집에서 평생 거주하며, 평생 동안 받기

지급방식		내 용
종신 지급 방식	종신 지급	주택 소유자가 생존해 있는 동안 노후 생활 자금을 매월 지급받는 방식
	종신 혼합	주택 소유자가 주택단보 노후연금 대출 한도의 50% 이내에서 설정한 인출 한도 범위 안에서 수시로 찾아 쓰고, 나머지 부분을 생존해 있는 동안 노후 생활자금으로 매월 지급받는 방식
대출 상환 방식		주택 소유자가 주택담보 노후 연금 대출 한도의 90% 이내에서 해당 주택을 담보로 대출받은 금액 중 잔액을 상환하는 용도 또는 주택에 대한 임대차 계약에 따라 해당 주택의 임차인에게 임대차 보증금을 반환하는 용도로 일정한 금액을 지급받고, 나머지 부분을 생존해 있는 동안 노후 생활자금으로 매월 지급받는 방식
우대 지급 방식	우대 지급	주택 소유자 또는 배우자가 기초연금 수급권자(만 65세 이상)이며 부부 기준 1억 5천만원 미만의 1주택만 소유한 경우, 주택 소유자가 생존해 있는 동안 종신 방식보다 최대 약 23% 우대받은 노후 생활자금을 매월 지급 받는 방식
	우대 혼합	주택 소유자 또는 배우자가 기초연금 수급권자(만 65세 이상)이며 부부 기준 1억 5천만원 미만의 1주택만 소유한 경우 주택 담보 노후 연금대출 한도의 45% 이내에서 설정한 인출 한도 범위 안에서 수시로 찾아 쓰고, 나머지 부분을 주택 소유자가 생존해 있는 동안 종신 방식보다 우대받은 노후 생활자금을 매월 지급받는 방식

2) 지급유형

(1) 주택연금 가입자가 선택할 수 있는 월지급금 지급유형은 다음과 같다.[25]

(2) 지급유형 중 '전후후박형'은 2021년 8월부터 신규 가입이 중단됐다.

(3) 주택연금 신규 신청 시 선택할 수 있는 월지급금 지급유형은 다음과 같다.[26]

① 종신 지급방식 또는 종신 혼합 방식 : 정액형, 초기증액형, 정기증가형

---

25) 「주택담보노후연금보증 업무처리기준」 제1장제4절1.

26) 「주택담보노후연금보증 업무처리기준」 제1장제4절1.나, 제6장제2절4. 및 제3절2.

② 대출 상환 방식 : 정액형

③ 우대 방식 : 정액형

④ 확정 기간 혼합 방식 : 정액형

3) 연금지급액 책정 기준

주택연금 예상 보증총액, 월지급금 등은 주택연금 가입 신청일 현재 적용되는 한국주택금융공사의 「주택담보노후연금보증모형 운영지침」에 따라 계산한다.[27)]

지급유형	내 용
정액형	월지급금을 피보증인 및 배우자의 종신까지 일정한 금액으로 고정하는 방식
증가형	최초 월지급금이 정액형보다 적고 12개월마다 3%씩 증가하는 방식
감소형	최초 월지급금이 정액형보다 많고 12개월마다 3%씩 감소하는 방식
전후 후박형	월지급금이 최초 주채무 실행일부터 10년 동안은 정액형보다 많고 11년째부터는 최초 월지급금의 70% 수준으로 지급되는 방식
초기 증액형	월지급금이 최초 주채무 실행일부터 일정 기간 동안(3년, 5년, 7년 또는 10년 중 선택)은 정액형보다 많고, 그 이후부터는 최초 월지급금의 70% 수준으로 지급되는 방식
정기 증가형	최초 주채무 실행일의 월지급금이 정액형보다 적고 36개월마다 4.5%씩 증가하는 방식

주택연금 예상 보증 총액, 월지급금 등을 계산할 때 가입자와 배우자 중 나이가 적은 사람이 90세를 초과하는 경우에는 90세로 본다.[28)]

2. 가입조건 변동 시 연금지급

1) 가입자 사망 시 연금지급 : 배우자 있는 가입자가 사망한 경우

- 채무인수 및 소유권이전등기를 통한 주택연금의 수령

주택연금 가입자가 주택연금 수령 도중에 사망한 경우 배우자가 피보증인 사망일부터 6개월 이내에(이미 6개월 경과 시 사망 확인일로부터 1개월 이내) 배우자 앞으로 피보증인의 담보주택 지분 전부의 소유권이전등기를 하여 담보주택의 단독 소유자

27) 「주택담보노후연금보증규정」(한국주택금융공사 내규, 2022.12.12.개정 · 시행) 제14조제1항.

28) 「주택담보노후연금보증규정」 제14조제2항.

가 된 배우자가 채무 인수를 완료하면 계속 주택연금을 받을 수 있다.[29)]

2) 담보주택 변경 시 연금지급

(1) 주택연금 이용 중 이사하는 경우 담보주택의 변경

주택연금을 받고 있는 중에도 이사를 갈 수 있다. 주택연금 이용 중 이사로 거주지를 이전하는 경우, 새로 구입한 주택으로 담보주택을 변경하여 주택연금을 계속 이용할 수 있다.[30)]

(2) 담보주택 변경이 허용되지 않는 경우

다음의 어느 하나에 해당하는 경우에는 담보주택 변경을 할 수 없다.

① 일반주택과 노인복지주택 간, 일반주택과 오피스텔 간, 노인복지주택과 오피스텔 간의 담보주택 변경은 허용되지 않는다.

② 현재 지급받는 월지급금이 담보주택 변경(감액 이사)으로 인한 월지급금 감소분보다 적은 경우 등 경우에 따라서는 담보주택 변경이 불가능할 수 있으므로 반드시 사전에 공사에 확인해야 된다.

3) 담보주택 변경 신청

주택연금 담보주택을 변경하려는 가입자는 서명 또는 기명 날인한 후 채권자가 확인한 "주택연금 조건변경 신청서"와 그 밖의 필요 서류를 공사에 제출해야 한다. 다만, 가입자 등이 원할 경우 금융기관 경유를 생략하고 공사가 전화 또는 팩스로 금융기관에게 신청서의 내용을 직접 확인할 수 있다.

4) 담보주택조사 및 가격평가

주택연금 가입 시의 담보주택 조사 절차를 준용하여 진행하며, 다음의 사항에 대해서는 각각의 기한 내에 주택연금 가입 시의 담보주택 조사 절차를 준용하여 진행하며, 다음의 사항에 대해서는 각각의 기한 내에 조사한다.

---

29) 「주택담보노후연금보증규정」(한국주택금융공사 내규, 2022. 12. 12. 개정 · 시행) 제37조제1항제1호 및 「주택담보노후연금보증 업무처리기준」(한국주택금융공사 내규, 2022.8.26.개정 2022.9.1. 시행) 제3장제1절1.가(1)

30) 「주택담보노후연금보증규정」(한국주택금융공사 내규, 2022. 12. 12. 개정 · 시행) 제37조제1항제8호.

(1) 최종 승인 전까지 조사사항

① 주택 실물과 등기사항증명서의 일치 여부

② 주택의 관리 · 보존상태 등

(2) 신규 주택에 대한 (근)저당권 설정 후 1개월 이내 조사사항

① 가입자 또는 배우자의 거주 여부

② 임대차 현황

5) 담보주택 변경 시 주택가격평가

담보주택 변경 시에는 최종 승인일 현재 기존주택과 신규주택의 가격을 다음과 같이 평가한다.[31)]

(1) 기존주택은 당초 적용했던 가격평가방법에 따라 가격평가

(2) 신규주택은 신청일 현재 공신력 있는 기관의 인터넷 시세 또는 공시가격으로 가격평가(다음의 순서대로 적용하되, 신청인이 요구하는 경우 감정평가액 우선 적용)

① 한국부동산원의 인터넷 시세

② 국민은행의 인터넷 시세

③ 공시가격(공시가격이 없는 경우 시가 표준액)

3. 연금 수령자의 권리 및 의무

1) 연금 수령자의 권리

주택연금 전용계좌를 통한 실질적 보호를 위하여

(1) 금융기관은 주택연금 수령자의 신청이 있는 경우에는 지급받는 사람 명의의 지정된 계좌(이하 '주택금융전용계좌'라고 함)로 한달 간의 생계비인 185만원 이하의 주택연금을 입금해야 한다. 다만, 정보통신 장애나 그 밖의 불가피한 사유로 주택금융 전용 계좌로 이체할 수 없을 때에는 직접 현금으로 지급하는 등의 방법으로 지급할 수 있다.[32)]

---

31) 「주택담보노후연금보증규정」 제42조제2항.

32) 「한국주택금융공사법」 제43조의13제1항 및 「민사집행법」 제195조제3호.

(2) 주택연금 전용 계좌의 예금에 대한 채권은 압류할 수 없다.[33)]

2) 중도 해지

(1) 주택연금 가입자는 금융기관으로부터 이미 받은 대출을 전부 상환하고 주택연금 가입을 해지할 수 있다.

(2) 중도 해지 후 재가입

① 주택연금을 이용하다가 중도 해지하는 경우에는 해지일로부터 3년 동안 같은 주택을 담보로 다시 주택연금에 가입할 수 없다.

② 다만, 재가입 시점의 주택가격(평가액)이 직전 가입 시점의 주택가격(평가액)에 직전 가입 시점의 연금 모형상 주택가격 상승률을 적용한 가액보다 낮거나 같은 경우에는 재가입이 가능하다.

3) 담보주택연금 수령자의 거주 의무

(1) 주택연금을 받는 사람, 즉 주택연금 가입자는 주택연금 수령 시 계속하여 담보주택에 거주해야 하고, 가입자와 배우자가 모두 1년 이상 계속하여 담보주택에서 거주하지 않는 경우 주택연금 지급이 정지된다.

(2) 다만, 가입자가 한국주택금융공사(이하 "공사"라 함)에 미리 서면으로 통지하거나 공사가 직접 확인하여 불가피한 사유로 인정하는 경우로서 다음의 어느 하나에 해당하는 때에는 1년 이상 담보주택에 거주하지 않더라도 주택연금을 계속 이용할 수 있다.[34)]

① 질병 치료, 심신 요양 등을 위해 병원이나 요양 시설 등에 입원한 경우

② 자녀 등의 봉양을 받기 위해 다른 주택에 장기 체류하는 경우

③ 관공서의 명령에 따른 격리, 수용, 수감 등의 경우

④ 그 밖에 개인적인 특별한 사정 등을 감안하여 공사가 인정한 경우

---

33) 「한국주택금융공사법」 제43조의6제3항.

34) 「주택담보노후연금보증규정」 제48조제1항제3호 단서.

제4장 주택연금 지급정지 및 종료

1. 주택연금 지급정지

다음의 어느 하나에 해당하는 사유가 발생하면 주택연금의 지급이 정지된다.[35)]

1) 가입자가 사망한 경우

(1) 가입자의 사망 사실은 행정안전부 주민등록 전산 정보를 통해 확인한다.

(2) 행정안전부 주민등록 전산정보 확인 전에는 채권자 또는 가족 등으로부터 사망 사실을 통지받은 때에는 주민등록초본, 기본증명서(가족관계등록부), 사망진단(확인)서, 사망신고서 등을 통해 확인하거나 사망 의심자 정보 조회를 통해 확인한다.

2) 가입자 및 배우자가 모두 담보주택에서 다른 장소로 주민등록을 이전한 경우

'다른 장소로 이사한 경우'란 주민등록상 주소지가 담보주택 주소지와 다른 것으로 확인된 경우를 말하며, 주민등록상 주소는 주민등록등(초)본 또는 행정안전부 주민등록 전산정보로 확인한다.

3) 가입자와 배우자가 모두 1년 이상 계속하여 담보주택에서 거주하지 않는 경우 미거주 사실을 확인한 날부터 1년 이상 계속 미거주 상태임을 방문, 실거주지 추적, 관리사무소 등을 통한 측면 조사와 사후 관리 활동 기록 등으로 확인한다.

4) 가입자 또는 연대 보증인인 배우자가 담보주택의 소유권을 상실한 경우(가입자 또는 연대보증인 사이 지분 변동의 경우 제외)

(1) 소유권 상실이란?

① 담보주택에 대한 소유권 전부 또는 일부가 연대보증인인 배우자 이외의 사람에게 이전된 경우

35) 「주택담보노후연금보증규정」(한국주택금융공사 내규, 2022.12.12. 개정 · 시행) 제48조제1항.

② 담보주택이 훼손되어 더 이상 거주가 불가능할 것으로 판단되는 경우(주택 멸실)

③ 공동 소유였다가 연대 보증인인 배우자가 사망하거나 이혼하여 6개월 이내에 한쪽으로 소유권 지분 전부가 이전되지 않은 경우

(2) 소유권 상실 여부는 등기사항증명서 또는 현장 사진 촬영(필요한 경우)을 통해 확인한다.

5) 보증부 대출 잔액이 (근)저당권의 채권최고액을 초과할 것으로 예상되어 한국주택금융공사나 채권자가 채권최고액 변경을 요구하였으나 응하지 않는 경우

6) 선순위 대출 등 상환 또는 신용관리정보 해제 등을 조건으로 주택연금에 가입하였으나 가입약정 또는 별도의 서약서에서 정한 사항을 기한 내 이행하지 않은 경우

7) 공사나 대출 금융기관이 보증기한 연장, 보증금액 증액, 연대보증인 입보 등 조건 변경 신청을 요청하였으나 응하지 않는 경우

8) 상속, 이사 등으로 보유하게 된 담보주택 이외의 주택을 일정기간 이내에 처분하는 것을 조건으로 주택연금에 가입하였으나 가입 약정 또는 별도의 서약서에서 정한 사항을 이행하지 않은 경우

- 처분대상 주택(담보주택 이외의 주택)을 최초 보증부대출 실행일로부터 3년이 되는 날까지 피보증인 또는 배우자 이외의 사람에게 처분하지 않은 것을 말하며, 처분기한의 다음 날에 등기사항증명서를 열람하여 확인한다.

9) 담보주택을 담보주택조사에서 확인한 사항과 다른 용도로 사용하는 경우

(1) 담보주택 중 주택 부분의 전부 또는 일부를 주거 이외의 다른 용도로 사용함으로써 (근)저당권 실행에 지장을 초래한다.

(2) 담보로 제공한 주거 목적 오피스텔을 주거 목적 사용 판단 기준에 위반하여 사용하는 경우를 말하며, 현장 방문 등의 방법으로 확인한다.

10) 가입자가 재건축등에 참여한 결과 청산금을 수령하는 경우

11) (근)저당권 설정 계약의 무효 · 취소 청구가 법원에 제기된 경우

12) 가입자가 지급정지를 요청하여 공사가 승낙한 경우

(1) 고객 요청에 따른 지급정지를 희망하는 고객에게 '고객 요청에 따른 지급정지 관련 고객 안내문'을 교부하고 유의사항을 충분히 설명해야 한다.

(2) 가입자가 기간을 정하여 '주택연금지급정지요청서'로 지급정지를 요청한 경우 본인 여부 및 고객이 선택한 지급 재개 시 미지급 월지급금 수령 부를 확인한 후 승인한다.

13) 조건변경을 신청한 경우로서 기준에서 정하는 경우

(1) '보증기한 연장 또는 보증금액 증액을 신청한 경우'란 규정 제38조 제1항 또는 제2항에 따라 조건변경 신청을 전산으로 접수한 때를 말한다.

(2) "우대형 전환을 신청한 경우"란 규정 제38조 제1항 및 '제6장 제3절 1.'에 따라 조건 변경 신청을 전산으로 접수한 때를 말한다.

14) 피보증인이 「채무자 회생 및 파산에 관한 법률」에 따라 회생 절차를 진행하는 경우

2. 주택연금 지급종료

다음의 어느 하나에 해당하는 사유가 발생하면 주택연금 지급이 종료된다.[36)]

1) 주택연금 가입자와 배우자(주택연금 계약을 체결할 당시부터 계속하여 주택연금 가입자와 혼인 관계에 있는 배우자를 말함. 이하 같음)가 모두 사망한 경우

2) 주택연금 가입자가 사망한 후 배우자가 6개월 이내에 담보주택의 소유권이전등기(신탁 계약에 따른 주택 담보 노후 연금보증의 경우는 제외) 및 금융기관에 대한 노후생활자금 금전채무의 인수를 마치지 않은 경우 다만, 주택연금 가입자가 다음의 어느 하나에 해당하는 사업 또는 행위를 위한 조합에 조합원으로 참가(재개발사업 · 재건축사업 · 소규모주택정비사업의 사업시행자로 지정된 신탁업자에게 소유권을 이전한 경우 포함)하거나 「주택법」 제66조 제1항 또는 제2항에 따른 리모델링 및 「공동주택관리법」 제35조 제1항에 따른 행위에 동의(이하 "조합 등에 참가"라 함)한 상태에서 사망한 경우로서 배우자가 사장이 정하는 기간 동안 해당 소유권이전등기 및 금전 채무의 인수를 마치지 않은 경우는 제외함.

---

36) 「한국주택금융공사법」 제43조의3 제1항 및 「한국주택금융공사법 시행령」 제28조의2 제1항 · 제2항).

(1) 「도시 및 주거환경정비법」 제2조 제2호 나목 또는 다목에 따른 재개발사업 또는 재건축사업, 「빈집 및 소규모주택 정비에 관한 특례법」에 따른 소규모주택정비사업

(2) 「주택법」 제2조 제25호에 따른 리모델링

3) 주택연금 가입자와 배우자가 담보주택에서 다른 장소로 주민등록을 이전한 경우 다만, 다음 각 목의 어느 하나에 해당하는 경우는 제외함

(1) 주민등록을 이전한 주택을 담보주택으로 변경하는 경우

(2) 주택연금 가입자가 위 2)의 어느 하나에 해당하는 사업 또는 행위를 위한 조합 등에 참가한 경우로서 사장이 정하는 기간 동안 주민등록을 이전한 경우

(3) 입원 등 사장이 정하여 공사의 인터넷 홈페이지에 공고하는 불가피한 사유로 주민등록을 이전한 경우

4) 주택연금 가입자와 배우자가 1년 이상 계속하여 담보주택에서 거주하지 않은 경우이지만 다음의 어느 하나에 해당하는 경우는 제외함

(1) 입원 등 사장이 정하여 공사의 인터넷 홈페이지에 공고하는 불가피한 사유로 거주하지 않은 경우

(2) 주택연금 가입자가 위 2)의 어느 하나에 해당하는 사업 또는 행위를 위한 조합 등에 참가한 경우로서 사장이 정하는 기간 동안 그 배우자와 계속하여 담보주택에서 거주하지 않은 경우

5) 주택연금 가입자가(신탁 계약에 따른 주택 담보 노후연금보증의 경우는 제외)담보주택의 소유권을 상실한 경우, 다만, 주택연금 가입자가 위 2)의 어느 하나에 해당하는 사업 또는 행위를 위한 조합 등에 참가함으로써 담보주택의 소유권을 상실한 경우는 제외함

6) 주택연금 대출의 원리금이 (근)저당권의 채권최고액 또는 신탁 계약에 따른 신탁 수익권의 한도액을 초과할 것으로 예상되는 경우로서 금융기관이나 한국주택금융공사의 채권최고액 또는 신탁 수익권의 한도액 변경요구에 따르지 않은 경우, 다만, 주택연금 가입자가 위 2)의 어느 하나에 해당하는 사업 또는 행위를 위한 조합 등에 참가한 경우로서 사장이 정하는 기간 동안 그 변경 요구에 따르지 않은 경우는 제외함

7) 1)부터 6)까지의 사유 외에 주택금융운영위원회가 정하는 일정한 사유가 발생한 경우

제5장 경 · 공매로 주택연금 준비 및 사례 분석, 체크리스트

1. 경 · 공매로 주택연금 준비

최근 주택가격이 급락하면서 경 · 공매로 진행되는 주택이 증가하고 있다. 법원 자료에 의하면 임의경매, 강제경매의 경우, 서울 집합건물(아파트, 다세대, 오피스텔 등)은 계속 증가하는 것으로 나타났다. 또한 주택 외에도 상가와 같은 일반 건물 유형의 경매도 늘어날 것으로 예상된다.

지방에서는 정상적인 경매 물건인데도 감정가 대비 절반 이하에 매각되는 사례가 많다. 시세 하락이 장기화될 경우 유찰 횟수 증가, 낙찰가율 하락세 심화와 함께 경매 매물 자체가 증가할 수 있다.

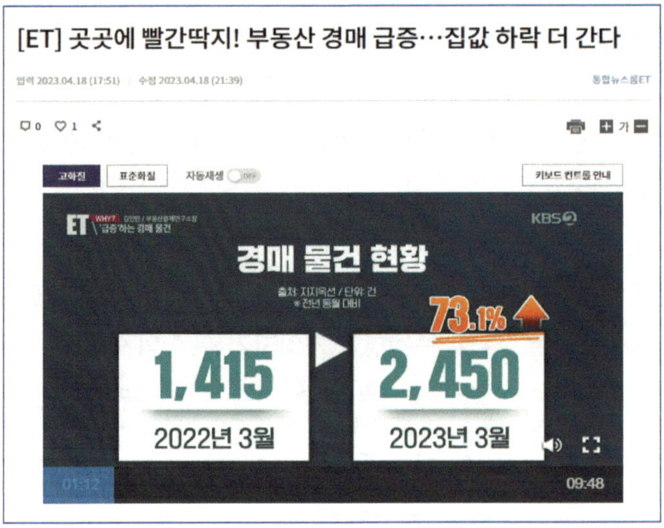

법학박사 황경진 경매전문학원장은 "전체적으로 부동산 시장이 하향세를 보이고 경기 침체, 고금리 부담이 높아진 영향이 경매시장에서도 나타나고 있으며, 2023년 하반기 이후 경매 매물이 급격히 늘어날 가능성이 있고 주택연금으로 부족한 노후자금을 준비하여 건강한 노년을 맞이해야 된다."라고 말했다.

✤ 경 · 공매로 저가 낙찰을 이용한 주택연금 준비를 각별히 신경 쓸 시기이다.

주택연금은 아파트 한 채를 소유하고 있는 고령자의 경우, 경 · 공매로 주택으로 거주를 옮겨 주택연금을 신청할 경우 배우자와 평생거주를 보장하며, 해당 주택에서 나오는 월세 수입은 별도의 수입원이 된다. 은퇴 후 자녀들에게 부양 부담을 지우지 않고 당당한 노후 생활이 가능하다. 주택연금 월지급금은 소득에 포함되지 않기 때문에 주택연금에 가입하는 경우에도 기초노령연금 등 공적연금 수령에는 전혀 불이익이 없다.

종신지급방식(정액형, 2023.3.1. 기준)

일반주택

(종신지급방식, 정액형) (단위 : 천원)

연령	주택가격											
	1억원	2억원	3억원	4억원	5억원	6억원	7억원	8억원	9억원	10억원	11억원	12억원
50세	112	225	338	451	564	677	790	903	1,016	1,129	1,242	1,355
55세	151	302	453	604	756	907	1,058	1,209	1,360	1,512	1,663	1,814
60세	204	409	614	819	1,023	1,228	1,433	1,638	1,843	2,047	2,252	2,457
65세	246	492	739	985	1,232	1,478	1,724	1,971	2,217	2,464	2,615	2,615
70세	300	601	901	1,202	1,503	1,803	2,104	2,405	2,705	2,763	2,763	2,763
75세	373	746	1,120	1,493	1,867	2,240	2,613	2,977	2,977	2,977	2,977	2,977
80세	476	951	1,427	1,903	2,379	2,855	3,310	3,310	3,310	3,310	3,310	3,310

* 예시 : 70세(부부 중 연소자 기준), 3억원 주택 기준으로 매월 90만 1천원을 수령합니다.

2. 주택연금 낙찰 사례 분석

1) 주택연금 우수물건 사례 1

21-103877 다가구(원룸등) ★★★★★	경상북도 영천시 금호읍 교대리 6-117 [토지 401㎡, 건물 571.8㎡]	831,388,400 285,166,000 475,000,000	매각 (34%) (57%)	2022.10.25 (10:00)

임차인현황 (말소기준권리 : 2014.11.18 / 배당요구종기일 : 2021.06.21)

임차인	점유부분	전입/확정/배당	보증금/차임	대항력	배당예상금액	기타
강○○	주거용 301호	전입일자: 2020.03.26 확정일자: 2020.03.26 배당요구: 2021.05.07	보35,000,000원 월50,000원	없음	소액임차인	
권○○	주거용 302호	전입일자: 2020.05.04 확정일자: 2021.06.07 배당요구: 2021.06.11	보3,000,000원 월270,000원	없음	소액임차인	
김○○	주거용 3층 206호	전입일자: 미상 확정일자: 미상 배당요구: 2021.05.10	보1,000,000원 월250,000원		배당금 없음	점유:2019.12.07, [현황서상 차:3,000,000원]
김○○	주거용 103호	전입일자: 2017.09.05 확정일자: 2017.09.04 배당요구: 2021.05.21	보50,000,000원	없음	배당순위있음	
박○○	주거용 4층 303호	전입일자: 2015.10.12 확정일자: 2015.10.12 배당요구: 2021.05.12	보45,000,000원 월250,000원	없음	소액임차인	전세권등기자 겸 임차권등기자, [매물등기부상 전:2018.11.15, 확:2015.11.23], [현황서상 차:년300만원 일시불]
이○○	주거용 3층 205호	전입일자: 미상 확정일자: 미상 배당요구: 2021.05.03	보20,000,000원		배당순위있음	전세권등기자, 점유:2020.07.22, [현황서상 차:관리비2만], [등기부상 확:2020.07.22]
임○○	주거용 107호	전입일자: 2019.09.19 확정일자: 미상 배당요구: 2021.05.07	보3,000,000원 월300,000원	없음	소액임차인	[현황서상 전:2019.09.24]
정○○	주거용 207호	전입일자: 2017.05.26 확정일자: 미상 배당요구: 없음	미상	없음	배당금 없음	
정○○	주거용 207호	전입일자: 2021.05.03 확정일자: 2021.05.03 배당요구: 2021.05.31	보20,000,000원 월150,000원	없음	우선배당금없음	경매등기후 전입신고
정○○	주거용 203호	전입일자: 2021.05.11 확정일자: 미상 배당요구: 2021.05.12	보13,000,000원 월200,000원	없음	배당금 없음	경매등기후 전입신고 [현황서상 정재경,김명희, 확:2021.05.11]
조○○	주거용 101호	전입일자: 2015.02.10 확정일자: 2015.02.10 배당요구: 2021.05.11	보45,000,000원	없음	소액임차인	
최○○	주거용 201호	전입일자: 2016.04.25 확정일자: 2016.04.25 배당요구: 2021.05.10	보5,000,000원 월350,000원	없음	소액임차인	

임차인수: 12명 , 임차보증금합계: 240,000,000원, 월세합계: 1,820,000원

○ 당초 경매감정가 831백만원에 낙찰가는 475백만원이다.

-8억 감정가에 준하는 주택연금을 매달 수령하고(60세 : 163만원, 65세 :197만원), 경매 당시 보증금이 2.4억(통상 보증금 1억에 약 50만원 : 120만원 정도 예상) + 월 1,820,000원 = 302만원 정도를 합하면

→ 본인 무상 거주하면서 60세 경우 465만원, 65세 경우 499백만원 매달 연금 수입

가능하다.

♣ 제2종 일반주거지역, 15가구의 다가구 주택. 2014년 8월 사용 승인

♣ 인근 지역 상황으로 볼 때 임대 수요 활발한 지역 판단됨

♣ 낙찰 후 본인이 무상 거주하고, 임차인들에게 상당한 월세 수입을 추가 기대

2) 주택연금 우수물건 사례 2

	22-3683 다가구(원룸등) ★★★★★	경상남도 사천시 사남면 월성리 268 외 2필지 [토지 333㎡, 건물 651.86㎡]	1,300,524,800 832,336,000 871,215,000	매각 (64%) (67%)	2023.05.25 (10:00)

임차인현황 (말소기준권리 : 2017.05.31 / 배당요구종기일 : 2022.11.08)

임차인	점유부분	전입/확정/배당	보증금/차임	대항력	배당예상금액	기타
곽○○	주거용 3층 302호	전입일자: 2020.08.05 확정일자: 2020.06.19 배당요구: 2022.07.29	보80,000,000원 월50,000원	없음	배당순위있음	임차권등기자
김○○	주거용 2층 202호	전입일자: 2020.09.11 확정일자: 2020.08.14 배당요구: 2022.09.16	보80,000,000원	없음	배당순위있음	전세권등기자, 전세권설정등기일:2020.10.22
김○○	점포 1층	사업등록: 2022.01.25 확정일자: 미상 배당요구: 없음	보10,000,000원 월660,000원 환산7,600만원	없음	배당금 없음	
김○○	주거용 3층 304호	전입일자: 2019.01.21 확정일자: 2019.01.10 배당요구: 2022.09.21	보50,000,000원	없음	소액임차인	
김○○	주거용 2층 203호	전입일자: 2019.05.20 확정일자: 2019.05.20 배당요구: 2022.09.22	보75,000,000원	없음	배당순위있음	
송○○	점포 1층 101호	사업등록: 2022.01.25 확정일자: 2022.10.13 배당요구: 2022.10.13	보10,000,000원 월660,000원 환산7,600만원	없음	배당순위있음	
오○○	주거용 3층 301호	전입일자: 2020.11.30 확정일자: 2021.01.04 배당요구: 2022.09.16	보45,000,000원	없음	소액임차인	전세권등기자, 전세권설정등기일:2021.03.15
이○○	주거용 2층 204호	전입일자: 2018.04.04 확정일자: 2022.09.06 배당요구: 2022.09.08	보2,000,000원 월450,000원	없음	소액임차인	
이○○	주거용 4층 402호	전입일자: 2018.10.22 확정일자: 2018.08.24 배당요구: 2022.09.16	보50,000,000원	없음	소액임차인	
임○○	주거용 4층 401호	전입일자: 2020.03.16 확정일자: 2022.02.25 배당요구: 2022.09.06	보110,000,000원 월100,000원	없음	배당순위있음	
전○○	주거용 204호	전입일자: 2018.04.04 확정일자: 미상 배당요구: 없음	보2,000,000원 월450,000원	없음	배당금 없음	
정○○	주거용 4층 403호	전입일자: 2019.06.25 확정일자: 2019.06.13 배당요구: 2022.09.30	보45,000,000원 월30,000원	없음	소액임차인	
주○○	주거용 2층 201호	전입일자: 2021.08.10 확정일자: 2021.08.10 배당요구: 2022.09.29	보50,000,000원	없음	소액임차인	
하○○	주거용 2층 203호	전입일자: 2020.07.08 확정일자: 2020.08.17 배당요구: 2022.09.30	보80,000,000원 월50,000원	없음	배당순위있음	전세권등기자, 전세권설정등기일:2020.07.03

임차인수: 14명 임차보증금합계: 680,000,000원, 월세합계: 2,450,000원

○ 당초 경매감정가 13억원에 낙찰가는 871백만원이다.

- 12억 감정가에 준하는 주택연금을 매달 수령하고(60세 : 245만원, 65세 :261만원),

경매 당시 보증금이 6.8억(통상 보증금 1억에 약 50만원 : 380만원 정도 예상) + 월 2,450,000 = 625만원 정도를 합하면

→ 본인 무상거주하면서 60세 경우 870만원, 65세 경우 886백만원 매달 연금 수입 가능하다.

♣ 제1종 일반주거지역, 11가구의 다가구주택으로 2017년 5월 사용 승인

♣ 인근에 시내버스 정류장이 소재하며, 북쪽으로 사천 외국인 기업전용 단지가 활성화되어 임대 수요가 많은 지역으로 판단됨.

♣ 임차인의 대부분이 대항력 없는 소액 임차인으로 명도 부분에 어려움 없을 것으로 판단됨.

3) 주택연금 우수물건 사례 3

20-1779 근린주택	경기도 시흥시 정왕동 2025-9 [토지 225.3㎡, 건물 669.87㎡]	1,154,573,900 808,202,000	유찰 1회 (70%)	2021.07.13 (10:30) 입찰 3일전

임차인현황 (말소기준권리 : 2003.01.17 / 배당요구종기일 : 2020.05.25)

임차인	점유부분	전입/확정/배당	보증금/차임	대항력	배당예상금액
강○○	주거용 301호	전입일자: 2017.04.04 확정일자: 2017.04.04 배당요구: 2020.03.13	보70,000,000원	없음	배당순위있음
김○○	주거용 404호전체	전입일자: 2017.02.14 확정일자: 2017.02.14 배당요구: 2019.07.19	보80,000,000원	없음	배당순위있음
남○○	주거용 401호	전입일자: 2019.03.19 확정일자: 2019.03.19 배당요구: 2020.03.12	보70,000,000원	없음	배당순위있음
문○○	주거용 302호	전입일자: 2017.10.16 확정일자: 2017.10.16 배당요구: 2020.05.01	보35,000,000원	없음	배당순위있음
서○○	주거용 201호	전입일자: 2017.01.12 확정일자: 2016.12.09 배당요구: 2020.03.19	보77,000,000원	없음	배당순위있음
장○○	주거용 204호	전입일자: 2016.02.01 확정일자: 2017.07.26 배당요구: 2020.03.12	보70,000,000원	없음	배당순위있음
주○○	주거용 402호	전입일자: 2014.11.17 확정일자: 미상 배당요구: 2020.03.13	보25,000,000원	없음	소액임차인
최○○	주거용 403호	전입일자: 2019.05.13 확정일자: 2017.05.24 배당요구: 2020.03.31	보35,000,000원	없음	배당순위있음
황○○	주거용 304호	전입일자: 2018.03.15 확정일자: 2017.10.31 배당요구: 2020.03.16	보80,000,000원	없음	배당순위있음
	임차인수: 9명 , 임차보증금합계: 542,000,000원				

○ 당초 경매감정가 11억원에 낙찰가는 808백만원이다.

- 11억 감정가에 준하는 주택연금을 매달 수령하고(60세 : 225만원, 65세 :261만원), 경매 당시 보증금이 5.4억원(통상 보증금 1억에 약 50만원 : 280만원 정도 예상)

→ 본인 무상 거주하면서 60세 경우 505만원, 65세 경우 541백만원 매달 연금 수입 가능하다.

♣ 근린주택도 (등기사항증명서에 1/2 주택이면) 주택연금 대상

♣ 1, 5층은 근린생활시설, 2, 3, 4층은 주택이므로 주택연금 대상

♣ 부분 임차인이 모두 배당 받으므로 명도 이상 없음

4) 주택연금 입찰 금지 물건

21-888 근린주택	경상남도 거제시 장평동 1202-5 [토지 264.2㎡, 건물 612.2㎡]	1,184,013,400 324,893,000 680,000,000	매각 (27%) (57%)

2021타경888 • 창원지방법원 통영지원 • 매각기일 : 2023.03.27(月) (10:00) • 경매 2계(전화:055-640-8502)

소 재 지 경상남도 거제시 장평동○○○○ 도로명검색 지도 지도 주소 복사

물건종별	근린주택	감 정 가	1,184,013,400원
토지면적	264.2㎡(79.92평)	최 저 가	(27%) 324,893,000원
건물면적	612.2㎡(185.19평)	보 증 금	(10%) 32,489,300원
매각물건	토지·건물 일괄매각	소 유 자	이○○
개시결정	2021-02-13	채 무 자	이○○
사 건 명	임의경매	채 권 자	엠씨아이대부(주)(전 남대구새마을금고)

오늘조회: 1 2주누적: 7 2주평균: 1 조회동향

구분	매각기일	최저매각가격	결과
1차	2022-07-29	1,184,013,400원	유찰
2차	2022-09-02	828,809,000원	유찰
3차	2022-10-14	580,166,000원	유찰
4차	2022-11-18	406,116,000원	유찰
	2022-12-23	284,281,000원	변경
	2023-02-20	284,281,000원	변경
5차	2023-03-27	**324,893,000원**	

매각 : 680,000,000원 (57.43%)

(입찰31명,매수인:임○○ / 차순위금액 465,000,000원)

매각결정기일 : 2023.04.03 - 매각허가결정

대금지급기한 : 2023.05.11

대금납부 2023.04.17 / 배당기일 2023.05.17

배당종결 2023.05.17

해당 물건은 위반건축물이다.

부동산의 위반 건축물 여부는 건축물관리대장으로 구분 가능하다. 위반건축물의 경우는 건축물관리대장상 '변동 내용 및 원인'의 내용이 중요하다.

■ 건축물대장의 기재 및 관리 등에 관한 규칙 [별지 제1호서식] <개정 2018. 12. 4.>

일반건축물대장(갑) **위반건축물**

(2쪽 중 제1쪽)

열람용

고유번호	4831010800-1-12020005		명칭	호수/가구수/세대수 0호/5가구/0세대
대지위치	경상남도 거제시 장평동	지번 1202-5	도로명주소	
※대지면적 264.2 ㎡	연면적 488.2 ㎡	※지역 제2종일반주거지역	※지구	※구역
건축면적 158.24 ㎡	용적률 산정용 연면적 488.2 ㎡	주구조 철근콘크리트구조	주용도 단독주택	층수 지하 층/지상 4층
※건폐율 59.89 %	※용적률 184.78 %	높이 13.25 m	지붕 (철근)콘크리트	부속건축물 동 ㎡
※조경면적 ㎡	※공개 공지·공간 면적 ㎡	※건축선 후퇴면적 ㎡	※건축선후퇴 거리 m	

건축물 현황					소유자 현황			
구분	층별	구조	용도	면적(㎡)	성명(명칭) / 주민(법인)등록번호 (부동산등기용등록번호)	주소	소유권 지분	변동일 / 변동원인
주1	1층	철근콘크리트구조	제2종근린생활시설(일반음식점)	49.32	이[illegible]	경상남도 김해시 반룡로 11, 803동 [illegible]	1/1	2015.8.24.
주1	1층	철근콘크리트구조	계단실	12	[illegible]			소유권이전
주1	2층	철근콘크리트구조	다가구주택	149.04		- 이하여백 -		
주1	3층	철근콘크리트구조	다가구주택	149.04	※ 이 건축물대장은 현소유자만 표시한 것입니다.			

이 등(초)본은 건축물대장의 원본내용과 틀림없음을 증명합니다.

거제시장 (인)

발급일: 2022년 7월 12일
담당자:
전 화:

※ 표시 항목은 총괄표제부가 있는 경우에는 적지 않을 수 있습니다.

이 건축물대장은 열람용이므로 출력하신 건축물대장은 법적 효력이 없습니다.

297㎜×210㎜[백상지 80g/㎡]

간혹, 창고나 베란다를 경미한 면적으로 불법 증축한 경우는 원상 회복이 가능하지만, 가구 수를 불법 대수선하거나, 근생빌라(근린생활시설을 빌라(다세대)로 임대된 부동산)의 입찰 또는 매입에 특히 주의해야 한다. 이런 위반건축물의 경우는 이행강제금이 부과된다는 점을 명심해야 한다.

변동사항			
변동일	변동내용 및 원인	변동일	변동내용 및 원인
2013.11.12.	신규작성(신축)	2019.5.28.	축물대장 내진설계 여부 기재
2013.11.20.	제1종근린생활시설(소매점)49.32㎡를 제2종근린생활시설(일반음식점)49.32㎡로 표시변경	2020.7.13.	다가구주택 용도의 가구 간 경계벽을 증설(2층: 2가구→4가구, 3층: 2가구→4가구)하여 불법대수선 및 단독주택(다가구주택) 용도의 지상4층 바닥면적 87.1㎡를 불법증축한 위반행위로 시
2019.5.28.	국토교통부 건축정책과-281 (2018.1.11.)호에 의거 건		
※ 표시 항목은 총괄표제부가 있는 경우에는 적지 않을 수 있습니다.			이 건축물대장은 열람용

이행강제금

쉽게 설명하면, 개인 소유의 부동산(건축물)에 불법으로 개축하거나, 증축 등으로 원상복구 명령을 받았으나, 이를 따르지 않는 경우 부과하는 벌금이다. 위반건축물은 2019년 4월 23일 이전에 등록이 되었다면 총 5회까지 부과하면 되지만, 2019년 4월 23일 이후 등재가 되었다면 원상 복구될 때까지 이행강제금이 부과된다(건축법 제80조 제5항 단서 개정).

농지의 경우는 농지를 정당한 사유없이 자기의 농업경영에 이용하지 않은 경우, 「농지법 제10조」 2021년 8월 17일 「농지법」 개정으로 토지가액의 20%에서 감정평가액과 공시지가 중 높은 금액의 25%로 바뀌었으며, 1회 부과로 끝나는 것이 아니라 해당 농지를 처분할 때까지 매년 1회씩 부과한다. 예로 공시지가가 5000만원이고, 실제 시세가 1억원인 농지라면 2,500만원의 이행강제금이 매년 부과된다(농지법 제10조, 제11조 및 농지법 제63조(이행강제금) 제1항).

5) 주택연금 대상 제외 물건

☑	21-103648 주택	서울특별시 성북구 성북동 15-11 외 1필지 [토지 926㎡, 건물 450.08㎡]	4,890,575,800 2,503,975,000	유찰 4회 (51%)	2023.08.16 (10:00) 입찰 32일전

○ 주택연금 대상 주택은 공시가격 9억원 이하(2023년 10월 12일부터 공시가격 9억원에서 12억원으로 완화)만 가능하다.

♣ 주택연금을 신청할 수 있는 가입대상 주택은 「부동산 가격공시에 관한 법률」에 따라 공시 또는 고시되는 가격이 9억원 이하(2023년 10월 12일부터 공시가격 9억원에서 12억원으로 완화, 공시 또는 고시되는 가격이 없는 경우에는 주택금융운영위원회가 정한 주택연금 보증 기준에 따른 가격을 말함) 주택 등이다.

♣ 시세 대비 공시가격 비율이 70% 정도인 것을 감안하면 주택연금 가입이 가능한 주택 가격은 실거래가 기준 13억원 ~ 17억원 정도로 올라갈 것으로 보인다.

6) 주거용 오피스텔의 주택연금 가입[37)]

☑		22-112370 오피스텔	서울특별시 강서구 등촌동 637-16, 아줄리움 2층 202호 [오피스텔(주거) / 대지권 14.03㎡, 건물 33㎡]	316,000,000 103,547,000	유찰 5회 (33%)	2023.08.09 (10:00) 입찰 25일전

○ 주거용 오피스텔도 주택연금 가입이 가능하다.

○ 주거목적 오피스텔은 등기사항증명서상 용도가 업무시설 또는 오피스텔이면서 주거목적으로 사용되는 경우를 말하며, 아래 기준을 모두 만족하는 경우 주거목적으로 사용되는 것으로 본다. 다만, 보증신청일 현재 주택분 재산세가 과세되지 않은 경우에는 아래와 같이 보완할 수 있다.

담보주택이 주거목적 오피스텔의 경우 "주택연금 담보제공 오피스텔의 주거목적 사용에 대한 확약서"를 받고, 보증신청일부터 1년 이내에 발급된 지방세 세목별 과세증명서를 제출받아 주택분 재산세 과세 현황을 확인한다.
다만, 보증신청일 현재 주택분 재산세가 과세되지 않은 경우에는 추가 확약 사항에 따라 최초 보증부 대출 실행일로부터 1년 이내에 주택분 재산세 과세 증빙서류를 제출받는다.

♣ 신청인 또는 배우자의 주민등록상 주소지가 담보주택 주소지와 일치

♣ 방문 조사 또는 서류 조사를 통해 확인한 결과 신청인 또는 배우자가 실제 담보주택에 거주

♣ 전용 입식 부엌, 전용 화장실, 세면시설 등 필수 주거시설의 설치

♣ 보증신청일 현재 담보주택이 재산세 과세대장에 주택으로 기재되어 주택분 재산세 과세

37) 『주택담보노후연금보증 업무처리기준』(2022.12.9. 현재) 2면 참조.

주거목적 오피스텔

(종신지급방식, 정액형) (단위 : 천원)

연령	주택가격											
	1억원	2억원	3억원	4억원	5억원	6억원	7억원	8억원	9억원	10억원	11억원	12억원
50세	79	158	237	316	395	474	553	632	712	791	870	949
55세	109	219	328	438	548	657	767	876	986	1,096	1,205	1,315
60세	153	307	461	614	768	922	1,076	1,229	1,383	1,537	1,690	1,844
65세	192	384	577	769	961	1,154	1,346	1,539	1,731	1,923	2,116	2,308
70세	243	486	729	972	1,216	1,459	1,702	1,945	2,189	2,432	2,675	2,918
75세	313	626	939	1,252	1,565	1,878	2,191	2,504	2,817	3,130	3,443	3,556
80세	412	824	1,237	1,649	2,062	2,474	2,887	3,299	3,711	3,959	3,959	3,959

3. 주택연금 5천호 달성기념 고객 체험 수기(대상)

대상

집이 효자렷다!!!

정○○ (지○○ 고객(67세)의 이웃, 서울시 송파구 문정동)

먼저 저는 가입당사자도, 가입자의 가족도 아닙니다. 주택연금 혜택을 받고 계신 어느 부부의 옆집 아기 엄마이지만 즐거운 사연을 적어볼까 합니다.

우리 옆집 아주머니와 아저씨 부부는 두 분 다 시력을 잃으신 시각장애인입니다. 아저씨는 백일 무렵 눈에 백태가 꼈는데 무지한 시골의원의 침술로 시력을 잃었고, 아주머니는 2살 때 홍역으로 인한 심한 열병으로 세상을 보지 못합니다. 아주머니의 친정어머니는 아기를 낳고 앓으시다 다섯 달 뒤에 돌아가셨다고 하니 요즘처럼 의료기술이 눈부시게 발전한 현실에선 참으로 애석한 일이 아닐 수 없지요.

더구나 두 분께선 아쉽게도 슬하에 자식이 없으세요. 어렵던 시절 전셋집을 떠돌때 눈이 안 보이는 부부라며 집주인이 전세도 안 줬을 때는 정말로 사람들 원망도 많이 하셨을 거예요.

옆집 시각장애인 부부와의 가족과 같은 인연

아주머니와 아저씨는 20여 년 전에 드디어 장애인 아파트를 분양 받아 쭉 살아오시고 있고, 저도 4년 전에 결혼하여 옆집으로 시집을 와 아주머니, 아저씨와 친하게 지내고 있어요. 정말 흔히 말하는 '친한 이웃 간에는 숟가락이 몇 개인지도 알 수 있다'는 말이 우리를 두고 하는 말 일겁니다. 처음엔 주변 사람과 친해지는 게 쉽지 않으셨던 아주머니셨죠. 내 가족처럼 모든 것을 다 나누고 채워줄 순 없지만, 때론 말동무가 되어 드리고 때론 딸처럼 울고 웃다 보니 한 식구처럼 정이 들어서 이젠 서로가 행여나 멀리 이사 가지 않을까 두려워하는(?) 사이가 됐답니다.

요즘은 시각장애인도 사법고시를 합격하여 법관이 되고 과학이 발전해서 컴퓨터도 검색하는 시대가 되었지만, 60년대 맹인들의 직업은 거의 딱 두 가지였죠. '점쟁이' 아니면 '안마사'라는 직업 말이에요. 아주머니와 아저씨도 그 지독한 굴레를 비켜가기 힘드셨나 봐요.

젊은 시절 아저씨는 비록 잠깐이지만 역술가 생활도 하셨고 근검절약하여 집 한 채를 마련하셨지만 앞을 못보는 죄로 지인에게 사기를 당했고, 아주머니 역시 평생 손마디가 저미도록 안마사로 힘들게 살아오셨으니 정상인의 삶 못지않은 처절함과 고난이 묻어나지요. “애가 없는 게 어찌 보면 내 복일지도...” 라고 말씀하실 때마다 왠지 모르게 코끝이 찡할 정도로 안타까운 적이 한두 번이 아니었답니다.

가장 필요한 사람들에게 조용히 다가와준 기회

그러던 어느 날 아주머니께서 ‘주택연금’으로 맘 편하게 생활하는 한 사람의 사연을 라디오에서 들으시고 저에게 너무 부럽다는 말씀을 하시더라고요. 점점 나이가 들어 외로워지고 생활을 영위하기 위해 경제적으로 부양해 줄 수 있는 자식하나 없는 상황이 아주머니에게 심한 불안감으로 작용했던 것 같았습니다. 요즘 다 그렇잖아요. ‘하우스 푸어 (house poor)’라고 실상 현금은 없고 ‘집만 덩그러니’ 있는 사람들. 대한민국 사람들의 강한 주택소유욕을 반영해 주는 상황인 것 같아요.

30대 중반인 저 역시도 한창 남편과 아파트 구입을 위해 대출받은 돈을 열심히 갚고 있으니 언젠간 아주머니와 같은 고민을 할 시기가 도래하겠지요.

그러던 차에 '주택연금'에 대해 곰곰이 생각해보니 옆집 아주머니 부부에게 필요하고 그분들을 위한 상품인 것 같아 도움이 될 수 있다는 생각에 내심 너무 기뻤습니다. 며칠 뒤 저는 흔쾌히 아주머니와 아저씨를 모시고 강남에 위치한 주택금융공사를 방문하여 상담을 받게 해드렸어요. 그날은 여름철이라 비도 주룩주룩 오고, 등에 어린 딸아이를 업고, 두 분 부축하랴 우왕좌왕 했었는데 지금은 추억이 되었네요.

상담을 받으셨으나 전 재산인 집과 관련된 일이다 보니 부부 사이에 심사숙고도 하시고 제가 모르는 약간의 갈등도 있으셨을 듯해요. 더군다나 앞이 보이시지 않으니 항상 세상이 두려우신 분들이잖아요. 그렇지만 공신력 있는 공공기관이니 믿고 결정을 내리셨답니다. 시각장애인이다 보니 계약 및 자서업무와 직접 은행에서 승인을 받아야 하는 불편을 비롯해 준비하는 모든 게 장애인으로서 쉽진 않았습니다. 하지만 친절한 공사 직원 분들의 도움으로 마침내 특수한 케이스이기에 제가 증인도 되어 드리고 '시각장애인 1호'로서 처음 주택연금을 가입하지 않았나 싶어요. 아직은 점자 안내서 등 특수계층을 위한 인프라는 미흡하지만 앞으로 다양한 분들이 가입해 나간다면 좀 더 나아지겠죠?

"자식보다 낫죠? 집이 효자네요"

지금 생각해보면 아주머니 부부에겐 자식보다도 당장 생활할 수 있는 돈이 더 필요했던 게 아닐까 싶어요. 요즘엔 그러십니다. "집이 효자렷다"라고요. 그 전엔 은행에 예치된 예금의 적은 이자로 생활하셨던 터라 필요한 물건들을 구입하시는 것도 망설이시고, 드시는 것도 많이 단출했는데 지금은 아주머니 부부의 표정만 봐도 많이 안정되신 것 같아요. 이것저것 못미더운 게 많아 보험도 제대로 안 들어두신 두 분은 이젠 아파도 참지 않고 병원도 자주 다니시며 건강도 잘 챙기시고요. 가끔은 그러십니 다. "의정 엄마 아니었으면 나 이런 거 알지도 못하고 할 수도 없었겠어. 아주 딱딱 날짜 맞춰서 돈이 들어오니깐 신기해" 그럼 저는 그럽니다. "자식보다 낫죠? 아주 집이 효자네요"라고요.

그해 가을 생활비 들어오던 날 아주머니가 사주신 쫄깃하고 맛난 꽃감을 아기와 입에 물고 주택금융공사에서 선물해 주신 효자손으로 등을 긁으며 행복한 수다를 나눴던 게 엊그제 같네요. 너무 뿌듯하고 기뻐요. 쭉 살아오셨고, 앞으로도 계속 살아가실 보금자리와 돌아가실 때까지 매월 지급되는 생활비라는 두 마리 토끼를 다 잡으셨으니 이런 제도가 있다는 게 너무 다행스럽고요.

저도 친정 부모님 생각을 하면 항상 마음 한구석이 저려옵니다. 대부분의 자녀들이 매달 많은 돈의 용돈이나 생활비를 드릴 상황이 안되잖아요. 그럼에도 불구하고 부모님들은 노후에 자식들에게 집 한채 있는 것 물려주실 생각으로 지금도 아끼고 아껴 생활하시는 게 마음 아파요.

"말년에 예쁜 강아지 같은 내 손자 용돈이나 줄 수 있었으면 그 걸로 좋겠다" 친정아버지의 소박한 바람이 저에게는 약간의 아픔으로 다가왔어요. 그래서 저는 요즘 친정 부모님들에게 주택연금을 먼저 하라고 권합니다. 물론 장가를 가지 않은 친정오빠의 전세금 정도는 마련해 주실 요량이지만, 그냥 그러한 부담도 훌훌 털어버리고 아버지 어머니가 노후에 행복하게만 살아가시면 그걸로 감사할 것 같아요.

노부부에게 환한 미소를 안겨준 주택연금

우리 대한민국의 아들, 딸들. 말로만 효도하지 말고 부모님들에게 안정된 노후를 선물해 드리는 것이 어떨까요? 열심히 살아오셨으니 그만큼 모두 누릴 자격 있으시잖아요. 자식에게 버림받는 노인들도 많고, 자식이 보험인 시대도 아니고, 선진국으로 갈수록 노후는 자기가 준비해둬야 한다는 생각이 커지고 있어요. 무거운 노부부의 근심을 날려버리고 미소를 안겨준 주택연금!! 과연 누가 이렇게 좋은 '역모기지론'을 생각해 냈을까요. 호호~ 올해도 어김없이 돌아온 가정의 달 5월을 맞이하여 아주머니와 아저씨에게 '빨간 카네이션'이 되어준 주택연금 너무 고맙고 감사합니다.

앞으로도 쭉~ 발돋움하시길 바랍니다. 파이팅!!

4. 주택연금 설명서 및 체크리스트[한국주택금융공사]

주택연금 설명서 및 체크리스트

이 설명서 및 체크리스트는 「한국주택금융공사법」 제43조의2 제1항에 의하여 주택연금을 받으려는 귀하께서 반드시 한국주택금융공사 직원 (상담사)으로부터 설명 받아야 하는 내용입니다. 설명을 잘 듣고 더 궁금한 사항이 있으면 문의하여 주시기 바랍니다.

설명직원 : 한국주택금융공사 ________________ 지사

대표전화 : 1688-8114 (Tel : ______________________) 홈페이지 : www.hf.go.kr

〈주택연금이란?〉

주택연금(주택담보노후연금대출 또는 보증)이란 주택소유자가 보유한 주택을 담보로 금융기관으로부터 노후생활자금을 매월 연금방식으로 지급받는 제도를 말합니다. 주택연금을 지급받기 위해서는 다음 요건을 모두 충족하여야 합니다. ① 주택소유자 또는 주택소유자의 배우자가 만 55세 이상, ② 주택소유자 또는 주택소유자의 배우자가 대한민국 국민(재외국민을 포함)

1 주택연금 지급방식

주택연금으로 노후생활자금을 지급받는 방식은 아래와 같습니다.

(1) 종신지급방식

인출한도 설정없이 평생동안 매월 연금형태로 지급받는 방식입니다.

(2) 종신혼합방식

인출한도 범위(대출한도의 50%) 안에서 수시로 찾아 쓰고 나머지 부분을 평생동안 매월 연금형태로 지급받는 방식으로 **종신지급방식보다 월지급금이 적어지게 됩니다.**

(3) 확정기간혼합방식

인출한도 범위 안에서 수시로 찾아 쓰고 나머지 부분을 **일정한 기간동안만 매월 연금형태로 지급받는 방식**입니다. 다만, 인출한도 중 대출한도의 5%에 해당하는 금액은 매월 연금형태로 지급받는 기간이 종료된 이후 담보주택관리비, 의료비의 용도로만 사용하실 수 있습니다.

〈가입 연령별(연소자 기준) 지급기간〉

지급기간	10년형	15년형	20년형	25년형	30년형
대상연령*	65세~74세	60세~74세	55세~68세	55세~63세	55세~57세

* 부부 중 연령이 낮은 자 기준

1편 주택연금

(4) 대출상환방식

담보주택을 담보로 대출받은 금액 중 잔액을 상환하는 용도로 인출한도 범위(대출한도의 90%) 안에서 일시에 지급받고, 나머지 부분을 평생동안 매월 연금형태로 지급받는 방식입니다.

(5) 우대지급방식

귀하 또는 배우자가 기초연금 수급권자(만65세 이상)이며 부부기준 **1억 5천만원 미만의 1주택만 소유하신 경우** 인출한도 설정없이 평생동안 매월 연금형태 로 지급받되 종신지급방식보다 더 많은 월지급금을 지급받는 방식입니다.

(6) 우대혼합방식

귀하 또는 배우자가 기초연금 수급권자(만65세 이상)이며 부부기준 1억 5천만원 미만의 1주택만 소유하신 경우 우대지급방식의 인출한도 범위 안에서 수시로 찾아 쓰고 나머지 부분을 평생동안 매월 연금형태로 지급받는 방식으로, **우대지급방식보다 월지급금이 적어지게 됩니다.**

[인출한도란?]

① 의료비, 교육비, 주택담보대출상환 등의 용도로 사용하기 위하여 수시 또는 일시로 지급받을 수 있도록 미리 설정한 금액을 말합니다.

단, 확정기간혼합방식의 경우 인출한도 중 대출한도의 5%에 해당하는 금액(이하 '의무설정인출한도'라 함)에 대해서는 담보주택관리비, 의료비의 용도로만 사용할 수 있으며, 월지급금 지급종료 이후 지급받을 수 있습니다.

② 주택구입 · 임차자금과 도박 · 투기 등 사행성 및 사치오락성 지출자금으로는 사용할 수 없습니다.

③ 인출금을 사용한 후 인출금과 그에 따른 제반비용 중 일부 또는 전부를 상환하시는 경우 1회에 한하여 인출한도 및 월지급금을 회복할 수 있습니다. 다만, 월지급금 회복을 위해 인출금을 상환하시려는 경우에는 반드시 사전에 공사에 문의하신 후 공사의 안내절차에 따라 진행하셔야 합니다.

[지급방식에 대한 유의사항]

① 확정기간혼합방식 : 소유주택이 노인복지주택인 경우 선택하실 수 없습니다.

② 우대지급(혼합)방식 : 우대지급(혼합)방식을 선택하는 경우에도 해당 연령과 주택가격 1억 5천만원을 기준으로 한 종신지급(혼합)방식의 대출한도 및 월지급금을 초과할 수 없습니다.
③ 가입한 이후에는 종신지급 ↔ 종신혼합, 우대지급 ↔ 우대혼합을 제외한 지급방식 변경을 하실 수 없습니다. 다만, 아래의 우대형 전환 요건을 모두 충족하시는 경우에는 종신지급(혼합)방식에서 우대지급(혼합)방식으로 변경이 가능합니다.

〈우대형 전환 요건〉
① 가입 시 부부 중 1인 이상이 만 65세 이하이고 부부기준 1.5억원 미만의 1주택만 소유하였으며 종신지급방식 또는 종신혼합방식을 선택하였을 것
② 가입 시 만 65세 이하였던 본인 또는 배우자가 만 66세가 되기 전까지 기초연금 수급권을 취득하고 우대형 전환을 위한 조건변경을 신청하였을 것
③ 우대형 전환을 위한 조건변경 신청 시 부부기준 1주택자이고 지급유형이 정액형이며 인출한도가 45% 이내일 것

〈월지급금 지급유형〉

지급방식 선택에 따라 선택하실 수 있는 지급유형은 아래와 같습니다.

☐ 종신지급(혼합)방식 : 정액형 또는 전후후박형

☐ 확정기간혼합방식 : 정액형

☐ 대출상환방식 : 정액형

☐ 우대지급(혼합)방식 : 정액형

① (정액형) 월지급금을 일정한 금액으로 고정하는 방식

② (전후후박형) 초기 10년간은 정액형보다 많이 받다가 11년째부터는 초기 월지급금의 70% 수준으로 받는 방식

결국 종신방식(정액형), 종신방식(전후후박형), 확정기간혼합방식(정액형), 대출상환방식(정액형), 우대방식(정액형) 중 한 가지를 선택하여 주택연금을 수령하게 됩니다. 다만, 종신방식을 이용하실 경우는 최초 주채무 실행일로부터 3년 이내에 1회에 한하여 지급유형 변경(정액형 ↔ 전후후박형)이 가능합니다.

2 주택연금 지급금액

귀하와 배우자의 나이, 주택가격에 따라 받을 금액이 결정됩니다. 다만, 주택 가격이 9억원을 초과하면, 주택가격을 9억원으로 보고 지급금액이 결정됩니다(2023.10.12. 12억원으로

완화예정).

□ 귀하와 배우자 중 나이가 적은 쪽이 주택연금 근저당권 설정일 현재 만 ____세입니다.

□ 소유 주택의 가격(평가액)은 현재 ______원입니다.

귀하는 주택연금 지급방식으로 [종신지급, 종신혼합, 확정기간혼합, 대출상환, 우대지급, 우대혼합] 방식을 선택했으며,

□ 종신혼합방식: 수시로 찾아 쓸 수 있는 인출한도로 ______원을 설정했습니다.

□ 확정기간혼합방식: 월지급금 지급기간 종료 후 담보주택관리비 · 의료비 용도로만 찾아 쓸 수 있는 의무설정인출한도로서 대출한도의 5%에 해당하는 금액인 ______원을 설정하였으며, 지급기간과 관계없이 수시로 찾아 쓸 수 있는 인출한도로 ______원을 설정했습니다.

□ 대출상환방식 : 주택담보대출 상환을 위해 일시에 찾아 쓸 수 있는 인출한도로 원을 설정했습니다.

□ 우대혼합방식 : 수시로 찾아 쓸 수 있는 인출한도로 ______원을 설정했습니다.

□ 종신지급(혼합)방식

귀하가 [정액형, 전후후박형]을 선택하여 최초 ______원의 월지급금을 받게되며, 전후후박형은 11년째부터 월지급금이 70%로 감소됩니다.

- 전후후박형 선택 시 11년째부터 지급받으실 월지급금 : ______원

□ 확정기간혼합방식

귀하가 [10년, 15년, 20년, 25년, 30년]의 지급기간을 선택하여 ______원의 월지급금을 받게 되며, 지급기간 종료 후에는 월지급금이 지급되지 않습니다.

□ 대출상환방식, 우대지급(혼합)방식

귀하가 정액형을 선택하여 최초 ______원의 월지급금을 받게 됩니다.

[근저당권설정 관련 유의사항]

◦ 위의 금액은 주택연금 근저당권이 설정될 것으로 예상되는 시점의 귀하 및 배우자의 연령과 귀하가 제시한 주택가격으로 계산한 것이므로, 정확한 금액은 공사 소정의 심사절차를 거친 후에 확정되오니 유의하기 바랍니다.

◦ 또한 복합용도주택의 경우는 건물 중 용도가 주택이 아닌 건물부분(그 부속건물을 포함)에 해당하는 가액을 공제하여 주택가격을 산정하고, 건물 전체에 근저당권을 설정합니다.

[국민기초생활보장 관련 유의사항]

◦ 주택연금 이용으로 인해 정부 등의 국민복지서비스(국민 기초생활보장제도 등) 혜택이 축소될 수 있습니다.

3 보증료

(1) 보증료의 구분 및 요율

보증료는 초기보증료와 연보증료로 나누어 납부하게 됩니다.

① 초기보증료는 처음에 한번 주택가격의 1.5%를 납부합니다.

(다만, 주택가격이 높고 나이가 많으면 초기보증료율이 1.5% 미만일 수 있습니다.)

예상 초기보증료금액은 ______________원입니다.

② 연보증료는 보증잔액의 「0.75% ÷ 12」를 매월 납부합니다.

다만, 대출상환방식을 이용하는 경우, 초기보증료는 주택가격의 1.0%를 납부하며, 연보증료는 보증잔액의 「1.0% ÷ 12」를 매월 납부합니다.

[보증잔액이란?]

보증잔액은 대출잔액과 동일한 금액으로 다음 4가지를 모두 합한 금액입니다.

월지급금ⓐ + 개별인출금ⓑ + 보증료ⓒ + ⓐⓑⓒ 대한 대출이자

(2) 납부방법 등

① 보증료는 귀하가 직접 현금으로 공사에 납부하는 것이 아니라, **금융기관이 귀하의 부담으로 대출을 발생시켜 공사에 납부**합니다.

② 주택연금 이용 도중 보증(대출)잔액의 일부 또는 전부를 상환한 경우, **초기보증료는 환급해 드리지 않으며 연보증료는 미경과기간에 해당하는 금액을 환급**해 드립니다.

[초기보증료 환급에 관한 예외사항]

① 재난 등(아래에 해당하는 경우에 한함)에 의한 주택멸실로 보증(대출)잔액을 전부 상환한 경우, 귀하의 담보주택 가격(보증 신청 시점에 예상한 상환 시점의 주택가격)이 상환하신 대출금보다 높은 경우에 한하여 이미 납부하신 초기보증료중 공사가 별도로 정한 금액을 환급해 드립니다.

ⓐ 천재지변은 정부 또는 지방자치단체 등에서 재해확인을 받거나 재해복구자금을 받은 경우에 한합니다.

ⓑ 화재 · 붕괴 · 폭발 등은 지방자치단체, 경찰서, 소방서 등 관계 행정기관을 통해 본인, 배우자 또는 직계존비속의 고의 또는 과실이 아닌 것으로 확인되는 경우에 한합니다.

② 최초 보증부대출 실행일로부터 1년이 경과하기 이전에 귀하 또는 귀하의 배우자가 사망하여 상속인이 보증(대출)잔액을 전부 상환한 경우 납부하신 초기보증료를 아래와 같이 환급해 드립니다.
ⓐ 아래 「11. 보증약정 철회」의 철회기한 이내에 귀하가 사망한 경우 초기보증료 전액
ⓑ 아래 「11. 보증약정 철회」의 철회기한 경과 후 귀하와 귀하의 배우자가 모두 사망한 경우 초기보증료 중 연금 이용기간에 비례한 액수를 차감한 금액
③ 아래 「11. 보증약정 철회」의 경우에는 납부하신 초기보증료와 연보증료 전액을 환급해 드립니다.

4 대출이자

대출이자는 귀하가 직접 현금으로 금융기관에 납부하는 것이 아니라 귀하가 금융기관과 약정한 금리수준에 따라 매월 대출원금에 가산되어 복리로 늘어나며, 주택연금 이용기간 동안에는 별도로 상환할 필요는 없습니다.

5 변제시기 및 방법

(1) 변제시기

주택연금은 원칙적으로 귀하와 배우자가 생존하는 동안에는 변제하지 않아도 됩니다. 그러나 다음의 경우에는 변제시기가 도래되어 대출금을 상환해야 합니다.

① 귀하(주택소유자)와 배우자가 모두 사망한 경우
② 귀하가 사망한 후 6월 이내에 배우자 앞으로 주택지분 전부에 대한 소유권 이전등기와 채무인수를 하지 않은 경우

[유의사항]
◦ 자녀 등에게 주택의 일부라도 상속 등으로 이전되면 변제해야 합니다.
◦ 귀하가 사망한 후 채무인수 시점에 배우자가 신용관리정보를 보유하고 있는 경우 채무가 인수되지 않을 수 있습니다.

③ 귀하와 배우자 모두 주택에서 다른 장소로 주민등록을 이전한 경우. 다만, 주민등록을 이전한 주택을 담보주택으로 변경하는 경우와 실거주 예외 인정사유에 해당되어 공사의 승인을 받은 경우는 제외합니다.
④ 귀하와 배우자 모두 1년 이상 계속하여 주택에서 실제로 거주하지 않는 경우. 다만, 실거주 예외 인정사유에 해당되어 공사에 미리 서면통지하고 이를 공사가 인정한 경우는 제외합니다.

[실거주 예외 인정사유]
공사 인터넷 홈페이지에 공고하는 아래의 불가피한 사유들을 말합니다.
① 질병치료, 심신요양 등을 위하여 병원, 요양시설 등에 입원
② 자녀봉양 등을 받기 위하여 타 주택 등에 장기체류
③ 관공서에 의한 격리, 수용, 수감 등
④ 기타 개인적인 특별한 사정 등을 감안하여 공사가 이를 인정한 경우 등

⑤ 담보주택의 소유권을 상실한 경우 (예를 들어 매각, 증여 등)
⑥ 대출잔액이 저당권의 설정액을 초과할 것으로 예상되는 경우로서, 금융기관이나 공사의 설정액 변경요구에 응하지 않은 경우
⑦ 기타 공사가 정하여 통지한 일정한 사유가 발생한 경우

※ 귀하(주택소유자)가 재건축등 사업 또는 행위를 위한 조합에 조합원으로 참가하거나 주택법 제42조제2항 또는 제3항에 따라 그 행위에 동의한 경우에는 위 ⑤의 사유가 발생하더라도 변제대상에서 제외되며, 위의 ② 내지 ④ 및 ⑥ 중 어느 하나의 사유가 발생한 경우에는 아래 각목에 해당하는 기간 동안 변제대상에서 제외됩니다.
가. ② : 재건축 · 재개발의 경우 이전고시일 다음날부터 3개월까지, 리모델링의 경우 사용검사 승인일 다음날부터 3개월까지
나. ③, ④ : 재건축 · 재개발의 경우 관리처분계획인가 후 사업착공을 위한 이주 시부터 해당주택의 준공검사 승인 후 지정된 입주기한까지, 리모델링의 경우 사업계획승인 후 이주 시부터 해당주택의 사용검사 후 지정된 입주기한까지
다. ⑥ : 재건축 · 재개발의 경우 관리처분계획인가일로부터 해당주택의 준공 후 지정된 입주기한 다음날의 1개월까지, 리모델링의 경우 사업계획승인일부터 해당주택의 사용검사 승인 후 지정된 입주기한 다음날의 1개월까지
(단, 공사가 귀하의 재건축등 참여 및 사업진행과 관련한 증빙서류 또는 서약서에서 정한 사항의 이행 등을 요청했음에도 이에 응하지 않거나, 재건축등 사업에 더 이상 참여하지 않는 경우에는 위 내용을 적용하지 아니합니다.)

[재건축등이란?]
도시 및 주거환경정비법」 제2조제2호 나목에 따른 주택재개발사업, 같은 호 다목에 따른 주택재건축사업 또는 「주택법」 제2조제25호에 따른 리모델링을 말합니다.

[신 · 증축주택이란?]
귀하가 재건축등에 참여한 결과로 건설되어 입주하는 주택을 말합니다.

(2) 변제금액

변제일 현재 주택가격과 대출(보증)잔액 중 적은 금액을 변제하면 됩니다.

(3) 변제방법

주택연금은 변제시기가 도래하지 않아도 이용 도중에 언제든지 임의로 변제할 수 있습니다. 현금으로 임의변제가 어려운 경우에는 주택을 처분하여 변제할 수 있습니다.

> [유의사항]
> ① 귀하나 자녀(상속인)가 대출잔액을 전액 현금으로 변제하는 경우에는 주택을 처분하지 않습니다.
> ② 주택을 처분하여 변제하고자 하는 경우에는, 임의로 매각하거나 경매로 처분하는 방법 중에서 선택할 수 있습니다. 다만, 임의로 매각할 때에는 공사가 정한 기한 이내에 공사가 정한 가격 이상으로 매각해야 합니다.

6 채권행사 범위

주택연금의 채권행사는 「한국주택금융공사법」 제43조의4제1항에 의하여 담보 주택에 대하여만 가능합니다. 즉, 만약 주택가격만큼 상환하고 부족하더라도 공사는 귀하나 자녀(상속인)에게 그 부족한 부분을 청구하지 않습니다.

> [예외사유]
> 아래의 사유로 담보주택에서 회수하지 못하는 금액에 대하여는 귀하나 자녀 등(상속인)에게 그 부족분을 청구하오니 유념하기 바랍니다.
> ① 국세기본법, 지방세기본법에 따른 조세채권
> ② 근로기준법 및 근로자퇴직급여보장법에 의한 임금, 재해보상금 및 퇴직금채권
> ③ 주택담보노후연금보증의 해지사유 발생 후에 지급된 연금액
> ④ 채무자의 고의 또는 중과실에 의해 담보주택이 훼손되어 회수하지 못하는 금액

7 저당권 설정 및 저당권 설정 등의 제한

(1) 저당권 설정

주택연금을 받으려면 공사를 근저당권자로 하여 소유 주택에 근저당권을 설정해야 합니다. 설정금액*은 **최초보증기한의 예상주택가격**으로 하며, 예상 근저당권설정금액은 금 __________ 원입니다.

* 다만, 귀하가 요청하는 경우 **예상보증총액의 120%**로 설정할 수 있습니다.

[근저당권 추가설정]

만약 대출잔액이 근저당권 설정액을 초과할 것으로 예상되는 경우에는, 대출잔액이 근저당권 설정액의 85%가 되기 전에 공사의 요청에 따라 추가설정(설정금액 변경)을 해야 주택연금을 계속 이용할 수 있습니다. (위 5-(1)변제시기-⑥ 관련)

이를 위해 근저당권변경계약서, 위임장 등의 작성 및 인감증명서, 등기권리증(또는 확인서면) 등 필요서류를 제출하여야 합니다.

[근저당권 설정비용]

근저당권 설정비용은 근저당권설정 또는 추가설정(설정금액 변경)시 발생하는 등록세 및 지방교육세, 법원 등에 납부하는 비용과 법무사(법무대리인) 수수료이며, 귀하가 부담해야 합니다.

(2) 제한행위

주택연금을 받고 난 이후에는 다음 행위를 할 수 없습니다.

① 담보주택에 근저당권 또는 가등기담보권 등 담보물권을 설정하는 행위 (다만, 예상보증총액의 120% 설정 시 가능할 수 있습니다.)

② 담보주택에 전세권을 설정하는 행위

③ 담보주택을 임대하는 행위

(보증금 없이 월세만 받고 담보주택의 전부 또는 일부를 임대하는 것은 가능합니다. 다만, 전부 임대 시에는 공사의 동의를 받는 절차가 필요합니다.)

(3) 부기등기

주택연금을 받으시면 다음의 내용이 담보주택의 소유권 등기란에 명시되도록 부기등기를 해야 합니다.

[부기등기 내용]

이 주택은 「한국주택금융공사법」에 따른 한국주택금융공사의 동의를 받지 아니하고는 제한물권을 설정하거나 압류 · 가압류 · 가처분 및 임대차 등 소유권을 제한하는 어떤 행위도 할 수 없음

8 주민등록 이전

주택연금을 받으시는 동안 귀하 또는 배우자의 주민등록상 주소지는 담보주택 주소지와 동일해야 합니다. 그러나 귀하 또는 배우자께 실거주 예외 인정사유가 있는 경우 공사의 승인을 받아 귀하와 배우자 모두 담보주택에서 다른 주소로 주민등록을 이전하실 수 있습니다.

[실거주 예외 인정사유]
공사 인터넷 홈페이지에 공고하는 아래의 불가피한 사유들을 말합니다.
① 질병치료, 심신요양 등을 위하여 병원, 요양시설 등에 입원
② 자녀봉양 등을 받기 위하여 타 주택 등에 장기체류
③ 관공서에 의한 격리, 수용, 수감 등
④ 기타 개인적인 특별한 사정 등을 감안하여 공사가 이를 인정한 경우 등

귀하와 배우자 모두 주민등록 이전을 위해 공사의 승인이 필요한 경우, 아래 입증서류 및 신청서류를 구비하시어 담보주택 관할 지사 등에 신청하셔야 합니다.

구 분	내 용
입증서류	입원 확인서 / 입소 확인증 / 병원 진단서 / 장기요양인정서 관공서에 의한 격리 · 수용 · 수감 등 사유별 공문서 등
신청서류	주민등록 이전 신청 및 확인서(공사에서 양식 제공) / 신분증 사본
승인기간	2년 이내 (4개월~24개월 중 개월 단위로 선택가능)

[유의사항]
◦ 주민등록 이전 승인 필요성 검토 결과에 따라 불승인 될 수 있습니다.
◦ 주민등록 이전 시 승인기간 만료 4개월 전부터 2개월 이내에 실거주 예외 인정사유 입증서류 및 전입세대열람표를 제출하여 사후점검을 받으셔야 합니다.
◦ 주민등록 이전 승인기간 연장을 원하시는 경우 기간 만료 전까지 연장신청하여 주민등록 이전 재승인을 받아야 합니다.
◦ 위 점검결과 약정 위반사항이 확인되거나 승인기간 만료 전까지 주민등록 이전 승인을 받지 못하신 경우, 승인기간 만료 시 주택연금 담보주택 주소지로 주민등록을 이전하셔야 하며 담보주택 임대(연장 포함)를 하실 수 없습니다.
◦ 승인기간 만료 후에도 가입주택 주소지로 주민등록 이전을 하지 않으시는 등 약정사항 위반시 지급정지 등 불이익이 발생할 수 있습니다.

9 담보주택 임대

공사의 주민등록 이전 승인을 받아 귀하와 배우자 모두 담보주택에서 다른 주소로 주민등록을 이전하신 경우, 보증금 없는 순수월세 형태로 담보주택 전부 임대가 가능합니다. 주민등록 이전 승인을 받으셨으며 보증금 없는 담보주택 전부 임대를 원하시는 경우 아래 필요서류를 구비하시어 담보주택 관할 지사 등에 신청하셔야 합니다.

필요서류
- 임대 신청 및 확인서(공사에서 양식 제공)
- 임대차계약서 사본
- 임차인의 개인정보 제공 동의서(공사에서 양식 제공)
- 귀하(부부 공동소유의 경우 배우자 포함) 및 임차인의 신분증 사본

[유의사항]

◦ 보증금 없는 전부 임대의 임대기간은 2년이 원칙입니다.

◦ 담보주택 임대 동의기간 연장을 원하시는 경우 기간 만료 전까지 연장신청하여 담보주택 임대 동의를 다시 받아야 합니다.

◦ 위 점검결과 약정 위반사항이 확인되거나 임대기간 만료 전까지 동의를 다시 받지 못하신 경우에는 담보주택 임대 연장을 하실 수 없습니다.

◦ 공사의 동의 없는 임대계약(예 : 보증금 있는 임대계약)의 체결 등 약정사항 위반 시 지급정지 등 불이익이 발생할 수 있으므로, 담보주택 임대에 관한 사항은 반드시 사전에 공사 담당자와 상의하시기 바랍니다.

10 담보주택 변경

(1) 기존주택에서 신규주택으로 이사하는 경우

귀하가 주택연금 이용 중 이사로 거주지를 이전하는 경우, 담보주택을 변경하여 주택연금을 계속 이용할 수 있습니다.

이사 전 주택의 가격(평가액)과 이사하려는 주택의 가격(평가액)이 증가 · 동일 · 감소 함에 따라 월지급금이 증가(초기보증료 추가 납부), 동일주택가격 차액 전부로 보증잔액 일부 상환) 또는 감소(주택가격 차액 일부로 보증잔액 전액 상환)할 수 있습니다.

다만, 경우에 따라서는 이사가 불가능할 수도 있으므로 반드시 사전에 문의하기 바랍니다. (예 : 월지급금의 현저한 감소 발생, 확정기간방식의 감액이사 등)

<table>
<tr><th>주택가격 비교</th><th>월지급금 증감</th><th>비 고</th></tr>
<tr><td>기존 주택가격 = 신규 주택가격</td><td>월지급금 동일</td><td></td></tr>
<tr><td>기존 주택가격 < 신규 주택가격</td><td>월지급금 증가</td><td>초기보증료 추가 납부</td></tr>
<tr><td rowspan="2">기존 주택가격〉신규 주택가격</td><td>월지급금 동일</td><td>[보증(대출)잔액 ≥ 주택가격 차액]
주택가격 차액 전부로 보증(대출)잔액 일부 상환</td></tr>
<tr><td>월지급금 감소</td><td>[보증(대출)잔액 〈 주택가격 차액]
주택가격 차액 일부로 보증(대출)잔액 전부 상환</td></tr>
</table>

* 일반주택과 노인복지주택 간, 일반주택과 오피스텔 간, 노인복지주택과 오피스텔 간의 담보주택변경은 허용되지 않습니다.

(2) 재건축등에 참여한 결과로 건설된 신 · 증축주택에 입주하는 경우

주택연금 이용 중 재건축등 사업 참여에 따라 담보주택이 멸실되더라도 주택연금을 계속 이용할 수 있고 향후 해당사업이 완료되면 신 · 증축주택으로 담보주택을 변경하셔야 합니다. (단, 공사법 및 시행령에 의거하여 재건축등 사업 참여 시에도 공사의 1순위 근저당권이 반드시 유지되어야만 하므로 조합 등으로부터 제공되는 이주비대출을 받지 못하실 수 있습니다.)

이 경우, 담보주택변경에 따른 공사의 담보가치 증감은 신 · 증축주택에 입주하기 위하여 재건축등 사업기간 중 납부하는 추가분담금 또는 수령하게 되는 환급금을 기준으로 판단합니다.

추가분담금을 납부하는 경우에는 그 추가분담금만큼 담보주택가격이 증가, 환급금을 수령하는 경우에는 그 환급금만큼 담보주택가격이 감소, 추가분담금 납부 또는 환급금 수령이 없는 경우에는 담보주택가격이 동일한 것으로 보고 아래와 같이 처리합니다.

다만, 경우에 따라서는 담보주택변경이 불가능할 수도 있으므로 반드시 사전에 문의하시기 바랍니다.

구 분	월지급금 증감	비 고
기존주택가격 = 신 · 증축주택가격 (추가분담금 혹은 환급금이 없는 경우)	월지급금 동일	
기존주택가격 < 신 · 증축주택가격 (추가분담금을 납부하는 경우)	월지급금 증가	초기보증료 추가 납부
기존주택가격 > 신 · 증축주택가격 (환급금을 수령하는 경우)	월지급금 동일	[보증(대출)잔액 ≥ 환급금] 환급금 전부로 보증(대출)잔액 일부 상환
	월지급금 감소	[보증(대출)잔액 〈 환급금] 환급금 일부로 보증(대출)잔액 전부 상환

> [담보주택 변경 및 재건축등 참여 결과에 대한 유의사항]
> 우대지급(혼합)방식을 이용하는 경우에는 주택가격에 따라 종신지급(혼합)방식 보다 더 많은 월지급금을 지급해 드리고 있기 때문에 이사 시점의 기존 주택가격보다 가격이 더 높은 주택으로 담보주택을 변경하거나, 재건축등에 따라 추가분담금을 납부하더라도 월지급금을 더 늘리시 않습니다(다만, 초기보증료를 추가적으로 납부하실 필요도 없습니다).

11 보증약정 철회

주택연금 가입 이후 최초 보증부대출 실행일로부터 30일 이내(철회기한)에 약정을 철회할 수 있습니다. (철회기한은 아래「(3)의 유의사항」 참조)

(1) 철회절차

① 귀하가 소정의 철회신청서를 철회기한까지 공사에 제출하고,

> 귀하(가입자)가 사망한 이후에는 철회되지 않습니다.

② 대출(보증)잔액 전액을 철회기한까지 상환해야 합니다.

> 대출잔액 = 월지급금 + 개별인출금 + 대출이자 + 초기보증료 + 연보증료

(2) 보증료 환급

귀하가 위의 (1)철회절차를 완료한 이후에, 공사에서 보증료(초기보증료 +연보증료)를 환급하여 드립니다.

(3) 철회기한

최초 보증부대출 실행일로부터 30일 이내(기간의 말일이 휴일인 경우 다음 영업일)에 철회가 가능합니다.

[유의사항] 월지급금 수령일 및 철회기한 예시

① 휴일이 없는 경우

1/13(월)	~	2/12(수)	2/13(목)
1회차 월지급금 수령일		철회기한	2회차 월지급금 수령일

② 휴일이 있는 경우

1/16(목)	~	2/14(금)	2/15(토)	2/16(일)	2/17(월)
1회차 월지급금 수령일		2회차 월지급금 수령일	휴일	휴일	철회기한

12 재가입 제한

주택연금을 이용하시다가 중도 해지하는 경우에는 해지일로부터 3년 동안 동일주택을 담보로 다시 가입할 수 없습니다.

다만, 재가입 시점의 주택가격(평가액)이 직전 가입 시점의 주택가격(평가액)에 직전 가입 시점의 연금모형 상 주택가격상승률을 적용한 가액보다 낮거나 같은 경우에는 재가입이 가능합니다.

구분	조건	재가입 여부
동일주택	재가입시 주택가격 〉 당초 주택가격 X $(1 + \frac{\text{주택가격상승률}}{12})^t$	재가입 불가
	재가입시 주택가격 ≦ 당초 주택가격 X $(1 + \frac{\text{주택가격상승률}}{12})^t$	재가입 가능
주택변경 (이사)		재가입 가능

* t는 직전 가입시점부터 재가입 시점까지 경과된 월(月) 수

13 보유주택수의 제한 및 예외

주택연금을 가입함에 있어 원칙적으로 귀하와 배우자의 보유주택수는 1주택으로 제한되나, 2주택 이상을 보유하더라도 보유주택 공시가격 등*의 합계가 9억원 이하인 경우에는 거주하는 1주택으로 가입이 가능합니다.

보유주택수가 2주택인 경우 주택 공시가격 등*의 합계가 9억원(2023.10.12. 12억원으로 완화)을 초과하면 아래의 비거주 1주택을 최초 대출 실행일로부터 3년 이내에 처분하는 조건으로 가입할 수 있으며, 기한 내에 처분한 사실을 입증하지 못하는 경우 추후 처분할 때까지 본 건 주택연금(월지급금 및 인출금)의 지급이 정지됩니다.

* 「부동산 가격공시에 관한 법률」에 따라 공시된 가격을 말하며, 공시가격이 없는 경우에는 「부동산 가격공시에 관한 법률」에 따라 행정안전부장관이 고시하거나 「지방세법」 제4조에 따라 지방자치단체의 장이 결정한 가격 → 한국감정원 인터넷 시세 → 국민은행 인터넷 시세 → 공사와 협약을 체결한 감정평가업자의 최근 6개월 이내 감정평가액의 순서로 적용합니다.

<table>
<tr><td rowspan="2">주택보유 현황</td><td colspan="2">☐ 1주택 ☐ 2주택 이상(합산가격 9억원 이하)
☐ 2주택(합산가격 9억원 초과 비거주 1주택 처분 예정)
※ 부부 기준(2023.10.12. 12억원으로 완화)</td></tr>
<tr></tr>
<tr><td rowspan="2">처분대상 주택</td><td>주택보유자</td><td>소재지</td></tr>
<tr><td colspan="2">성명:</td></tr>
</table>

다만, 우대지급(혼합)방식을 선택하는 경우에는 귀하와 배우자의 보유주택수는 1주택으로 제한되며, 가입 후에도 보유주택수를 조사하여 우대자격여부를 검증하게 됩니다. (최초 월지급금 실행일로부터 1년이 경과한 때부터 연 1회에 한하여 검증)

공사의 검증 절차에 따라서 주택연금 가입 후 담보주택 외의 주택을 보유하신 것을 공사가 확인한 경우에는 6개월 이내에 해당 주택을 처분할 것을 요청드리며, 처분하지 않으신 경우에는 연금대출(월지급금, 인출한도, 개별인출금 등)을 90% 수준으로 조정하여 지급합니다. 다만, 월지급금 등이 조정된 이후에 담보주택 외의 주택을 처분하고 그 사실을 증빙서류 등으로 입증하실 경우에는 다음 월지급금 지급일부터 조정된 금액을 회복하여 지급합니다.

14 주택연금 지급정지사유

주택연금의 지급정지사유는 다음과 같습니다.

(1) 귀하(피보증인)가 사망한 경우

(2) 귀하와 배우자가 모두 담보주택에서 다른 장소로 주민등록을 이전한 경우(다만, 입원 등 사장이 정하여 공사의 인터넷 홈페이지에 공고하는 불가피한 사유로 공사의 승인을 받은 경우 제외)

(3) 귀하와 배우자가 모두 1년 이상 계속하여 담보주택에서 거주하지 않는 경우(다만, 입원 등 사장이 정하여 공사의 인터넷 홈페이지에 공고하는 불가피한 경우 제외)

(4) 귀하(피보증인) 또는 배우자(연대보증인)가 담보주택의 소유권을 상실한 경우

(5) 대출잔액이 근저당권의 채권최고액을 초과할 것으로 예상되어, 공사나 금융기관이 채권최고액 변경을 요구하였으나 응하지 않은 경우

(6) 선순위대출 등 상환 또는 신용관리정보 해제 등을 조건으로 하는 보증으로서 보증약

정 또는 별도의 서약서에서 정한 사항을 기한 내 이행하지 않은 경우

(7) 공사나 채권자가 보증기한 연장, 보증금액 증액, 연대보증인 입보 등 조건변경신청을 요청하였으나 응하지 않는 경우

(8) 상속, 이사 등으로 보유하게 된 담보주택 이외의 주택을 일정기간 이내에 처분하는 것을 조건으로 하는 보증으로서 보증약정 또는 별도의 서약서에서 정한 사항을 이행하지 않은 경우

(9) 담보주택을 공사의 동의 없이 임대하거나 담보로 제공한 오피스텔을 주거 목적으로 사용하지 않는 등 담보주택조사에서 확인한 사항과 다른 용도로 사용하는 경우

(10) 귀하가 재건축등에 참여한 결과 환급금을 수령하는 경우

(11) 피보증인이 지급정지를 요청하여 공사가 승낙한 경우

※ 귀하가 재건축등에 참여함에 따라, 위 (4)의 사유가 발생한 경우에는 해당사유가 발생하지 않은 것으로 하고, (2) 또는 (3)의 사유가 발생한 경우에는 아래 각목에 해당하는 기간 동안 해당사유가 발생하지 않은 것으로 합니다.

가. 재건축 · 재개발의 경우 : 관리처분계획인가 후 사업착공을 위한 이주 시부터 해당주택의 준공검사 승인 후 지정된 입주기한까지

나. 리모델링의 경우 : 사업계획승인 후 이주 시부터 해당주택의 사용검사 후 지정된 입주기한까지

(단, 공사가 귀하의 재건축등 참여 및 사업진행과 관련한 증빙서류 또는 서약서에서 정한 사항의 이행 등을 요청했음에도 이에 응하지 않거나, 재건축등 사업에 더 이상 참여하지 않는 경우에는 위 내용을 적용하지 아니합니다)

주택연금 설명 체크리스트

이 체크리스트는 지금까지 주택연금에 대하여 공사가 귀하께 설명 드린 사항을 확인하기 위한 것입니다.

설명 내용	설명서
주택연금 지급방식에 관한 사항	1번
주택연금으로 지급될 금액에 관한 사항	2번
주택연금 보증료에 관한 사항	3번
주택연금 대출이자에 관한 사항	4번
변제시기 및 방법에 관한 사항	5번
주택연금 채권행사 범위에 관한 사항	6번
저당권 설정 및 저당권 설정 등의 제한에 관한 사항	7번
주민등록 이전에 관한 사항	8번
담보주택 임대에 관한 사항	9번
담보주택 변경에 관한 사항	10번
보증약정 철회에 관한 사항	11번
재가입 제한에 관한 사항	12번
보유주택수의 제한 및 예외에 관한 사항	13번
주택연금 지급정지사유에 관한 사항	14번

설명을 충분히 들으시고 이해가 되셨으면 위의 각 설명내용을 확인하신 후 아래 (   )의 내용과 동일하게 귀하께서 직접 기재해 주시기 바랍니다.
설명이 부족하거나 이해가 어려우신 부분이 있으시면 다시 설명을 들으신 이후에 기재해 주시기 바랍니다.

소유자	주택연금 설명서 및 체크리스트를 교부받았으며 위의 모든 설명내용에 대하여 (설명)을 듣고 (이해)하였습니다.
배우자	주택연금 설명서 및 체크리스트를 교부받았으며 위의 모든 설명내용에 대하여 (설명)을 듣고 (이해)하였습니다.

추가 확인 내용

☐ 매월 월지급금 송금 확인 문자메시지를 수신하시겠습니까? (예☐, 아니오☐)
☐ 주택연금 보증잔액통지 문자메세지를 수신하시겠습니까? (예☐, 아니오☐)
- 문자메세지 방식을 원하시지 않을 경우 선택해 주십시오 (택 1) (전자우편☐ 우편☐ 수신거부☐)
☐ (공공기관)고객만족도조사를 허락하시겠습니까? (예☐, 아니오☐)

20   .   .   .

위 설명을 받은 사람 : 소유자 (서명 또는 인)
위 설명을 받은 사람 : 배우자 (서명 또는 인)
위 설명을 한 사람 : 소속 성명 (서명 또는 인)
위 설명을 한 장소 :

5. 자주 묻는 질문 [한국주택금융공사]

1 왜 '주택연금'이라고 하는가?

주택연금은 집을 소유하고 계신 어르신들이 집을 담보로 맡기고 자기 집에 평생 살면서 평생 동안 또는 일정기간 매달 국가가 보증하는 연금을 받는 제도입니다.

역모기지 제도를 금융상품의 측면에서 접근한 미국 · 홍콩 등과 달리, 주택연금은 어르신 노후생활 안정이라는 사회복지적인 목적을 가지고 도입된 한국형 역모기지입니다.

해외의 역모기지 제도는 대출한도 금액 전체를 일시에 인출할 수 있도록 하여 주로 목돈 필요한 고령층이 자금 마련을 위한 수단으로 이용하고 있지만, 주택연금은 어르신 정기적인 생활안정을 위해 목돈으로 사용할 수 있는 금액을 대출한도의 50% 이내로 제한하고 나머지 50%는 반드시 월지급금으로 수령하도록 제도를 운영하고 있습니다.

따라서 주택연금은 평생 자기 집에 살면서 노후기간 내내 연금을 지급받기 때문 어르신들의 주거안정과 노후생활보장 모두를 지원하는 한국형 역모기지 제도입니다.

2 주택연금이 필요한 이유는 무엇인가?

현재 우리나라는 노령인구가 급격히 증가하고, 생존기간도 길어지면서 노후에 대한 탄탄한 준비가 반드시 필요한 100세 시대를 맞이하고 있습니다.

그러나 우리나라의 평균 은퇴연령은 54세이며, 국민연금 등 공적연금의 역할은 충분하지 않은 것이 현실입니다

60세 이상 인구 중 공적연금 수급비중은 약 40.8%이며, 노령연금 평균 수급액은 약 58만원으로 1인 최소 노후생활비 124.3만원의 약 1/2 수준 (제9차 중 · 고령자의 경제생활 및 노후준비실태, 국민연금 공표통계, 22.12월말 기준)

뿐만 아니라, 우리나라 60대 이상 가구의 자산 중 79%는 부동산에 묶여 있어 노후생활비 마련을 위해 현금으로 활용할 수 있는 자산이 턱없이 부족한 상황입니다. 부동산 경기 침체가 장기화되면서 가지고 있는 주택을 팔아 생활비를 마련하는 것도 여의치 않은 상황입니다.

* 가구주 특성 및 자산 유형별 가구당 보유액 참조(가계금융복지조사, '22년)

그러나 주택연금에 가입하신다면, 환금성이 떨어지는 부동산 자산을 담보로 대출을 통해 생활비를 지원받을 수 있으며, 은퇴 이후 자녀 교육 및 결혼자금을 충당하기 위한 목돈을 마련할 수도 있습니다.

만약, 주택을 처분하여 이사하는 경우에는 새로 거주할 주택을 구입하느라 여러 가지 부대비용이 발생할 수 있고, 전월세를 이용하는 경우에는 임대료 상승에 대한 걱정과 빈번한 이사로 인해 주거의 불안정을 겪을 수도 있습니다.

그러나, 주택연금을 이용하신다면 현재 거주하는 주택에서 평생 동안 거주하며 생활비를 지원받을 수 있습니다.

결론적으로 주택연금은 어르신의 노후생활비 지원과 주거 안정을 동시에 달성할 수 있는 최고의 수단이라 말할 수 있습니다.

3 주택연금의 장점은 무엇인가?

주택연금은 가입자 및 배우자 모두의 평생 거주와 평생 연금수령을 국가가 보장해 드리는 제도입니다.

* 확정기간방식의 경우 평생거주와 선택한 기간 동안의 연금지급 보장

또한, 가입자 사망 후에도 연금의 감액 없이 배우자에게 동일한 금액을 보장해 드립니다. 국민연금, 공무원연금의 경우에는 유족연금으로 40%~60% 수준만 지급하는 반면, 주택연금은 100% 지급을 보장하고 있습니다.

한편, 주택연금 종료 시 주택처분가격으로 정산하며, 정산금액이 부족하면 공사가 부담, 남으면 상속합니다.

주택가격이 떨어져도 연금액은 동일하며 주택연금으로 지급 받으신 금액이 집값을 초과하는 경우 초과액을 청구하지 않습니다. 반대로 주택가격이 상승해도 연금액은 동일하며 정산 후 집값보다 덜 받으신 금액은 자녀분들이 상속받을 수 있습니다.

목돈이 필요한 경우 대출한도의 50%(종신방식 기준) 이내에서 수시로 인출하여 사용 하실 수 있습니다.

주택연금은 정부의 지원을 받는 제도로 재산세 25% 감면*, 대출이자비용 연금소득공제(200만원 한도) 등의 세제 혜택을 누리실 수도 있습니다.

* 저당권방식을 이용하고 있는 1가구 1주택자의 경우 2024년까지 재산세가 감면되며, 감면대상은 과세기준일인 6월 1일 현재 주택연금을 이용하고 있는 분으로서 재산세 본세에 한하여 감면이 적용됩니다.

4 일반 주택담보대출과 '주택연금'은 어떻게 다른가?

『주택연금』은 한국주택금융공사가 '07. 7. 12.에 출시한 고령층을 위한 공적 역모기지(reverse mortgage) 보증제도로서, 55세 이상 어르신이 소유한 주택금융기관 등에 담보로 제공하고 연금방식으로 노후생활자금을 받을 수 있습니다.

역모기지란 주택은 소유하고 있으나 수입이 부족한(House Rich Cash Poor) 어르신이 주택을 담보로 평생 동안 노후생활비를 연금형태로 지급받아 안정된 주거생활을 보장받는 제도입니다.

[주택담보대출과 주택언금 차이섬]

구분	주택담보대출	주택연금
목적	주택구입자금 마련	부족한 노후소득 마련
대출시점	계약 시 일시에 발생	계약 시부터 매월 발생(연금방식)
대출기간	확정	미확정(본인 및 배우자 종신)
LTV	지역별 40~60% 적용	미적용
금리차별	개인 신용도 등에 따른 금리차별 적용	없음
상환	매월 원리금 분할상환	원리금 일시상환(사망 등 주택연금 종료 시)
대출금의 증감	기간경과에 따라 감소	기간경과에 따라 증가
책임범위	주택 및 일반재산	주택에 한정(유한책임)

5 주택연금 가입 시와 이용 중 세금 납부 주체는?

(1) 가입 시

주택연금 가입 시 주택에 대한 담보설정등기(근저당권설정등기, 신탁등기)를 위해 등록면허세 · 지방교육세 및 주택담보노후연금 대출실행을 위한 대출약정인지서 등 납세의무가 발생합니다.

등록면허세 · 지방교육세의 경우, 저당권방식은 해당 세금을 고객이 직접 부담하지만 신탁방식의 경우에는 공사가 해당 비용을 지원해드립니다.

단, 이 때 저당권방식 가입고객의 경우 「지방세특례제한법」에 따라 등록면허세를 75% 감면받을 수 있습니다. (~2024년 말까지)

* 지방교육세는 등록면허세에 따라 부과(등록면허세의 20%)되므로 등록면허세 감면에 따라 지방교육세도 75% 감면

고객은 위 담보설정등기 이후, 은행에 방문하여 연금대출을 실행해야 하는 데 이때 대출약정인지서(75,000원) 납세의무를 부담하게 됩니다.

(2) 이용 중

주택연금 이용 중 담보주택과 관련하여 발생하는 재산세, 종합부동산세 및 부동산 임차와 관련한 소득세 등은 모두 가입자가 부담합니다.

유의하셔야 할 것은, 신탁방식 주택연금에 가입하여 부동산 소유권이 공사로 이전된 경우 하더라도 재산세 등* 세금은 공사가 아닌 고객이 부담해야 한다는 점입니다.

* 「지방세법」 제107조제5항 및 종합부동산세법」 제7조제2항에 따라 위탁자가 부담

참고로 신탁방식 주택연금의 경우, 신탁부동산과 관련하여 발생하는 기타 다른 제세공과금도 위탁자인 고객이 부담하게 됩니다.

고객이 신탁방식 주택연금에 가입한 후 담보주택 일부에 보증금 있는 임대를 놓을 때, 공사기 해당 보증금을 신탁받아 자금운용함에 따라 발생하게 되는 이자 소득에 대한 이자소득세가 가장 대표적입니다.

보증금 있는 임대 시, 고객은 해당 보증금을 공사에 신탁*해야 하며, 공사는 해당 금원을 정기 예금 예치 등을 통해 운용하며, 해당 자금 운용으로 발생한 이자소득은 고객에게 귀속되지만 해당 이자소득에 부과되는 이자 소득세는 고객이 부담하게 됩니다.

* 이 때, 월세는 고객이 임차인으로부터 직접 수령하게 됩니다.

6 주택연금 이용 시 어떤 세제혜택이 있나?

세제혜택 : 주택연금 가입자는 주택연금 이용단계별로 자신이 부담하는 일부 조세에 대하여 감면을 적용받을 수 있습니다.

* 이 때, 고객의 담보설정방식에 따라 적용되는 혜택에 차이가 있습니다.

[담보설정방식별 세제혜택 비교]

<table>
<tr><th colspan="2">구분</th><th>저당권방식</th><th>신탁방식</th></tr>
<tr><td rowspan="3">가입
단계</td><td>등록면허세
지방교육세</td><td>· 75% 감면 (~'24.12.31)
-「지방세특례제한법」 제35조에 따라 등록면허세* 75% 감면
*저당권 설정금액의 0.2%
- 등록면허세 감면으로 지방교육세*도 75% 감면 효과
*등록면허세의 20%</td><td>· 감면없음
- 단, 신탁방식 주택연금 가입자는 공사가 해당 비용* 전액 지원
*신탁방식 주택연금은 가입시 등록면허세 6,000원과 지방 교육세 1,200원이 정액으로 발생</td></tr>
<tr><td>농어촌특별세
(등록면허세
감면액의 20%)</td><td>· 면제
-「농어촌특별세법」 제4조 제10의 2.에 따라 비과세</td><td>· 납세의무 없음
- 등록면허세 감면 없으므로 납세의무 없음</td></tr>
<tr><td>국민주택채권
매입의무</td><td colspan="2">· 면제
-「주택도시기금법 시행」 제8조 제2항 별표에 따라 면제</td></tr>
<tr><td rowspan="2">이용
단계</td><td>소득세</td><td colspan="2">· 대출이자비용 소득공제 (연간 200만원 한도)
-「소득세법」 제 51조의4에 따라 연 200만원 한도 소득공제</td></tr>
<tr><td>재산세</td><td>※(참고)일반감면. 특별감면 관련
①일반감면: 「지방세법」에 따라 주택연금 가입과 무관하게 적용되는 감면 (~23년까지)

②특별감면: 「지방세특례제한법」에 따라 주택연금 가입자에게 적용되는 감면 (최대 25%, ~24년까지, 적용기간 연장 추진 예정)

· 1가구 1주택자 대상 과세표준 구간별 ①일반감면과 주택연금 가입자 대상 ②특별감면 중 경감효과 더 큰 1가지만 적용</td><td>· 1가구 1주택자 대상 과세표준 구간별 ①일반감면만 적용되며, 주택연금 가입자 대상 ②특별감면은 비적용

※(참고)일반감면. 특별감면 관련
①일반감면 및 ②특별감면에 관한 세부사항은 좌측 표 항목 참고 부탁드립니다.

공사는 신탁방식 주택연금 가입자도 「지방세특례제한법」에 따라 특별감면 받을 수 있도록 지속 추진할 예정입니다.</td></tr>
</table>

7 주택연금은 누구나 이용할 수 있나?

주택연금 가입자격은 주택소유자 또는 배우자가 만 55세 이상인 고령자로 부부 기준 1주택 소유자이면 모두 신청이 가능합니다.

1주택 여부의 판단은 부부를 기준으로 하므로 세대원인 자녀에게 주택이 있어도 주택연금 신청이 가능합니다.

그러나 부부가 다주택을 보유하신 경우에도 합산가격이 공시가격 9억원(2023.10.12.부터 12억원 이하, 실거래가 17억원 전후) 이하이면 거주 주택을 담보로 주택연금에 가입하실 수 있습니다.

다만, 합산가격이 공시가격 9억원을 초과하는 경우에는 2주택 보유자에 한하여 최초 주택연금 지급일로부터 3년 이내 담보주택 이외의 주택을 처분하는 조건으로 주택연금에 가입 하실 수 있게 제도를 운영하고 있습니다.

주택연금의 가입 대상주택은 주택법상 주택과 주택법상 준주택 중 노인복지주택 또는 주거 목적 오피스텔입니다.

- 단, 확정기간방식의 경우 노인복지주택 제외
- 주택연금 가입이 가능한 노인복지주택은 공사 홈페이지(http://hf.go.kr)에서 확인 가능

※ 이용이 불가능한 사례
- 가입신청일 현재 공시가격 9억원 초과 고가주택
- 자녀, 형제 등 제3자가 소유한 주택
- 기타 부동산(전, 답, 임야, 나대지, 잡종지 등) 또는 분양권
- 등기되지 않거나 대지와 건물 소유자가 다른 주택

주택연금은 가입자의 소득수준이나 주택담보대출 이외의 부채 이용여부와 관계없이 신청하실 수 있습니다. 다만, 신청일 현재 소유자가 신용관리정보가 있는 경우에는 보증신청이 제한될 수 있습니다.

8 선순위 대출이 있는 경우도 주택연금 가입이 가능한가?

주택연금을 가입하고자 하는 주택에 선순위 대출이 있는 경우 이를 상환하여야 가입이 가능합니다.

다만, 선순위 대출상환이 어려운 어르신도 주택연금에 가입하실 수 있도록 주택연금 인출한도를 설정하고 인출한도 내에서 목돈을 인출하여 선순위 대출을 상환할 수 있는 제도를 운영하고 있습니다.

따라서 선택하신 지급방식에 맞는 인출한도를 사용하여 선순위 대출을 상환하시면서 주택연금에 가입하실 수 있습니다.

* 종신방식(대출한도의 50%), 확정혼합방식(대출한도의 50%이나, 이중 5%는 지급기간 종료 후 사용 가능), 우대방식(대출한도의 45%), 대출상환방식(대출한도의 90%)

9 직장과 소득이 없고 신용평가 점수가 낮아도 이용할 수 있는지?

주택연금은 소득이나 신용도와 관계없이 이용하실 수 있습니다.

신용도는 소득과 함께 일반 모기지론의 대출금 상환능력지표라고 할 수 있는데, 주택연금은 원리금 연체에 의한 Default(채무불이행)가 발생하지 않는 구조이므로 가입자격에서 신용평가 점수를 고려하지 않습니다.

다만, 신용관리정보를 보유하고 있는 경우에는 주택연금 가입이 제한될 수 있습니다.

10 배우자가 반드시 연대보증을 서야 하는가?

배우자가 반드시 연대보증을 서야 할 의무는 없습니다.

다만, 담보주택을 부부가 공동으로 소유한 경우에는 한분은 피보증인이 되어야 하고 배우자는 연대보증을 서야 합니다.

이는 주택의 소유권을 나눠가진 분의 연대보증을 통해 향후 보증 채무 이행 시 발생할 수 있는 주택 소유권 등과 관련된 분쟁소지 등을 없애기 위함입니다.

따라서 저당권방식 주택연금에 가입한 후,

- 가입자가 단독으로 소유하고 있던 담보주택의 소유지분 변동 등으로 인하여 담보주택을 공동 소유하게 된 배우자는 연대보증인으로 입보하는 조건변경 절차가 필요하며,

- 공동소유자로서 연대보증인이었던 배우자가 담보주택 지분 전부를 가입자 앞으로 소유권 이전 등기하여 가입자 단독소유가 되는 경우 배우자의 연대보증채무를 면제하는 조건변경 절차가 필요합니다.

11 부부가 아니고 형제나 자매가 같이 살아도 가능한가?

부부가 아니고 형제 또는 자매와 같은 집에서 살고 있는 경우에도 주택연금 가입이 가능합니다. 그러나 가입자 사망 후 형제, 자매에 대한 주택연금 지급과 거주는 보장하지 않습니다. 다만, 형제 또는 자매와 주택을 공동소유하고 있는 경우에는 주택연금 가입이 불가능합니다.

12 주택소유자가 입원중인데 배우자가 신청 가능한가?

주택연금을 이용하기 위해서는 원칙적으로 소유자가 공사와 대출은행의 서류에 각각 자필로 서명을 하여야만 합니다.

따라서 소유자를 대신하여 배우자가 서명하는 것으로 보증약정 또는 주택연금 대출약정을 할 수는 없습니다. 다만, 소유자가 사고 등으로 입원중인 경우 필요하다면 공사 또는 금융기관 직원이 직접 방문 하여 서명을 받을 수 있도록 도와드리고 있습니다.

13 주택소유자가 가입을 판단하기 어려운 상태여도 가입이 가능한가?

치매 등으로 인하여 주택소유자에게 의사능력 또는 행위능력이 없거나 부족한 경우에는 성년후견제도를 이용하여 주택연금에 가입하실 수 있습니다.

법원이 선임한 후견인(법정대리인) 등을 통해 가입 가능하며, 주택의 담보제공에 대한 법원의 허가 또는 후견감독인의 동의 등이 필요할 수 있습니다.

* 성년후견인 또는 한정후견인의 대리에 의하여 가입하는 경우

※ 성년후견제도란?

- 질병, 장애, 노령 등으로 인해 사무처리 능력에 도움이 필요한 성인에게 가정법원의 결정으로 선임된 후견인이 재산관리 및 일상생활에 관한 폭넓은 보호와 지원을 제공하기 위한 제도

- 절차 : 관할가정법원에 후견개시심판청구 > 조사/정신감정 > 가사조사 > 심문 > 후견개시, 후견인 지정 > 확정, 후견등기

(일반적으로 3~6개월 소요되나, 분쟁이 있거나 감정이 필요한 경우 지연될 수 있습니다.)

14 주택연금을 이용하다가 이혼하게 되면?

이혼을 한 경우에도 주택소유자(가입자)는 주택연금을 계속 지급받지만, 주택소유자인 본인이 사망하면 이혼한 배우자는 주택연금을 승계할 수 없습니다.

또한 미혼인 가입자가 이용 도중에 재혼으로 배우자가 생기게 되는 경우, 그 재혼한 배우자는 가입자가 사망한 후 주택연금을 이어받을 수 없고 주택소유자가 사망하면 월지급금 지급이 중단됩니다.

즉, 가입자가 이용 도중 사망한 경우 주택연금을 이어받을 수 있는 배우자는 가입 시부터 계속하여 법률상 혼인관계에 있는 배우자이며, 이혼을 하거나 도중에 재혼을 하시는 경우에는 주택연금이 지급되지 않습니다.

15 공적연금을 받고 있는데 주택연금 이용이 가능한가?

공무원연금 등 공적연금을 받고 계신 경우에도 주택연금을 이용하실 수 있습니다.

주택연금은 주택을 소유하고 있으나 특별한 소득이 없거나, 있더라도 부족하여 노후생활이 불안정한 고령층에게 주택을 담보로 노후생활자금을 지원해 주는데 그 의의가 있기 때문 입니다.

또한, 주택연금은 매월 지급받는 연금이지만 실제로는 주택을 담보로 한 대출이기 때문에 주택연금의 월지급금은 소득에 포함되지 않습니다.

주택연금 월지급금은 소득에 포함되지 않기 때문에 주택연금에 가입하는 경우에도 기초노령 연금 등 공적연금 수령에는 전혀 불이익이 발생하지 않습니다.

16 기초생활수급자가 주택연금을 받으면 어떻게 되니?

기초생활수급자의 경우 급여자격 판정 시 주택연금의 월지급금의 50%는 소득으로 반영되고 보증잔액은 부채로 반영되며, 그에 따라 주택연금 월지급금 만큼 수급액이 감소하거나 수급 자격을 상실하실 수 있습니다.

보건복지부는 '17.2월 기초생활수급자의 재산소득 산정 시 월지급금의 50%만 소득으로 반영 하도록 개선(기존 100% 반영)하였으나, 수급자의 재산에서 주택연금 담보주택에 대한 일정 부분(대도시 1억원 한도)을 공제해 오던 조항을 삭제하여 불리함은 여전히 존재합니다.

17 신탁방식 주택연금이란?

주택소유자가 공사와 신탁계약을 체결하여 해당주택을 공사에 신탁등기(소유권이전) 하고, 공사는 이를 담보로 가입자가 금융기관으로부터 주택연금을 평생 수령할 수 있도록 보증하는 상품입니다.

주택소유자는 주택연금 가입을 위한 담보제공 방식으로 저당권방식과 신탁방식 중 하나를 선택하실 수 있습니다.

※ 신탁계약 주요내용

주택소유자(위탁자)는 주택을 신탁(소유권 이전)하고 신탁계약에 따라 연금수급권 및 해당 주택을 거주 · 사용 · 수익할 권리를 가지며 배우자를 사후수익자로 지정하여, 가입자 사망 후 배우자에게 해당 권리가 자동승계 됨.

18 신탁방식의 특징 및 장 · 단점은?

(1) 신탁방식의 특징

귀속권리자 지정 - 신탁방식에서는 가입자와 배우자가 모두 사망하여 신탁이 종료될 때 신탁의 계산을 승인하고 잔여 신탁 재산을 교부받을 귀속권리자를 지정해야합니다. 귀속권리자는 잔여 신탁재산을 교부받을 권리와 신탁계약을 정산할 의무를 가집니다. (저당권방식의 경우 민법에 따라 법정상속인에게 귀속됨)

(2) 신탁방식의 장점

신탁방식의 경우 가입자가 사망하더라도 법정상속인의 동의 없이 신탁계약에 따라 배우자가 연금을 자동승계 할 수 있으며, 보증금 있는 임대차계약이 가능하기 때문에 유휴공간 임대를 통해 노후소득 증대가 가능하다는 장점이 있습니다.

(3) 신탁방식의 단점

신탁방식에서는 수탁자인 공사가 대내외적으로 주택소유권자가 되기 때문에 신탁 종료 후에도 신탁 계산 및 승인, 잔여재산 교부 등의 절차가 진행되어야 합니다. 그로 인해 신탁 종료 후 주택 소유권 이전에 일정 기간이 소요될 수 있습니다. 또한, 재건축등 사업 진행

시, 담보주택의 소유권이 공사에 있기 때문에 사업시행사의 판단에 따라 조합 등으로 부터 제공되는 이주비대출 및 조합원 분담금 대출을 받기 어려 우실 수 있으며, 공사의 신탁등기가 유지된 상태에서는 사업 진행이 어려울 수 있습 니다. 그리고 본인 및 배우자가 모두 사망하여 귀속권리자가 해당 주택을 승계할 경우 귀속권리자의 취득세 납세부담이 달라질 수 있습니다.

19 신탁방식과 저당권방식의 차이점(비교표)

구분		저당권방식	신탁방식
가입 단계	등록면허세 지방교육세	· 75% 감면 (~'24.12.31) -「지방세특례제한법」 제35조에 따라 등록면허세* 75% 감면 *저당권 설정금액의 0.2% - 등록면허세 감면으로 지방교육세*도 75% 감면 효과 *등록면허세의 20%	· 감면없음 - 단, 신탁방식 주택연금 가입자는 공사가 해당 비용* 전액 지원 *신탁방식 주택연금은 가입시 등록 면허세 6,000원과 지방 교육세 1,200원이 정액으로 발생
	농어촌특별세 (등록면허세 감면액의 20%)	· 면제 -「농어촌특별세법」 제4조 제10의 2.에 따라 비과세	· 납세의무 없음 - 등록면허세 감면 없으므로 납세의무 없음
	국민주택채권 매입의무	· 면제 -「주택도시기금법 시행」 제8조 제2항 별표에 따라 면제	
이용 단계	소득세	· 대출이자비용 소득공제 (연간 200만원 한도) -「소득세법」 제 51조의4에 따라 연 200만원 한도 소득공제	
	재산세	· 1가구 1주택자 대상 과세표준 구간별 ①일반감면과 주택연금 가입자 대상 ②특별감면 중 경감효과 더 큰 1가지만 적용 ※ (참고)일반감면 · 특별감면 관련 ①일반감면:「지방세법」에 따라 주택연금 가입과 무관하게 적용되는 감면(~23년까지) ②특별감면:「지방세특례제한법」에 따라 주택연금 가입자에게 적용되는 감면 (최대 25%, ~24년까지, 적용기간 연장 추진 예정)	· 1가구 1주택자 대상 과세표준 구간별 ①일반감면만 적용되며, 주택연금 가입자 대상 ②특별감면은 비적용 ※(참고)일반감면.특별감면 관련 ①일반감면 및 ②특별감면에 관한 세무사항은 좌측 표 항목 참고 부탁드립니다. 공사는 신탁방식 주택연금 가입자도「지방세특례제한법」에 따라 특별감면 받을 수 있도록 지속 추진할 예정입니다.

20 공사에서 주택연금을 직접 지급하나?

주택연금 지급은 공사가 하는 것이 아니고 금융기관이 대출을 발생시켜 지급합니다.

공사는 대출 금융기관들이 주택가격 하락 등으로 인한 손실 등을 걱정하지 않고 고객에게 종신까지 주택연금을 지급하도록 보증하는 보증기관으로서의 역할을 수행합니다.

고객이 공사에 가입상담 및 가입신청을 하면 공사는 보증여부를 결정한 후 고객이 대출받기 희망하는 금융기관으로 보증서를 발송하게 됩니다.

금융기관에서는 보증서 수령 후, 고객과 대출약정을 맺고, 대출을 발생시켜 고객에게 주택연금을 지급하게 됩니다.

21 주택연금은 모든 금융기관에서 취급하나?

'23.3월 현재 시중은행 및 지방은행, 보험사, 농협상호금융을 포함하여 모두 16개 금융기관에서 주택연금을 취급하고 있습니다.

국민, 기업, 농협, 신한, 전북, 우리, KEB하나, 대구, 광주, BNK부산, BNK경남, 제주, SH수협, 농협상호금융, 교보생명, 흥국생명

내집연금 3종 세트의 경우 보험사에서는 취급하지 않습니다.

※ 공사에서 보증하는 주택연금은 2007.7. 12일부터 판매되고 있습니다.

22 주택연금 신청 시 업무처리 절차 및 단계별 부대비용은?

비용은 최초 월지급금 수령 시 납부할 수 있습니다.

등기가 설정된 이후 변심 등 고객 측의 사유로 신청취소 또는 약정철회하는 경우에는 공사에서 지원한 비용을 반납하셔야 합니다.

주1) 감정평가 진행시에만 발생하며, 감정평가기관에 지급

주2) 법무사수수료, 등기신청수수료 등 등기업무를 위탁하는 경우에 발생하는 비용으로, 현재 공사에서 담보설정비용 전부 또는 일부 지원(예산 상황에 따라 변동 가능)

주3) 저당권방식의 경우 근저당권 설정에 따른 등록면허세(설정액의 0.2%) 및 지방교육세(등록세액의 20%) 등이 발생하나 고객 직접 납부 시 「지방세특례제한법」에 따라 등록면허세의 최대 75% 감면되어 비용지원 대상에서 제외, 신탁방식의 경우 공사가 비용 지원(예

산 상황에 따라 변동 가능)

주4) 대출약정 시 총대출한도에 따라 인지세 납부(대출한도 5천만원까지는 0원, 5천만원 초과 1억원까지는 7만원, 1억원 초과 10억원까지는 15만원)하되, 취급은행 및 고객이 각각 50%씩 부담

주5) 초기보증료는 주택가격의 1.5%(대출상환방식의 경우 1.0%)이며 최초 대출실행시 1회 발생, 연보증료는 보증잔액의 연 0.75%(대출상환방식의 경우 1.0%)로 매월 발생하되 모든 보증료는 대출을 발생시켜 납부하는 방식으로 직접 현금으로 납부하지 않음

23 주택연금 가입 시 고객이 직접 부담해야 하는 비용은?

저당권방식의 경우 가입자가 등록면허세 · 지방교육세 및 대출약정인지세를 부담하며, 신탁방식의 경우 가입자가 대출약정인지세를 부담합니다. (감정평가 진행 시 수수료 별도 부담)

* 저당권 방식의 경우 등록면허세 본인 납부 시 감면혜택이 발생함에 따라 공사 비용지원 대상에서 제외

현재 주택연금 가입 시 한시적으로 담보설정비용을 지원하고 있어 법무사수수료, 등록면허세 · 지방교육세(신탁방식만), 등기신청수수료 및 등본제증명 발급비용을 공사에서 전부 또는 일부 지원합니다.

그러나 등기명의인 표시변경등기, 건축물대장의 표시사항 변경 등 고객의 사정으로 발생하는 추가 비용은 고객이 직접 부담해야 합니다.

또한 우대형 주택연금 가입자 중 신청접수일을 기준으로 적용 가능한 인터넷시세가 없어 감정평가가 필요한 경우 감정평가비용을 지원하고 있습니다.

[고객 직접 부담 비용 요약]

(70세, 5억 주택, '23.3.1. 기준, 단위 : 원)

항목	저당권방식	신탁방식
법무사수수료 및 등기비용	-	
등록면허세 · 지방교육세	582,000	-
대출약정인지세	75,000	75,000
감정평가수수료(진행시)	(정식감정 699,600 약식감정 1,100)	(정식감정 699,600 약식감정 1,100)
합계	657,000	75,000

24 주택가격은 어떻게 평가하나?

주택연금의 담보주택가격은 공신력 있는 기관이 제공하는 인터넷시세, 국토교통부의 주택 공시가격, 공사와 협약을 체결한 감정평가기관의 감정평가액을 기준으로 평가합니다.

주택연금 담보대상주택의 가격평가는

① 한국부동산원의 인터넷 시세

② 국민은행의 인터넷 시세

③ 공시가격(공시가격이 없는 경우 시가표준액)

④ 공사와 협약을 체결한 감정평가업자의 최근 6개월 이내 감정평가액을 순차적으로 적용합니다.

- 고객이 요구하는 경우에는 감정평가액을 우선 적용하며, 감정평가비용은 고객이 부담합니다.
- 아파트 등의 최저층은 하한평균가를 적용하고 기타 층은 중간값(한국부동산 인터넷시세의 상한평균가와 하한평균가의 산술평균) 또는 일반평균가(국민은행)를 적용합니다.

일반 주택담보대출처럼 LTV를 적용하거나 소액임차보증금을 차감하지 않고 주택가격의 100%를 전부 인정하게 됩니다.

다만, 분양가격 또는 매매계약서상의 매매가격이나 신청인이 임의로 제시하는 가격은 인정하지 않습니다.

25 감정평가가격은 주택매매 시세보다 낮을 텐데?

보통 감정평가 가격은 소비자가 느끼는 자기 집의 가격보다 낮을 수 있습니다.

고객들은 일반적으로 주택가격을 거래시장의 매매호가를 기준으로 생각하는 경향이 있으나, 대출을 취급하는 데 있어서 호가나 부동산중개업체에서 제시하는 주관적인 가격을 수용하기는 어렵습니다.

공사의 보금자리론이나 은행권의 주택담보대출은 공정하고 객관적으로 인정될 수 있는 가격 산정을 위하여 공신력 있는 기관이 제공하는 시세 또는 외부감정평가 법인이 평가한 금액을 기준으로 하고 있습니다.

26 주택연금 신청 후 연금수령까지 얼마나 걸리나?

고객이 공사의 지사에 내방하여 주택연금에 대한 자세한 상담을 받으신 후 신청을 결정하고 필요서류들을 제출하시면, 공사에서 주택에 대한 담보주택조사 및 주택보유수 확인 등의 심사과정을 거치게 됩니다.

공사의 심사과정이 끝나면 주택연금 신청 시 대출을 받기로 정한 금융기관에서 주택연금 대출에 대한 약정을 체결하신 후 매월 월지급금을 수령하실 수 있습니다.

공사에서는 고객님의 편의를 위해 표준처리기간을 1개월로 정하고 있으나, 상담 · 신청 · 심사업무 및 이후 금융기관의 연금대출까지는 통상 2~3주 정도가 소요됩니다. 다만, 관할 지사의 사정에 따라 달라질 수 있습니다.

27 주택연금에 가입하면 주택소유권은 누가 갖게 되나?

(1) 저당권방식

주택연금을 가입하는 경우에도 주택의 소유권은 고객님께서 계속해서 유지하게 됩니다. 따라서 주택의 사용과 처분에 대해서는 고객님이 자유롭게 결정하실 수 있습니다.

다만, 공사는 주택연금으로 인하여 발생할 대출채권을 확보하기 위해서 해당 주택에 대하여 1순위 근저당권을 설정하게 됩니다.

(2) 신탁방식

신탁방식 주택연금 가입자(위탁자)가 주택연금을 이용하는 동안 신탁계약에 따라 소유자 명의를 공사로 이전해 놓는 것일 뿐입니다.

따라서, 가입자는 담보주택의 실질적인 소유자로서 해당주택에 계속 거주하며 주택을 사용 · 수익할 권리를 가지며, 주택의 보존 · 유지 · 수선 의무도 함께 부담합니다.

주택연금 이용 중 가입자가 원하거나 종료되는 경우에는 그동안 수령한 주택연금대출잔액을 상환하시면 가입자에게 다시 주택의 소유권 이전이 가능합니다.

28 주택연금 가입자는 담보주택에 어떠한 의무를 지는가?

(1) 주택관리

공사는 담보취득을 위해 주택에 근저당권을 설정하거나(저당권방식) 소유권을 이전(신탁방식) 받는 것일 뿐이며, 담보주택의 보존 · 유지 · 수선 의무는 모두 가입자가 부담합니다.

따라서 주택의 관리비, 수리비 등 주택의 수선유지비용은 가입자가 부담하셔야 하며, 만약 임대차계약이 있는 경우에는 임차인이 임차목적에 맞게 담보주택을 사용할 수 있도록 관리하여야 합니다.

(2) 납세의무

공사가 주택에 저당권을 설정하거나 주택을 공사에 신탁하더라도 기존과 같이 가입자가 재산세, 종합부동산세 등의 납세의무를 부담*합니다.

* 「지방세법」 및 「종합부동산세법」에 따라 신탁한 주택도 가입자의 보유주택 수 및 주택가액에 합산되어 과세됩니다.

가입자가 보유세 등을 납부하지 않을 경우, 주택연금 지급이 정지되고 주택연금대출잔액을 상환해야 할 수도 있습니다.

(3) 기타

재산세, 종합부동산세, 취득세, 양도세 등 세금과 지역가입자의 건강보험료 산정 시에도 연금가입 주택(신탁 주택 포함)은 가입자 재산으로 포함됩니다.

29 주택소유자가 사망하면 배우자는 어떻게 보장받나?

(1) 저당권방식

공사가 보증하는 주택연금은 「부부 모두 종신보장을 원칙으로 설계되어 있습니다.

따라서 주택 소유자가 중도에 사망하더라도 그 배우자가 사망할 때까지 계속하여 주택소유자와 동일한 주택연금을 지급받을 수 있습니다.

가입자가 사망하여 최초 가입하실 때부터 계속 혼인관계에 있는 배우자가 주택연금을 이어 받기 위해서는 가입자의 사망일로부터 6월 이내에 채무인수 절차를 진행해야 합니다.

◎ 채무인수 절차란

① 상속인들의 동의를 받아 배우자 앞으로 담보주택 소유권을 전부 이전한 후(신탁방식 주택연금의 경우는 제외)

② 관할지사 내방하여 근저당권설정변경계약 체결 등 채무인수 관련 서류를 작성*하고 채무인 수 심사에 필요한 서류를 제출하셔야 하며,

* 사전채무인수약정을 하지 않은 경우 채무인수 약정도 필요합니다.

③ 최종적으로 은행에 방문하여 연금통장 개설 등의 절차를 진행하셔야 합니다.

(2) 신탁방식

공사와 가입자의 신탁계약은 유언대용신탁으로, 가입자 사망 시 배우자(사후수익자)는 신탁계약에 따라 가입자의 수익권을 승계하도록 설계되었습니다.

따라서, 배우자는 별도의 상속등기 및 위탁자 변경절차 없이 주택연금 채무인수만으로도 담보주택 거주 · 수익권 및 연금수급권을 승계 받습니다.

배우자는 공사 관할지사로 채무인수를 신청하여 필요한 서류를 제출* 해주셔야 하며, 최종적으로 은행에 방문하시어 연금통장 개설 등의 절차를 밟게됩니다.

* '22.12.12. 이전 사전채무인수 약정을 체결하고 가입자 사망 후 2개월 이내 채무인수 요청할 경우, 또는 '22.12.12. 이후 주택연금에 가입하면서 사전채무인수약정을 체결하지 않은 경우, 배우자는 공사 관할지사로 내방하여 조건변경 신청서작성, 채무인수약정 등을 하셔야합니다.

30 가입 후 주택연금 대출 금융기관을 바꿀 수 있나?

주택연금은 공사에서 발급하는 보증서를 기초로 대출 금융기관에서 고객에게 생활비를 대출해드리는 제도입니다.

다만, 공사는 가입 시 고객이 선택한 금융기관만을 대상으로 보증서를 발급하기 때문에 가입 후에 대출 금융기관을 바꾸는 것은 불가능합니다.

31 이용하다가 목돈이 생기면 상환할 수 있는가?

주택연금 고객께서는 이용기간 중 언제든지 대출잔액을 일부 또는 전부 상환하실 수 있습니다.

가입자의 사망이나 주택의 매각 등으로 계약의 효력이 종료되기 전에는 대출잔액의 일부나 전부를 상환할 수 있습니다. 대출잔액의 일부를 상환하면 대출잔액이 줄어들어 대출이자와 보증료 부담을 줄일 수 있습니다.

또한, 개별인출금 상환의 경우(이자 및 보증료를 포함하여 최대상환가능금액 이내 상환 시) 조건변경을 통해 1회에 한하여 인출한도 회복이 가능합니다.

중도상환에 따른 수수료는 별도로 부담할 필요가 없으며, 언제든지 대출잔액을 전부 상환하면 계약은 자동 해지됩니다.

32 주택처분가액으로 대출을 상환하고도 모자라거나 남으면?

주택연금은 주택처분가액으로 대출금 상환 후 부족한 금액이 있더라도 특별한 사정이 없는 한 다른 재산 또는 상속인에게 청구하지 않는 이른바 "비소구 대출"입니다.

예를 들어 사망 시 대출잔액이 3억2천만원이고 주택이 3억원에 경매 처분된 경우에도 부족 금액 2천만원은 별도로 청구하지 않습니다.

또한, 사망한 고객이 해당 주택 이외의 다른 재산을 남겨 놓았거나 재산을 상속받는 자녀가 있더라도 더 이상 청구권을 행사하지 않습니다.

즉, 주택연금 대출잔액의 회수는 당해 담보주택 가격 범위 내에서만 행사할 수 있도록 법에서 정하고 있습니다.

물론 주택처분 가격으로부터 대출잔액을 전부 회수하고 남는 부분이 있을 경우에는 당연히 상속인(신탁방식의 경우 귀속권리자)에게 돌려주게 됩니다.

33 주택연금 이용 도중 해지할 수 있는가?

주택연금은 가입자가 이용 도중에 언제든지 대출금을 전부 상환하고 보증을 해지할 수 있습니다.

주택연금 중도 해지를 원하는 경우 관할지사나 취급 금융기관 지점에서 상환해야 하는 연금 대출잔액을 확인한 후, 취급 금융기관 지점에서 대출 잔액을 모두 상환하시면 됩니다.*

* 상환 후 상환영수증 관할지사에 제출 필요, 주택연금 관련 등기는 별도로 말소 필요.

중도해지 시 상환해야 하는 금액은 최대 주택처분금액 범위(주택가격) 내에서 상환시점의 연금 대출잔액으로, 연금지급액(월수령액, 개별인출금)+보증료(초기보증료, 연보증료)+

대출이자를 합산한 금액입니다.

상환은 주택을 처분하거나 직접 현금으로 상환하실 수 있으며, 중도상환에 따른 수수료는 별도로 부과되지 않습니다.

34 계약이 종료되는 사유는?

공사법 상 다음의 사유가 발생하면 계약해지 사유에 해당되어 금융기관이 공사에 보증채무이행을 청구할 수 있습니다.

◎ 주택 소유자와 배우자가 모두 사망한 경우

◎ 주택 소유자가 사망한 후 6개월 이내에 배우자 앞으로 주택소유권 이전(신탁방식의 경우 제외 및 채무인수를 완료하지 않은 경우

◎ 주택 소유자와 배우자가 모두 담보주택에서 다른 곳으로 주민등록을 이전한 경우(다만, 주민등록을 이전한 주택을 담보주택으로 변경하는 경우와 실거주 예외 인정 사유에 해당되어 공사의 승인을 받은 경우는 제외)

◎ 주택 소유자와 배우자가 모두 1년 이상 거주하지 않는 경우(다만, 실거주 예외 인정 사유에 해당 되어 공사에 미리 서면통지하고 이를 공사가 인정한 경우는 제외)

◎ (저당권방식) 가입자 또는 공동소유자인 배우자가 담보주택 소유권을 상실한 경우

◎ 대출잔액이 근저당권의 채권최고액(신탁방식의 경우 우선수익권한도액)을 초과할 것으로 예상 되어, 공사나 금융기관이 채권최고액(우선수익권한도액) 변경을 요구하였으나 응하지 않은 경우

◎ 법원의 판결 등에 의하여 근저당권 설정 계약(신탁방식의 경우 신탁계약이 무효 · 취소 되는 경우

◎ (신탁방식) 신탁계약을 위반하여 지급정지 사유 발생으로 공사가 지급정지를 통지한 날로 부터 1개월이 경과한 경우

◎ 기타 공사가 정하여 통지한 일정한 사유가 발생한 경우

다만, 재건축등 사업 참여로 인해 위의 사유 중 일부가 발생한 경우에는 일정 기간 동안 보증채무이행청구 사유에서 제외될 수 있습니다.

35 이용중 저당권방식 ↔ 신탁방식으로 바꿀 수 있는가?

주택연금 이용중에도 가입하셨던 담보취득방식을 변경할 수 있습니다.

담보취득방식 변경이란, 고객이 주택연금을 계속 이용하면서 소유주택에 대한 담보제공방식을 저당권방식에서 신탁방식으로 전환(저당권방식 → 신탁방식) 또는 신탁방식에서 저당권방식 으로 전환(신탁방식 저당권방식) 할 수 있는 조건변경 절차입니다.

담보취득방식 변경으로 인해 연금 월지급액 및 보증료가 변동되지는 않습니다. 즉, 기존 주택연금 가입 당시보다 주택가격이 상승하거나 하락한 경우라 하더라도 연금 월지급 액은 동일합니다.

다만, 이사 등으로 담보주택을 변경하면서 동시에 담보취득방식 변경을 진행하실 경우 기존 담보주택 변경과 마찬가지로 이사 시점의 기존주택과 새 주택의 담보가치 차이에 따라 월지급금 및 보증료가 변동될 수 있습니다.

36 주택연금 지킴이 통장이란?

주택연금 월지급금 중 민사집행법 상 최저생계비인 185만원* 이하의 금액은 압류가 금지되는 주택연금 수령 전용통장으로, 주택연금 지킴이 통장을 이용하시면 보다 안정적인 연금수급이 가능합니다.

* 민사집행법 제195조 제3호에 해당하는 최저생계비

참고로, 최대 입금금액은 185만원으로 제한되지만 통장 잔액은 금액에 제한 없이 유지가능 하며 출금 및 이체도 자유롭게 가능합니다.

주택연금 고객 중 주택연금 지킴이 통장 이용을 희망하는 고객 누구나 신규가입 시 또는 연금수령 중 언제든 원하는 시점에 신청 가능합니다.

다만, 월지급금 185만원 초과자인 경우 반드시 주택연금 지킴이 통장과 일반통장 둘 다 주택연금 수급계좌로 등록해야 하며, 월지급금 실행 시, '주택연금 지킴이 통장'에 185만원까지 입금 되고, 185만원 초과되는 금액은 일반 예금계좌로 분리되어 입금됩니다.

37 주택연금 지킴이 통장 신청하는 방법은?

'주택연금 지킴이 통장' 이용을 희망하는 경우 아래 신청절차에 따라 주택연금 수령 은행* 영업점에 신청하시면 됩니다.

* 국민, 기업, 농협, 신한, 우리 하나, 경남, 광주, 대구, 부산, 전북, 수협, 지역 농축협

(1) 가까운 주택금융공사 지사를 방문하거나 유선으로 '주택연금 전용계좌 이용 대상 확인서'를 발급

(2) 주택연금을 수령하는 은행 영업점을 방문하여 해당 서류를 제출하고 주택연금 지킴이 통장 개설 신청

(3) 개설한 주택연금 지킴이 통장을 주택연금 수령계좌로 등록 후 이용

38 1세대 2주택 이상이면 생활비가 부족해도 이용할 수 없나?

주택연금은 원칙적으로 부부 기준으로 1세대1주택 보유를 가입요건으로 합니다.

1세대 1주택자인 경우 특별한 소득이 없다면, 거주주택 이외에 별도의 생활비 마련이 곤란한 경우가 대부분이기 때문입니다.

그러나 다주택자의 보유주택 합산 공시가격이 9억원 이하(2023.10.12. 12억원으로 완화)인 경우에는 거주하는 1주택을 담보주택으로 주택연금에 가입하실 수 있습니다.

2주택자인 경우에는 보유주택 합산 공시가격이 9억원(2023.10.12. 12억원으로 완화)을 초과하는 경우에도 3년 이내 담보주택 이외의 주택을 처분하는 조건으로 주택연금에 가입하실 수 있습니다.

※ 3년 이내 주택을 처분하지 못한 경우에는 연금지급이 정지됩니다.

39 토지, 상가 등 기타 부동산 소유자도 이용이 가능한가?

1세대 1주택 소유자이거나 보유주택 합산 공시가격 9억원 이하(2023.10.12. 12억원으로 완화)의 다수택자, 3년 이내 담보주택 이외의 주택을 처분할 것을 약정하시는 일시적 2주택 소유자는 토지나 상가 등 기타 부동산을 보유하고 있어도 주택연금 이용 가능합니다.

주택연금 제도는 부부를 기준으로 공시가 9억원 초과 다주택자가 아닌 한 다른 재산 보유 여부와 관계없이 주택연금을 이용하실 수 있습니다.

다만, 주택연금을 이용하기 위한 담보제공은 해당 주택으로 한정하므로 담보주택 이외의 부동산을 추가로 제공하여 월지급금을 더 받는 것은 불가능합니다.

40 건물과 토지의 소유자가 다른 경우 주택연금을 이용할 수 있나?

주택법에서 주택이란 “세대의 구성원이 장기간 독립된 주거생활을 할 수 있는 구조로 된 건축물의 전부 또는 일부 및 그 부속토지”를 의미합니다. 즉 주택은 건물과 토지를 모두 포함하는 개념인 것입니다.

주택연금에서 주택은 주택법의 내용을 받아들이고 있기 때문에 주택연금에 가입하기 위해서는 반드시 주택과 토지를 모두 소유하고 있으셔야 합니다.

다만, 건물과 토지를 부부가 나눠서 소유하고 계신 경우에는 주택연금에 가입하실 수 있습니다.

41 주택의 일부분에 대해서만 주택연금으로 이용할 수 있나?

주택의 일부분만으로는 주택연금을 이용하실 수 없습니다.

주택연금 상품 다양화 차원에서 생활비 수준이 낮은 어르신을 위하여 대상주택의 일정 비율 만큼만 주택연금을 이용하고 나머지 부분은 상속하거나 또는 다른 용도로 활용하도록 허용하는 방안이 제기될 수 있으나,

주택의 일부만으로 주택연금을 이용할 경우, 주택연금으로 활용되지 않는 지분의 권리행사 등에 따른 부작용이 생길 수 있어 주택의 일부에 대한 주택연금 가입은 허용하고 있지 않습니다.

42 신탁방식으로 가입이 불가능한 경우는?

담보주택이 아래사항 중 어느 하나에 해당하는 경우 신탁방식으로 가입이 불가능합니다.

(1) 복합용도주택(상가겸용주택), 농지법에 따라 소유권 이전을 할 수 없는 농업인주택 또는 어업인주택인 경우

다만 관계 법령상 농업진흥지역 외의 농어업인 주택으로, 용도변경을 통해 일반주택으로 변경되는 경우 취급 가능

(2) 담보주택에 대해 지방세를 체납 중인 경우

(3) 주택의 주된 건물 또는 부속건물이 위반건축물인 경우

(4) 주택의 주된 건물의 등기와 실질이 상이한 경우

다만 감정평가서 등을 통해 공부와의 차이가 없거나 경미함이 확인되고, 추후 시정명령이 있을 시 원상회복이 가능하며, 우선수익권 행사에 지장이 없고, "담보주택 현황에 관한 확약서"를 제출받는 경우에는 신탁방식으로 전환 가능

(5) 담보주택에 보증금 있는 임대차가 4건을 초과하여 사실상 임대목적으로 사용 중인 주택

43 주택보유 수 판단 기준 및 확인방법은?

보유주택 수는 부부를 기준으로 가입시점에 판단하기 때문에 자녀의 보유주택은 포함되지 않으며, 가입 후 여러 주택을 소유하게 된 경우에도 주택연금을 계속해서 이용하실 수 있습니다.

- 다만, 우대형 주택연금의 경우 담보주택 외 주택을 추가로 취득할 경우 월지급금이 하향 조정 됩니다.

(1) 주택보유로 보는 경우

◎ 지분으로 소유하고 있는 주택

- 다만 상속지분의 경우 지분이 가장 큰 상속인이 소유한 것으로 봄
- 부부 공동소유 주택은 각 지분에 관계없이 1주택으로 봄

◎ 전체 건물 면적 중 주택면적이 1/2 이상인 복합용도주택

◎ 임대사업자로서 임대를 목적으로 보유한 주택

◎ 공사에게 신탁한 주택

(2) 주택보유로 보지않는 경우

◎ 세내원인 자녀가 보유한 주택

◎ 아파트분양권, 재건축 및 재개발 조합원의 입주권

◎ 담보로 제공하지 않은 오피스텔

◎ 토지이용계획확인서상 도시지역이 아닌 지역 또는 수도권에 소재하지 않는 면의 행정

구역에 건축되어 있는 주택으로서

- 사용승인 후 20년 이상 경과된 주택이거나,
- 주거 전용면적 85제곱미터 이하의 단독주택이거나,
- 소유자의 최초 등록기준지에 건축되어 있는 주택으로서 직계존속 또는 배우자로부터 상속 등에 의하여 이전받은 단독주택에 해당하는 경우

◎ 문화재로 지정된 주택

◎ 주거 전용면적 20제곱미터 이하의 주택(아파트 제외)

※ 보유주택 수는 정부의 행정전산망을 통해 확인합니다.

44 집값이 아주 싸도 이용할 수 있나?

집값이 아주 낮은 경우에도 주택연금을 이용하실 수 있습니다.

다만 저가주택의 경우 월지급금이 매우 낮다는 점을 고려하여야 합니다.

참고로 주택가격이 5천만원이고, 연령이 65세이면 매월 약 123천원의 월지급금을 받을 수 있습니다. (2023. 3. 기준)

주택연금은 주택을 소유하고는 있으나 현금을 확보하기 어려운 어르신이 최소한의 비용으로 독립적인 경제생활을 할 수 있도록 생활비를 지원하는 역할을 수행하는데 의의가 있으므로 저가주택을 소유한 어르신에게는 다소 기대에 미치지 못할 수 있습니다.

우대형 주택연금(부부기준 1주택 소유, 부부 중 1명이 기초연금수급자, 주택가격 2억원 미만, 정액형 한정)에 가입하시면 월지급금을 일반 주택연금 대비 최대 20% 더 받으실 수 있습니다.

만약 우대형 주택연금에 가입할 경우 주택가격이 5천만원이고, 연령이 65세이면 매월 약 139천원의 월지급금을 받을 수 있습니다. (2023. 3. 기준)

45 복합용도주택으로도 주택연금 이용이 가능한가?

주택과 상가 등이 함께 등기되어 있는 복합용도주택(주택 및 근린생활시설 등)도 주택부분이 전체 면적의 50% 이상을 차지하는 경우 주택연금을 이용하실 수 있습니다. (신탁방식은 가입 불가능)

단, 근저당권은 주택 전체에 설정되며, 월지급금 산정 시에는 주택이 아닌 부분의 평가액은 제외 됩니다.

46 오피스텔도 주택연금 이용이 가능한지?

주거목적 오피스텔도 주택연금에 가입할 수 있습니다.

등기사항증명서 상 용도가 업무시설 또는 오피스텔 이면서 주거목적으로 사용되고 있으면 됩니다.

* 주거목적 사용기준은 아래와 같습니다. (아래의 조건을 모두 충족해야 함)

① 신청인 또는 배우자의 주민등록상 주소지가 담보주택 주소지와 일치

② 방문조사 또는 서류조사를 통해 확인한 결과 신청인 또는 배우자가 실제 담보주택에 거주 전용 입식 부엌, 전용 화장실 및 세면시설 등 필수 주거시설의 설치

④ 보증신청일 현재 담보주택이 재산세 과세대장에 주택으로 기재되어 주택분 재산세 과세

다만, 보증신청일 현재 주택분 재산세가 과세되지 않은 경우에는 추가 확약사항에 따라 최초 보증부대출 실행일로부터 1년 이내에 주택분 재산세 과세 증빙서류를 제출받아 보완할 수 있습니다.

47 재개발, 재건축이 예정된 주택도 주택연금 가입이 가능한가?

해당 주택이 재개발, 재건축이 예정되어 있는 경우에는 사업 진행상황에 따라 주택연금 가입 가능여부를 판단하게 됩니다.

지방자치단체로부터 관리처분계획 인가를 받기 이전에는 주택연금에 가입할 수 있지만, 인가를 받은 후에는 사업이 실질적으로 진행돼 주택의 철거 등이 이뤄지기 때문에 주택연금 가입이 불가능합니다.

48 노인복지주택은 무엇이고, 어떤 노인복지주택이 주택연금 가입 가능한가?

노인복지주택이란 노인에게 주거시설을 공급하여 주거의 편의 생활지도 상담 및 안전관리 등 일상생활에 필요한 편의를 제공함을 목적으로 하는 시설을 의미합니다.

노인복지주택으로도 주택연금에 가입하실 수 있습니다.

가입대상은 해당 지자체에 신고된 공시가 9억원 이하의 분양형 노인복지주택이며, 공사 홈페이지 (http://www.hf.go.kr) > 주택연금 > 주택연금 소개 > 법규에 의한 공고사항 > 가입 가능한 노인복지주택)에서 확인할 수 있습니다.

다만, 노인복지주택이라도 임대형이거나(등기사항증명서 또는 건축물대장에 노인복지주택 으로 기재되어 있더라도) 해당 지자체에 신고 되지 않았거나 폐지신고 된 노인복지주택은 가입 대상이 아닙니다.

49 주택연금 지급액은 어떻게 결정되나?

주택연금 월지급금은 가입자의 생존확률, 주택가격상승률, 이자율 변동 등 미래의 불확실한 위험을 합리적으로 예측하여 산출됩니다.

50 본인과 배우자 중 누구의 나이를 기준으로 계산하는가?

공사의 주택연금은 주택소유자 또는 배우자가 만 55세 이상이어야 신청 가능하며,

월지급금은 부부 중 연령이 적은 자를 기준으로 계산합니다.

예를 들어 남편이 60세이고, 부인이 58세이면 연령이 적은 부인의 나이(58세)를 기준으로 월지급금을 계산하여 부부 모두가 사망할 때까지 주택연금을 지급받게 됩니다.

51 연령별 주택연금 수령액?

주택연금 월지급금은 부부 중 연소자의 연령, 주택가격 등에 따라 결정됩니다.

즉, 가입자가 받을 주택연금은 연령이 높을수록, 주택가격이 높을수록 더 많이 수령하실 수 있습니다.

예를 들면 연령이 만 65세이고 시가 3억원의 주택을 보유한 경우 종신(사망 시)까지 매달 73만원 정도를 수령하실 수 있지만, 연령이 만 70세이고 5억원의 주택을 보유한 경우에는 매달 150만원 정도를 수령하실 수 있습니다. (2023. 3. 기준)

공사 홈페이지에 있는 주택연금(월지급금) 조회기능을 활용하면 언제든지 자신이 받을 수 있는 주택연금액을 조회하실 수 있습니다.

52 이용 도중에 집값이 오르면 월지급금도 따라서 오르나?

가입 시 결정된 월지급금은 향후 주택가격상승률 등을 반영하여 산출한 금액이기 때문에 주택가격이 상승해도 가입시점에 결정된 월지급금 수준은 변동 없이 대출이 종료될 때까지 동일하게 지급합니다.

주택가격의 변동에 따라 월지급금을 변동시킬 경우 주택가격이 하락할 때는 월지급금을 낮추어야 하고 극단적으로 월지급금을 지급하지 못할 수 있게 되기 때문입니다.

결국 가입자는 공사의 보증을 통해서 주택가격 변동 등의 각종 예측 불가능한 위험에도 불구하고 종신까지 안정적인 생활비 확보를 보장받을 수 있게 됩니다.

53 주택연금은 물가상승률에 연동되지 않는가?

주택연금은 가입 시에 담보주택, 이자율 및 가입자에 대한 위험과 보증료율을 사전에 확정하여 적용하는 보험수리 원칙을 따르고 있어 물가상승률에 연동되지 않습니다.

담보주택 가격은 꾸준하게 상승한다는 가정 하에 월지급금을 산정하고 있고, 이는 물가상승에 따른 자산가치의 변화 등이 이미 월지급금 산정에 반영되어 있음을 의미합니다.

따라서 가입 이후에는 연금액을 재계산하지 않습니다.

54 평생 받는 돈이 주택가격에 비하여 모자라지 않나?

매월 받는 주택연금 월지급금으로 평균수명까지 단순합산 시 주택가격에 대비하여 연금액이 낮다고 느낄 수도 있으나, 내 집에서 주거걱정 없이 평생 거주할 수 있고, 향후 주택가격과 관계없이 평생 일정한 연금을 지급받을 수 있다는 장점이 있습니다.

또한 주택가격과 연금수령액 간 차액이 발생할 경우 이를 상속할 수 있어, 연금지급액이 적다고 하여 공사가 추가 이익을 얻는 것은 아닙니다.

55 100세를 넘게 살아도 월지급금을 받을 수 있나?

국민생명표상의 한계연령(100세)을 초과하여 오래 사는 경우에도 월지급금은 계속해서 동일하게 지급 받을 수 있습니다.

1편 주택연금

공사는 가입자가 노후생활을 안정적으로 보장받을 수 있도록 평생거주, 연금지급 보장을 원칙으로 합니다. 즉 나이에 상관없이 가입자가 생존하는 한 계속하여 월지급금을 지급합니다.

56 월지급금 지급이 정지되는 경우가 있는가?

공사에서는 주택연금의 지급을 보장해드리고 있지만, 다음과 같은 사유가 발생한 경우에는 월지급금 지급이 정지될 수 있습니다.

(1) 피보증인이 사망한 경우

배우자가 있는 경우에는 피보증인 사망 후 6개월 이내에 담보주택 지분전부의 소유권이전등기와 채무인수를 완료하시면 주택연금을 계속해서 이용하실 수 있습니다.

(2) 피보증인 및 배우자가 모두 담보주택에서 다른 장소로 주민등록을 이전한 경우

주민등록이전 승인을 받지 않거나 담보주택을 변경하지 않고 무단으로 주민등록을 이전하신 경우 에는 월지급금 지급이 정지되며, 원상회복을 하지 않는 경우 계약해지 사유에 해당하게 됩니다.

(3) 피보증인과 배우자가 모두 1년 이상 계속해서 담보주택에 거주하지 않는 경우

공사에서 인정하지 않는 사유로 1년 이상 담보주택을 계속 비우시게 되는 경우에는 월지급금 지급이 정지되며, 원상회복을 하지 않는 경우 계약해지 사유에 해당하게 됩니다.

(4) 보증부대출잔액이 근저당권의 채권최고액(신탁방식의 경우 우선수익권 한도액)을 초과할 것으로 예상되어 공사나 채권자가 채권최고액 변경을 요구하였으나 이에 응하지 않을 때 월지급금이 지급정지 되며, 계약해지 사유에 해당하게 됩니다.

(5) (저당권방식) 피보증인 또는 연대보증인인 배우자가 담보주택의 소유권을 상실한 경우

공사에서 지급정지를 통지한 날로부터 1개월 이내에 소유권을 원상회복을 하지 않는 경우 계약 해지 사유에 해당하게 됩니다.

(6) 선순위대출 등 상환 또는 신용관리정보 해제 등을 조건으로 가입하였지만, 이 조건을 이행하지 못한 경우

(7) 공사 또는 채권자가 보증기한 연장, 보증금액 증액, 연대보증인 입보 등 조건변경을 요청하였으나, 이에 응하지 않는 경우

(8) 담보주택 이외의 1주택을 일정기간 이내에 처분하는 것을 조건으로 가입하였지만 이

를 이행하지 못한 경우

(9) 담보주택을 가입 시 확인한 사항과 다른 용도로 사용하는 경우

(10) 재건축등에 참여한 결과 청산금을 수령하는 경우

(11) 근저당권 설정계약(신탁방식의 경우 신탁계약)의 무효 · 취소 청구가 법원에 제기된 경우

(12) (신탁방식) 신탁계약을 위반하여 공사가 위반 사유의 해소를 요구하였음에도 이에 따르지 않는 경우(예로 신탁부동산에 압류등기가 된 경우 등)

(13) 가입자가 지급정지를 요청하여 공사가 승낙한 경우

(14) 가입자가 채무자 회생 및 파산에 관한 법률」에 따라 회생절차개시를 신청하고 법원이 회생 절차개시결정을 한 경우

(15) 조건변경을 신청한 경우로서 보증기한 연장 또는 보증금액 증액, 우대형 전환을 신청한 경우 등 주택담보노후연금보증 업무처리기준에서 정하는 경우

다만, 재건축등에 참여함에 따라 이사, 1년이상 미거주, 소유권 상실의 사유가 발생한 경우에는 지급정지사유가 발생하지 않은 것으로 보아 월지급금이 계속 지급될 수 있습니다.

57 주택연금 지급방식에는 무엇이 있는가?

주택연금은 현재 종신방식(종신지급, 종신혼합), 확정기간혼합방식, 대출상환방식 및 우대방식(우대지급, 우대혼합)으로 운영되고 있습니다.

(1) 종신방식

종신지급방식 : 인출한도 설정없이 평생 동안 매월 연금형태로 지급

종신혼합방식 : 인출한도(대출한도의 50% 이내) 범위 안에서 수시로 찾아쓰고 나머지 부분을 평생 동안 매월 연금형태로 지급받는 방식

(2) 확정기간 혼합방식

인출한도(대출한도의 50% 이내) 범위 안에서 수시로 찾아쓰고 나머지 부분을 일정한 기간동안 매월 연금형태로 지급받는 방식

다만, 인출한도중 대출한도의 5%에 해당하는 금액은 매월 연금형태로 지급받는 기간이 종료된 이후 의료비, 교육비, 주택유지수선비 등 사장이 정하여 공사의 인터넷 홈페이지에

공고하는 용도로만 사용하실 수 있습니다.

(3) 대출상환방식

담보주택을 담보로 대출받은 금액 중 잔액을 상환하는 용도로 인출한도 범위(대출한도의 50%~90%) 안에서 일시에 지급받고, 나머지 부분을 평생동안 매월 연금형태로 지급받는 방식

(4) 우대방식

◎ **우대지급방식** : 부부 중 한분이 기초연금 수급자이고, 2억원 미만의 1주택만 소유한 경우, 종신 지급방식보다 더 많은 월지급금을 인출한도 설정없이 평생동안 매월 연금형태로 지급받는 방식

◎ **우대혼합방식** : 부부 중 한분이 기초연금 수급자이고, 2억원 미만의 1주택만 소유한 경우, 인출한도(대출한도의 45% 이내) 범위 안에서 수시로 찾아쓰고 나머지 부분을 평생 동안 종신혼합방식보다 더 많은 월지급금으로 지급받는 방식

58 확정기간방식 주택연금은 무엇인가?

확정기간방식 주택연금은 인출한도 범위 안에서 수시로 찾아쓰고 나머지 부분을 일정기간(10년 · 15년 · 2025년 30년)을 선택하여 해당기간만 주택연금을 지급받는 방식 입니다.

또한 선택하신 지급기간이 종료된 이후에도 해당주택에 계속해서 거주하실 수 있습니다.

확정기간방식을 선택할 경우 짧은 기간동안 종신지급방식보다 많은 월지급금을 수령 하실 수 있습니다.

59 주택연금 지급유형에는 무엇이 있는가?

수령기간을 종신방식으로 선택한 경우 경제활동 및 자금사정 등을 감안하여 연금을 어떻게 받을지를 설계할 수 있습니다.

◎ 종신방식을 선택하신 경우에는 정액형, 초기증액형, 정기증가형을 선택할 수 있으나 확정기간 혼합방식, 대출상환방식 및 우대방식의 경우 정액형만 선택 가능합니다.

◎ **정액형** : 매년 동일한 월지급금을 지급 받습니다.

◎ **초기 증액형** : 초기 일정기간(3년, 5년, 7년, 10년 중 선택)동안은 정액형보다 많이 받다가 이후 부터는 당초 월수령액의 70% 수준으로 지급 받습니다.

◎ **정기 증가형** : 최초 월수령액은 정액형보다 적게 받지만 3년마다 월수령액이 4.5%씩 증가하여 고령의 나이 때는 정액형보다 더 많이 받습니다.

60 개별인출금은 어떻게 활용하나?

이미 주택을 담보로 한 대출이 있거나 전세권이 설정되어 있는 경우에는 주택연금 가입하며 인출한도를 사용하여 기존 선순위 채권을 상환하셔야합니다.

또한 주택연금을 지급받는 도중 목돈이 필요할 때 수시로 인출하여 요긴하게 쓸 수 있습니다.

인출한도는 주택구입 및 임차자금, 도박, 투기 등 사행성 및 사치오락성 지출자금 등을 제외 한 대부분의 노후생활비 용도 (예시 : 의료비, 관혼상제비, 주택관련 조세 등)로 활용하실 수 있습니다.

※ 확정기간혼합방식의 경우 지급기간 종료 후 의무설정인출한도인 대출한도 5%에 대해 의료비, 교육비, 주택 유지수선비 등의 용도로만 사용할 수 있습니다.

인출한도를 설정하고 사용하지 않은 금액은 은행의 정기예금 금리수준을 반영하여 점차 증가하게 됩니다.

반면, 인출한도를 설정하게 되면 월지급금이 감소하므로 상담 시에 인출한도를 설정여부와 자금 활용계획 등을 잘 따져 보고 결정하는 것이 바람직합니다.

61 개별인출금은 아무때나 설정할 수 있나?

가입 시 개별인출금을 설정하지 않아도 사용할 수 있는 잔여한도가 있으면 언제든지 개별 인출금을 설정하여 목돈을 사용하실 수 있습니다.

다만, 가입 이후에 설정할 수 있는 개별인출금은 가입 시 설정할 수 있는 금액보다 적습니다. 이는 최초 가입 시 산정되는 대출한도에서 이미 지급받은 월지급금만큼 대출한도가 줄었기 때문입니다.

또한, 개별인출금을 설정하면 월지급금이 이전에 비해 줄어들게 됩니다.

62 심신미약 등으로 개별인출 의사표현이 어려운 경우에는?

질병사고 등으로 피보증인이 스스로 개별인출 신청을 할 수 없을 사정에 대비하여 개별인출 신청을 대리할 수 있는 자(지정대리신청인)를 지정한 경우 지정대리신청인이 피보증인을 대신하여 개별인출을 신청할 수 있습니다.

다만, 저당권방식의 경우 지정대리신청인은 피보증인의 배우자 또는 직계비속 중 1인만 가능 하고, 신탁방식의 경우 피보증인의 배우자, 직계비속 외에 귀속권리자도 지정대리신청인이 될 수 있습니다.

63 실제로 살지는 않고 전세를 준 주택도 가입할 수 있나?

주택연금은 해당주택을 실제 거주지로 이용하고 있어야 하므로 집을 전세(또는 월세)로 주고 있는 경우에는 가입할 수 없습니다.

다만, 부부 모두 또는 한분이 살면서 보증금 없이 주택의 일부만을 월세로 주고 있는 주택 이라면 주택연금에 가입하실 수 있습니다.

그러나 주택연금을 받고 있는 도중에 해당 주택을 임대하고 주민등록을 이전하거나 특별한 사유 없이 1년 이상 집을 비우고 거주하지 않게 되면 계약종료 사유에 해당하게 됩니다.

실제 거주지로 이용하고 있다는 의미는 주민등록주소를 담보주택에 두고, 담보주택에서 거주하며 생활을 하고 있어야 합니다.

즉, 가입 시 실거주 예외사유에 해당하더라도 가입시점에는 부부 모두 또는 한분이 담보주택에 주소지를 두고 있어야 합니다. (신탁방식은 보증금 있는 임대차를 허용하지만, 실거주 의무는 저당권 방식과 동일합니다.)

64 불가피하게 주택에 거주가 어려운 경우도 계속 이용할 수 있나?

주택연금에 가입하신 후에는 가입자 모두 혹은 부부 중 한분께서 대상주택을 주된 거주지로 이용하고 계셔야 하나, 공사에서 정하는 사유에 해당하실 경우에는 주택에 거주하지 않으시더라도 주택연금을 계속 수령하실 수 있습니다.

공사에서 인정하는 사유는 공사 인터넷 홈페이지에 공고되어 확인할 수 있으며, 해당 사유에 따라 주택에 거주하지 않으실 경우에는 미리 입증서류를 공사에 제출하여 승인을 받으셔야 합니다.

실거주 예외 인정사유 입증서류란 피보증인 또는 배우자의 입원 확인서, 입소 확인증, 장기 요양인정서, 병원 진단서, 관공서에 의한 격리수용 · 수감 등 사유별 공문서 등으로 승인 신청서의 전산 접수일로부터 1개월 이내의 것을 말합니다.

[주택 미거주 예외 인정사유] (2023. 3월 기준)

① 질병치료, 심신요양 등을 위하여 병원, 요양시설 등에 입원(소)

② 자녀 등의 봉양을 받기 위하여 타 주택 등에 장기체류

③ 관공서에 의한 격리, 수용, 수감 등

④ 기타 개인적인 특별한 사정 등을 감안하여 공사가 이를 인정한 경우 등

위 사유에 해당하실 경우 공사의 승인을 받으면 부부 모두 담보주택에서 다른 장소로 주민등록을 이전하는 것도 허용됩니다.

주민등록 이전을 승인받은 경우에 한하여 공사의 동의를 받아 담보주택 전부 임대가 가능 합니다. (저당권 방식의 경우 보증금 없는 임대만 가능하며, 신탁방식의 경우 보증금 있는 임대도 가능합니다.)

65 이용하는 도중에 재건축이나 재개발이 되면?

저당권 방식의 경우 재건축이나 재개발이 진행되면 철거로 인해 담보주택이 멸실 되더라도 주택연금 지급정지 예외사유에 해당되어 주택연금을 계속 이용할 수 있습니다.

다만 피보증인이 재건축등에 참여함에 따라 조합원이 된 경우 참여를 입증하는 서류를 제출하셔야 하며, 지속적인 참여여부를 2개월마다 확인하고 있습니다.

조합원 등 지위 유지 여부 확인 결과, 지위상실*한 경우 월지급금 지급 정지 사유에 해당되어 더 이상 연금 지급을 받으실 수 없습니다.

*분양신청을 하지 않은 경우, 분양신청을 철회한 경우, 분양대상에서 제외된 경우 및 입주권을 제3자에게 매도 한 경우 등을 지위상실로 간주

재건축 · 재개발 시에도 담보주택에 공사의 1순위 근저당권이 반드시 유지되어야 하므로, 이주비대출 등에 금융기관의 1순위 근저당권 설정이 필요한 경우 이주비대출을 받지 못할 수 있습니다.

향후 신 · 증축주택을 제공받기 위해 청산금을 수령하신 경우 '수령금액과 보증부대출'

잔액 중 적은 금액을 상환하셔야 하며, 잔여청산금이 발생할 경우 월지급금이 줄어들 수 있습니다.

물론 재건축등 참여로 인해 이사하는 경우에도 주택연금을 계속 유지하실 수 있습니다.

신탁방식의 경우 공사의 신탁등기가 유지된 채 재건축 · 재개발 사업이 진행되면, 공사가 조합원이 될 수 있어 주택연금을 계속 이용할 수 없습니다. 이 경우에는 담보취득 방식을 저당권 방식으로 변경한 후 재건축 · 재개발 사업에 참가하셔야 합니다.

66 주택연금 가입 후 재건축 · 재개발 도중 입주권을 매도하면?

주택연금 피보증인이 재건축 재개발의 조합원 등으로 참여하였다가 입주권을 제3자에게 매도한 경우 더 이상 재건축 재개발에 참여하지 않는 것으로 보아 연금 지급이 중단되게 됩니다.

재개발 · 재건축 사업에 참여하지 않고 다른 주택으로 이사 가면서 신규주택으로 주택연금을 이어서 받고 싶으신 경우 "담보주택변경" 조건변경을 통해 해지 없이 주택연금 이용이 가능합니다.

67 주택연금을 받은 후 전세나 월세를 줄 수 있는가?

저당권방식으로 주택연금에 가입한 담보주택은 보증금을 받고 전세나 월세를 줄 수 없습니다.

다만, 담보주택에 거주하면서 보증금 없는 월세로 주택의 일부에 대해서는 임대할 수 있습니다.

또한 병원 · 요양원 입소 또는 자녀봉양을 받기 위한 이사 등 실거주 예외 사유가 있는 경우, 거주 이전에 대한 공사의 승인을 받고 담보주택 전부 임대에 대한 동의를 받으면 보증금 없는 월세로 주택 전체를 임대할 수 있습니다.

신탁방식 주택연금의 경우 보증금 있는 임대가 가능합니다.

① 신탁방식 주택연금 가입 시점에 담보주택 일부를 임대중인 경우 가입자는 임대차계약 사실 확인을 위한 서류를 공사에 제출해야 하고, 임대차 보증금 해당액을 공사가 제시하는 계좌에 입금해야 합니다.

※ 가입하려는 주택을 전부 임대중인 경우, 임대차를 유지한 상태로는 주택연금에 가입

할 수 없습니다.

② 신탁방식 주택연금 이용 중 담보주택을 신규로 임대하거나, 기존 임대차 계약을 갱신하는 경우 공사의 동의(보증금 없는 일부 임대 제외)를 받아야 하며, 임대차 계약 사실 확인을 위한 서류를 공사에 제출해야 합니다. 담보주택에 대한 임대차 보증금 있는 임대차 계약은 4건 이하여야 하며, 임대차 보증금 해당액을 공사가 제시하는 계좌에 입금해야 합니다.

※ 주택을 전부임대 하는 경우 공사에 주민등록 이전 승인이 필요합니다.

68 신탁된 담보주택의 임대차 계약방법 및 월세 보증금관리는 어떻게 되나?

(1) 임대차계약

신탁주택 유휴공간 임대차계약은 가입자가 직접 체결하며, 공사는 임대차계약 동의 및 임대차보증금 관리 업무를 수행합니다.

계약체결 : 가입자는 직접 임차인을 선정하여 임대차계약을 체결한 후 공사의 동의를 받습니다. 임대차보증금은 공사가 제시하는 금융기관 계좌로 입금하면 됩니다.

계약종료 시 : 공사는 임차인의 퇴거여부, 임대차계약서 등에 따른 차감금액이 있는지 확인한 후 임차인에게 임대차보증금을 반환합니다. 가입자는 공사에 임대차보증금에 대한 권리관계(가압류, 질권설정 등)를 고지하여야 합니다.

(2) 월세 및 보증금

월세는 가입자가 직접 수령하며, 임대차보증금은 공사가 금융기관에 예치 · 관리하고, 가입자에게 정기예금금리 수준의 운용수익을 지급합니다.

정기예금에 대한 이자는 임대차계약 해지 시 세금 공제 후 가입자에게 일시에 지급됩니다.

다만, 임대차계약 만기 전 보증금을 조기 반환해야 하는 경우에는 적용 금리가 낮아질 수 있습니다.

69 이사를 가는 경우 주택연금은 어떻게 되나?

이사를 가는 경우에도 새로 이사한 주택을 담보로 제공하면 계속 월지급금을 받을 수 있습니다. 다만, 이사 시점의 기존주택과 새 주택의 담보가치 차이에 따라 월지급금이 변동될 수 있으며, 초기보증료가 추가로 발생할 수도 있습니다.

주택가격의 평가는 조건변경 승인일을 기준으로 하며, 기존주택의 경우 당초 적용했던 가격평가방법에 따라 평가하고, 신규주택은 ① 한국부동산원의 인터넷 시세 ② 국민은행의 인터넷 시세 ③ 공시가격(공시가격이 없는 경우 시가표준액) ④ 공사와 협약을 체결한 감정평가업자의 최근 6개월 이내 감정평가액을 순차적으로 적용하여 평가합니다.

이 때, 신규주택의 공시가격 등은 조건변경 승인일을 기준으로 9억원 이하이거나 기존 거주 주택(기존주택) 공시가격 등보다 낮거나 같아야 합니다.

※ 일반주택과 노인복지주택 간, 일반주택과 오피스텔 간, 노인복지주택과 오피스텔 간의 담보 주택 변경은 허용되지 않습니다.

만약 신규주택 가격이 더 큰 경우, 추가 초기보증료를 납부하고 증가한 주택가격만큼의 월지급금이 증가하게 됩니다. 그러나 이사 시점의 기존주택 가격이 더 큰 경우, 대출잔액과 주택가격 차액을 비교하여 대출잔액이 큰 경우 주택가격 차액을 전부 상환하게 되므로 월지급금 변동이 없으나, 그 반대인 경우 대출잔액을 전부 상환한 뒤 고객이 주택가격의 일부를 수령하게 되어, 수령한 금액만큼 월지급금이 감소하게 됩니다.

70 부부가 모두 사망하면 주택은 어떻게 처분되나?

가입자 사망 후 주택처분은 저당권방식의 경우 법원경매를 신탁방식의 경우 공매 처분을 원칙으로 하되, 상속인 등이 임의매각을 통해 상환하거나 직접 현금으로 상환 하실 수 있습니다.

가입자 사망시점에 상속인이 경매 처분으로 인한 저가낙찰을 우려하여 직접 매입하거나 제3자에게 매각하기를 희망한다면, 공사 담당지사와 협의하여 일정한 기간 이내에 공정 가격으로 처분하여 주택처분금액과 대출잔액 중 적은 금액을 상환하시면 됩니다.

다만, 상속인이 대출금을 상환하지 않거나 상속인이 임의로 매각하지 않는 경우에 한하여 경매(저당권방식) · 공매(신탁방식)로 처분하게 되는데, 이는 주택처분 과정에 대한 객관성과 공정성을 확보하여 분쟁 가능성을 사전에 차단할 필요가 있기 때문입니다.

현재 금융기관이 부동산담보 대출에 대한 부실채권을 회수하는 경우에도 대부분 경매 처분 방식을 따르고 있습니다.

6. 주택연금 그림으로 간단 정리 [한국주택금융공사]

「주택연금」

자식에게 물려 줄 것은 집이 아니라
당신의 행복한 노후입니다 !

주택연금 월지급금 (정액형) ('17. 4월 기준)

주택가격	2억원	3억원	5억원
60세	41만원	62만원	104만원
70세	61만원	92만원	154만원
80세	96만원	144만원	240만원

* 월지급금은 부부 중 연소자 기준

가입대상

나이	부부 중 1명이 만 60세 이상
주택보유	부부기준 9억원 이하 주택 소유자 ▶ 9억원 초과 2주택자는 3년 이내 비거주 1주택 처분 조건 ▶ 보유주택 합산가격 9억원 이하 다주택자도 가능
대상주택	주택 및 노인복지주택 (지방자치단체신고) 중 실제 거주하는 한채 (확정기간혼합방식은 노인복지주택 제외)

※ 자세한 내용은 상품약관, 상품설명서 및 공사 홈페이지(www.hf.go.kr)를 참조하거나 콜센터(1688-8114)로 문의하시기 바랍니다.

HF 한국주택금융공사 www.hf.go.kr 1688-8114

잠깐! 주택연금의 장점

- 평생 거주와 평생 지급을 국가가 보장
  (확정기간방식은 평생 거주와 선택한 기간 동안 지급을 보장)
- 가입자 사망 후에도 배우자에게 100% 연금지급
- 세제혜택
  일정요건 충족 시, 재산세 25% 감면 등
- 집값보다 덜 받은 경우 정산 후 남은 금액을 자녀에게 상속
- 집값보다 더 받으신 경우는 초과액을 청구하지 않음

잠깐! 보유주택수 및 주택가격

- 부부기준 9억원 이하 1주택 소유자 가입 가능
  - 보유주택 합산가격 9억원 이하 다주택자도 가능
  - 9억원 초과 2주택자는 3년 이내 비거주 1주택을 처분하는 조건으로 가입가능
  - 우대형 주택연금은 부부기준 1.5억원 미만 1주택 소유자만 가능

2023. 10.12.부터 공시가 9억원에서 12억원으로 상향

가입요건

- 부부 중 1명이 만 55세 이상
- 부부 중 1명이 대한민국 국민
- 부부기준 공시가격 등이 9억원 이하 주택소유자
- 다주택자라도 합산가격이 공시가격 등이 9억원 이하면 가능
- 공시가격 등이 9억원 초과 2주택자는 3년이내 1주택 팔면 가능

잠깐! 배우자 상속

- 주택연금은 **부부 모두 종신보장**을 원칙으로 함
- 주택소유자가 중도에 사망하더라도 그 배우자가 사망할 때까지 계속하여 주택소유자와 동일한 주택연금 지급 보장
- 소유권 이전 절차 및 채무인수 완료 시 100% 동일 금액 보장

잠깐! 대상주택

- 9억원 이하의 주택(단독주택, 아파트, 연립, 다세대)
- 지방자치단체에 신고된 '노인복지주택'
  * 오피스텔은 건축법상 용도가 '업무용시설'로 분류되어 주택법상 '주택'에 포함되지 않음
- 복합용도주택(주택 및 근린생활시설 등)도 주택부분이 전체 면적의 1/2 이상의 경우 주택연금 이용 가능

잠깐! 지급방식

- 종신방식 : **평생 동안 매월** 연금 형태로 지급
- 확정기간혼합방식 : 인출한도 범위(대출한도의 50%) 에서 **수시로 찾아쓰고,** 나머지 부분을 **일정기간 매월** 연금 형태로 지급
- 대출상환방식 : **주택담보대출 잔액 상환을 용도로** 인출한도 범위(대출한도의 70%) 에서 **일시 지급**받고, 나머지 부분을 **평생 매월** 연금 형태로 지급
- 우대방식 : **1억 5천만원 미만 1주택 소유자**에게 **평생 매월** 연금 형태로 지급

잠깐! 지급 유형

- 정액형 : 매년 **동일한 월지급금**을 지급
- 전후후박형 : **초기 10년간 정액형보다 많이 지급,** 11년부터는 초기 월지급금의 70% 수준 지급

〈전후후박형 선택 시 최초 월지급금 비교〉 (주택가격 3억원, 단위:만원)

가입연령	종신지급	전후후박형 선택시				
	(정액형)	가입시	5년후	10년후	15년후	20년후
60세	62	74	74	74	52	52
70세	92	107	107	107	75	75
80세	144	162	162	162	113	113

2017년 7월 1일 기준

잠깐! 주택가격 평가 방법

- **연령 : 부부의 연령 중 적은 나이를 기준**
- **집값 : 시가를 반영(시가는 아래 순서에 따라 적용)**
  - 한국감정원 인터넷 시세 (www.ret.co.kr)
  - 국민은행 인터넷 시세 (www.kbstar.com)
  - 국토교통부 주택공시가격 (www.realtyprice.kr)
  - 공사와 협약을 체결한 감정평가업자 감정평가액 (고객 비용부담 시 우선적용 가능)
    * 나라감정평가법인, 중앙감정평가법인

잠깐! 주택연금 가입 후 주택 소유권

- 가입 후에도 주택의 소유권은 가입자가 계속해서 유지
- 본인 소유의 주택에서 평생거주 가능
- 주택의 사용과 처분은 가입자가 결정
- 다만, 공사는 대출채권 확보를 위해 1순위 근저당권 설정

잠깐! 주택연금 가입연령

- 주택소유자 또는 배우자가 만 60세 이상이면 신청가능하고, 월지급금은 부부 중 나이가 적은 자(연소자)를 기준으로 계산
- 확정기간혼합방식은 부부 중 연소자가 만 55세 ~ 만 74세 일 때 가능

지급기간	10년형	15년형	20년형	25년형	30년형
대상연령	65~74세	60~74세	55~68세	55~63세	55~57세

(2023.10.12. 12억원으로 완화)

평균 연령주)
72 세

평균 월지급금
112 만원

평균 주택가격
345 백만원

2022년 현재

한국주택금융공사 콜센터 1688-8114

관할지사 주택연금 가입문의

※ 자세한 내용은 약관 및 설명서를 참고하거나 지사 혹은 콜센터로 문의하시기 바랍니다.

(2023.10.12. 12억원으로 완화)

- 서울중부지사 : 02-2014-7540,7541,7542
- 서울남부지사 : 02-3290-6523,6526,6529
- 서울북부지사 : 02-3499-3341,3342,3343
- 서울동부지사 : 02-2049-1377,1388,1399
- 서울서부지사 : 02-2638-1931,1932,1938
- 강 원 지 사 : 033-259-3615
- 강릉업무팀 : 033-660-4712
- 인 천 지 사 : 032-420-2139,2159
- 경기남부지사 : 031-8014-1161,1163,1164
- 경기중부지사 : 031-478-7050,7051
- 부 산 지 사 : 051-520-3981,3984,3985
- 대 구 지 사 : 053-430-2419,2422
- 안동업무팀 : 054-850-3411,3412
- 울 산 지 사 : 052-240-5840
- 경 남 지 사 : 055-278-2909
- 진주업무팀 : 055-750-3012
- 제주지사 : 064-798-5166
- 광주지사 : 062-370-5740
- 대전지사 : 042-251-2691
- 충북지사 : 043-299-2823
- 천안지사 : 041-559-5231
- 전북지사 : 063-249-2730
- 순천지사 : 061-760-6706
- 홈페이지 : www.hf.go.kr

제6장 주택연금 유튜브 동영상 핵심 10강좌

주택연금 전문가 되려면 유튜브 또는 네이버에서 '황경진 1165강' 1074강, 1072강, 1070강, 1023강, 913강, 837강, 836강, 821강, 741강을 시청한다.

동영상	공개 상태	수익 창출	제한사항	날짜
1165강(B권). 주택연금 대상주택과 가... (139기 4회차 정교재, 2022. 1. 13.) 주택연금을 수령하려면 부부 중 1명이 만 55세 ...	공개	사용	없음	2023. 3. 13. 게시 날짜
1074강(A권). 주택연금을 많이 받는 주... (137기 2회차 정교재, 2021.11.1.) 주택연금을 받는 지역에 농지연금을 찾는 것이 ...	공개	사용	없음	2023. 1. 12. 게시 날짜
1072강(A권). 이런 주택 낙찰시 만55세... (137기 2회차 정교재, 2021.11.1.) ● 부동산을 모르면 삼대가 어렵고, 경제적 자유...	공개	사용	없음	2023. 1. 11. 게시 날짜
1070강(A권). 동경 수도권 아파트 1.2... (137기 2회차 정교재, 2021.11.1.) 동경 수도권 1억 2천만원에 구입한 아파트가 3.6...	공개	사용	없음	2023. 1. 9. 게시 날짜
1023강(하권). 주택연금 만55세, 농지... (135기 8회차 정교재, 2021.9.23.) 2020. 4. 1부터 주택연금은 만 55세 이상이면 가입...	공개	사용	없음	2022. 12. 11. 게시 날짜
913강 (중권). 주택연금 알면 50년 노후...	공개	사용	없음	2022. 9. 2. 게시 날짜
837강 상권. 아파트 최고점에 주택연금...	공개	사용	없음	2022. 4. 9. 게시 날짜
836강 상권. 주택연금 수령하면? 100... 836강 상권. 주택연금 수령하면? 100세 시대 노후 = GOOD 주택연금 수령하면? 100...	공개	사용	없음	2022. 4. 9. 게시 날짜
821강 8집. 주택연금(55세이상)과 농... 821강 8집. 주택연금(55세이상)과 농지연금(60세이상) (황경신성내학원) 주택연금...	공개	사용	없음	2022. 3. 11. 게시 날짜
741 8집. 주거용 오피스텔로 주택연금 ...	공개	사용	없음	2021. 11. 12. 게시 날짜

황경진TV(유튜브) 주택연금 QR 모음

황경진TV 1165강	황경진TV 1074강	황경진TV 1072강
황경진TV 1165강	황경진TV 1074강	황경진TV 1072강
주택연금 대상주택과 가입 요건	주택연금을 많이 받는 주택 낙찰이란?	이런 주택 낙찰시 만55세에 주택연금 평생 받는다
황경진TV 1023강	**황경진TV 913강**	**황경진TV 837강**
황경진TV 1023강	황경진TV 913강	황경진TV 837강
주택연금 만55세, 농지연금 만60새로 인하	주택연금 알면 50년 노후가 즐겁다	아파트 최고점에 주택연금을 맡기는 지혜가 필요하다
황경진TV 836강	**황경진TV 821강**	**황경진TV 776강**
황경진TV 836강	황경진TV 821강	황경진TV 776강
주택연금 수령하면? 100세 시대 노후=Good	주택연금(55세 이상)과 농지연금(60세 이상)	주택연금과 농지연금의 장단점을 배운다

제2편 농지연금

한국농어촌공사
농지연금이란?
매월 연금 지급
만 60세 이상 농지연금 가입
농지연금?
만 60세 이상 고령농업인이 소유한 농지를 담보로 노후생활 안정자금을 매월 연금으로 지급받는 제도

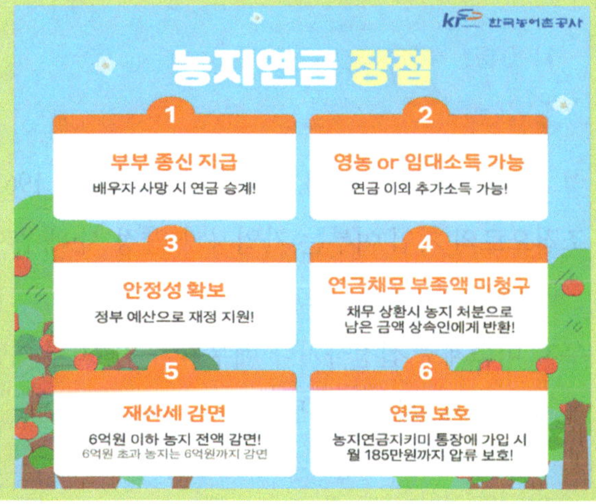

한국농어촌공사
농지연금 장점
1 부부 종신 지급
배우자 사망 시 연금 승계!
2 영농 or 임대소득 가능
연금 이외 추가소득 가능!
3 안정성 확보
정부 예산으로 재정 지원!
4 연금채무 부족액 미청구
채무 상환시 농지 처분으로 남은 금액 상속인에게 반환!
5 재산세 감면
6억원 이하 농지 전액 감면!
6억원 초과 농지는 6억원까지 감면
6 연금 보호
농지연금지키미 통장에 가입 시 월 185만원까지 압류 보호!

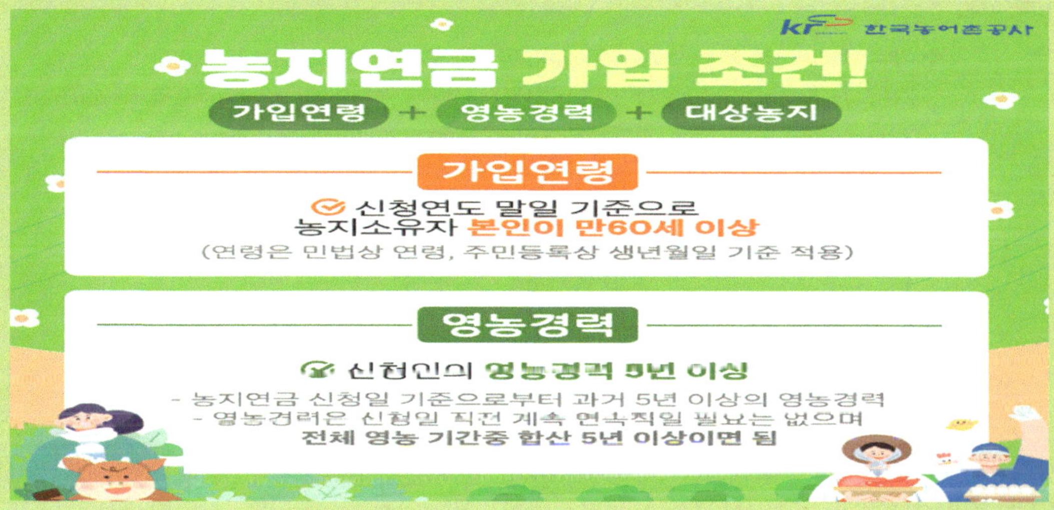

한국농어촌공사
농지연금 가입 조건!
가입연령 + 영농경력 + 대상농지
가입연령
신청연도 말일 기준으로 농지소유자 본인이 만60세 이상
(연령은 민법상 연령, 주민등록상 생년월일 기준 적용)
영농경력
신청인의 영농경력 5년 이상
- 농지연금 신청일 기준으로부터 과거 5년 이상의 영농경력
- 영농경력은 신청일 직전 계속 연속적일 필요는 없으며
전체 영농 기간중 합산 5년 이상이면 됨

보다 나은 농어촌
fb
농지가 있다면 지금 바로 가입해야 할 연금이 있습니다
똑같은 노후 설계 찬스~
지원대상
· 농지를 소유한 만60세 이상 농업인 / 영농경력 5년 이상(전체 영농기간 합산)
대상농지
· 공부상 지목이 전·답·과수원으로 실제 영농에 이용되는 농지
· 지원대상 및 대상농지에 대한 제한사항은 별도 문의
연금수령액
· 농지가격과 연령에 따라 결정(월 300만원 한도)
· 농지가격: 개별공시지가 100% 또는 감정평가액 90%
가입혜택
· 소유농지를 담보로 평생 연금 보장
· 담보농지는 자경 또는 임대소득 가능
· 6억원 이하 농지 재산세 감면
상담문의 | 1577-7770 www.fbo.or.kr
농림축산식품부 한국농어촌공사

제1장 농지연금의 가입 조건

1. 대상자[38)]

1) 연령

신청연도 말일 기준으로 신청인이 만 60세 이상(2023년의 경우 1963. 12. 31.이전 출생자)일 것(배우자가 만 60세 이상(2023년의 경우 1963. 12. 31. 이전 출생자)의 경우 배우자 승계 조건으로의 가입 여부는 가입자가 약정 시 배우자의 동의를 거쳐 선택할 수 있다.

배우자가 만 60세 미만일 경우 비승계 가입 가능 (비승계란 농지연금 약정 신청 당시 배우자 비승계로 신청하거나 배우자가 만 60세 미만인 경우 가입자 사망 후 배우자에게 연금을 승계하지 않는 것을 말함).

✤ "배우자"는 신청인과 법률혼 관계에 있는 배우자를 말함.
"배우자"는 농업인이 농지연금의 지원을 신청한 연도의 말일을 기준으로 만 60세 이상으로 가입 당시 승계 조건으로 가입하고 농지연금 지원에 관한 약정을 체결할 당시부터 계속하여 공사와 농지연금 지원 약정을 체결한 농업인과 혼인관계에 있는 배우자를 말함.

✤ 주민등록상 생년월일을 기준으로 적용.

2) 영농경력

신청인의 영농경력은 연속적일 필요는 없으며 전체 영농기간 중 합산 5년 이상이면 된다. 영농경력은 농지대장(구, 농지원부), 농업경영체등록확인서, 농협조합원가입증명서(준조합원 제외), 국민연금보험료 경감대상농업인 확인서류 등으로 확인 가능하다.

---

38) 농지은행처, 『농지연금 업무처리요령』 2023.

2. 대상농지(담보농지)

1) 농지연금 대상농지

(1) 담보농지는 농지연금 신청일 현재 다음 각 호의 요건을 모두 충족하여야 한다.

① 「농지법」 상의 농지 중 공부상 지목이 전 · 답 · 과수원으로서 사업 대상자가 소유하고 있고 실제 영농에 이용되고 있는 농지로, 공부상 지목이 전 · 답 · 과수원이 아닌 농지는 지목변경 후 신청 가능

② 사업대상자가 2년 이상 보유한 농지[39]로서 상속받은 농지는 피상속인의 보유기간 포함

③ 사업대상자의 주소지(주민등록상 주소지 기준)를 담보농지가 소재하는 시 · 군 · 구 및 그와 연접한 시 · 군 · 구 내에 두거나, 주소지와 담보농지까지의 직선거리가 30km 이내의 지역에 위치하고 있는 농지로서 ②와 ③의 요건은 2020. 1. 1. 이후 신규 취득한 농지부터 적용

④ 경영이양형의 경우 공사가 맞춤형농지지원사업[40]으로 매입할 수 있는 농지

⑤ 임대형 가입자 우대의 경우 공사를 통한 임대(맞춤형농지지원사업[41], 농지임대 수탁사업[42]) 가능 농지

2) 농지연금 제외농지

(1) 가압류, 제한물권 등이 설정되어 있는 농지

① 해당 농지에 압류, 가압류, 가처분, 가등기 등 소유권 이외의 권리가 설정되어 있는 경우

---

39) 「한국농어촌공사 및 농지관리기금법」 제24조의3, 농법 시행령 제19조의 6 의해 "경영회생지원 농지매입사업"으로 환매 받은 농지는 사업 지원 전 보유기간과 환매 이후의 보유기간을 합산하여 인정한다. 공익사업 수용 등으로 인해 농지를 대체 취득한 후 「지방세특례제한법」 제73조(토지수용 등으로 인한 대체취득에 대한 감면)에 따라 취득세를 감면 받는 경우 종전 농지의 보유기간을 포함하며, 이 경우 취득세 감면확인서, 수용사실확인서, 수용농지의 등기부등본을 전부 제출받아 종전 농지의 보유기간 및 수용에 따른 대체취득 확인(지자체, 사업시행기관 등에서 발급)한다.

40) 위의 법 제24조의2 제 2항에 따른 농지시장 안정과 농업구조 개선을 위한 공공임대용 농지매입사업.

41) 위의 법 제19조에 따른 농지 임차임대사업.

42) 위의 법 제24조의4 제1항에 따른 체계적인 수탁 관리와 농지이용 효율화를 위한 임대 수탁사업.

② 해당 농지에 (근)저당권, 지상권 등 제한물권이 설정되어 있는 경우, 다만 다음의 경우는 담보 가능

가. 해당 농지에 제한물권(선순위채권)이 이미 설정되어 있는 경우 그 채권액[43])이 담보농지가격[44])의 100분의 15미만인 경우

나. 채권액(채권최고액을 말함)이 수시 인출한도(대출 한도액의 30%) 이하로서 수시 인출금으로 선순위채권을 모두 상환하여 말소하고자 하는 경우

다. 국가기반시설로 인한 지상권 · 지역권 또는 임차권이 설정되어 있으나 영농에 별다른 지장이 없는 경우에는 담보 가능

(2) 불법건축물 및 농업용 목적이 아닌 시설이 설치되어 있는 농지

분묘, 농가주택, 농로사용 목적의 콘크리트 포장 등 영농이 불가하다고 판단되는 농지는 해당 면적을 제외하고 농지면적 산정

(3) 2인 이상이 공동으로 소유하고 있는 농지

다만, 부부가 공동으로 소유하고 있는 농지는 부부 중 1인이 전체 면적으로만 신청 가능(각자 지분 신청 불가)

(4) 농지연금 신청 당시 각종 개발지역(구역)으로 지정 및 시행(인가) 고시되어 개발계획이 확정된 지역(구역)의 농지

- 각종 개발계획의 시행이 확정되지 않은 예정지역의 농지는 지원대상농지에 포함 시키되 연금 수급기간 중 농지연금지급정지 및 채권 회수가 될 수 있음을 사전 고지.

(5) 2018년 1월 1일 이후 경매 및 공매(경매 · 공매 후 매매 및 증여 포함)를 원인으로 취득한 농지

- 다만, 농지연금 신청일 현재 신청인의 담보농지 보유기간이 2년 이상이면서 담보농지가 소재하는 시 · 군 · 구 및 그와 연접한 시 · 군 · 구 또는 담보 농지까지 직선거리 30km 내에 신청인이 거주(주민등록상 주거지 기준)하는 경우 담보 가능

(6) 농작업을 위한 농기계 진출입이 어려운 농지(2024. 3월 개정)

---

43) 해당 담보농지에 설정된 채권최고액을 기준으로 함.

44) 가입(약정체결) 당시 농지가격으로 공시지가, 감정평가방식 모두 평가율 100% 적용하여 필지별 적용.

3. 담보농지 평가방법

1) 평가방법 및 평가율

(1) 월지급금 산출을 위한 담보농지의 가격은 [부동산 가격공시에 관한 법률] 에 따른 개별공시지가(100%) 또는「감정평가 및 감정평가사에 관한 법률」에 따른 감정평가 가격에 평가율(90%)과 농지면적을 곱하여 산출한다.

(2) 담보농지 가격평가는 필지별로 하되 산출가액의 10원 미만은 절사

과수목과 농업용시설(고정식 온실, 버섯재배사, 비닐하우스, 축사 등)에 대하여는 농지가격평가대상에서 제외

2) 개별공시지가에 의한 가격 결정

(1) 일사편리(KRAS) 부동산정보통합열람 또는 부동산공시가격알리미의 개별공시지가 자료로 확인. 다만, 인터넷 자료가 공개되지 않거나 데이터 오류 등의 경우는 '부동산 종합증명서'에 기재된 ㎡당 가격으로 확인

(2) 평가 기준일 현재「부동산 가격공시에 관한 법률」에 따른 개별공시지가가 누락 등으로 결정 · 공시되지 않은 농지에 대하여는 시장 · 군수 · 구청장에게 동법 제10조에 따른 개별공시지가의 결정, 공시를 의뢰하여 당해 농지에 대한 개별공시지가를 통보받아 평가. 다만, 분할합병 등으로「부동산 가격공시에 관한 법률」제10조 제3항에 따른 개별공시지가가 결정되기 전의 농지에 대하여는 분할 · 합병 전 각각의 필지별 개별공시지가를 적용하여 평가

(3) 위의 방법으로 확인한 가격 범위 내에서 공사와 농지소유자 간 필지별로 합의된 금액

3) 감정평가에 의한 가격 결정

「감정평가 및 감정평가사에 관한 법률」에 의한 필지별 감정평가금액에 평가율(90%)을 적용한 범위 내에서 공사와 농지소유자 간에 필지별로 합의된 금액

4) 선순위채권이 설정되어 있는 담보농지의 가격 결정

(1) 농지가격(가격 결정 시의 농지가격으로 공시지가, 감정평가 방식 모두 평가율 · 100%로 필지별 적용)의 100분의 15 미만의 선순위채권이 설정된 농지로서 선순위

채권을 상환하지 않고 담보로 제공하고자 하는 경우 농지가격에서 채권최고액을 차감한 잔액에 평가방법을 적용하여 산출

(2) 수시 인출한도(대출한도액의 30%) 이하의 선순위채권(해당 농지에 설정된 채권최고액 기준)이 설정된 농지로서 수시 인출금으로 담보농지에 설정된 채무 전부를 상환하고 선순위채권을 말소하고자 하는 경우 채권최고액을 차감하지 않고 평가방법을 적용하여 산출

4. 월지급금 지급방식 및 지급 대상자

1) 지급방식 및 가입 가능 연령

(1) 종신형 : 생존하는 동안 매월 지급받는 방식

종신형 농지연금의 경우 지급받을 수 있는 금액은 정액형 농지연금 상한선(월지급금 3백만원) 범위 내에서 동일하게 적용하여 산정(수시 인출금도 월 지급액 지급 한도에 포함)

① 종신정액형 : 월지급금을 일정한 금액으로 지급받는 유형

② 전후후박형 : 월지급금을 최초 지급일부터 10년간은 정액형보다 많고 11년째부터는 정액형보다 적게 받는 유형

③ 수시인출형 : 종신형 농지연금의 지급받을 수 있는 금액(대출 한도액)범위 내에서 일부 금액을 필요시 수시로 인출할 수 있는 유형. 대출 한도액의 30% 이내에서 백만원 단위로 수시 인출. 농지관리기금 운용에 따라 지급 시기가 변동될 수 있음을 신청 접수 시 안내

가. 신청 방법 : 인출 희망 해당 월의 10일까지 신청

나. 지급 시기 : 당월 월지급금 지급일에 지급

다. 채권 산정 방법 : 수시 인출금은 인출(지급) 월의 월지급금에 가산하여 산정

라. 선순위채권 상환 및 말소 : 수시 인출금으로 선순위채권을 전부 상환하는 경우에는 최초 연금지급 시 선순위채권을 상환 및 말소시켜 담보농지에 대한 공사의 (근)저당권 설정은 1순위로 하여야 함(선순위 채권 상환 및 (근)저당권 말소는 공사가 직접 수행하고, 비용은 가입자가 부담하며, 선순위채권의 (근)저당권 말소를 확인, 관련 서류 보관)

(2) 기간형 : 일정한 기간 동안 매월 지급받는 방식

① 기간정액형 : 월지급금을 일정한 금액으로 지급받는 유형

② 경영이양형 : 연금지급기간이 종료되거나 지급기간 중에 농지연금 수급자가 망하면 담보농지를 농어촌공사에 매도하여 연금채무를 상환할 것을 약정하는 유형[45]

가. 공사에 담보농지 미매도시 가입(약정) 기간과 상관없이 위약금(농지가격(약정체결 가입 당시 농지가격으로 공시지가, 감정평가방식 모두 평가율 100% 적용)의 2% 부과)

나. 월지급금 산출 시 기대 이율로 농지가격상승률을 적용하고 생명표 · 위험 부담금은 적용하지 않음

<table>
<tr><th colspan="8">지급방식별 가입 가능 연령</th></tr>
<tr><th rowspan="3">지급방식</th><th rowspan="3">종신형</th><th colspan="6">기간형</th></tr>
<tr><th rowspan="2">경양
이양형</th><th colspan="4">기간 정액형</th></tr>
<tr><th>5년</th><th>10년</th><th>15년</th><th>20년</th></tr>
<tr><td>가입연령</td><td colspan="2">만 60세 이상</td><td>만 78세 이상</td><td>만 73세 이상</td><td>만 68세 이상</td><td>만 63세 이상</td></tr>
</table>

2) 지급 우대 방식

지급 우대 방식 상품은 중복 가입 불가

(1) 저소득(취약계층) 우대[46]

(2) 장기영농인 우대[47] : 종신정액형 가입자 중 영농경력이 30년 이상인 자는 월지급금의 5% 추가 지급(영농경력은 합산 가능)

(3) 임대형 가입자 우대 : 공사에 농지를 임대[48]한 자가 가입 시 임대농지에 대해 산출된 월지급액의 5% 추가 지급

---

45) 담보농지는 맞춤형농지지원사업(공사법 제24조의2 제2항에 따른 농지시장 안정과 농업구조 개선을 위한 공공임대용 농지 매입사업)을 통해 공사에 매도하면서 연금채무를 상계처리하고 매매대금 잔금을 정산 처리함(단, 담보농지는 약정(연금지급)기간이 종료되거나 농지연금 수급자가 사망한 경우에만 공사에 매도 가능하며, 공사는 매입시점 기준으로 '맞춤형 농지지원사업 업무지침'의 공공임대용 농지매입사업 규정에 따라 대상 조건 및 매입가격 가능 적정여부를 검토한 후 매입).

46) 종신정액형 가입자 중 「국민기초생활보장법」 제7조(급여의 종류) 제1)항 제1호이 "생계급여수급자"에게 월지급금의 10%를 추가지급. 국민기초생활수급자 증명서(생계급여수급자)로 확인.

47) 장기 영농인 영농경력은 농협조합원 가입증명서(준조합원 제외), 국민연금보험료경감대상 농업인 확인서류, 농지대장(구 농지원부 포함), 농업경영체등록 확인서 등 객관적인 증빙자료를 종합하여 확인(별지 제3호 서식 영농경력 사실확인서 제외).

48) 맞춤형 농지지원사업 중 임차 농지임대, 농지 임대수탁사업.

3) 지급 대상자

(1) 공사와 농지연금지원약정을 체결한 농업인

(2) (1)의 농업인이 사망한 날부터 6개월 이내에 담보농지의 소유권 이전등기 및 농지연금채무의 인수 여부를 결정할 수 있는 배우자

- 담보농지 소유권 이전등기 및 농지연금채무[49]의 인수를 거절한 배우자는 제외

(3) (1)의 농업인이 사망한 날부터 6개월 이내에 담보농지의 소유권 이전등기 및 농지연금채무의 인수를 마친 배우자

- "배우자"는 농업인이 농지연금의 지원을 신청한 연도의 말일을 기준으로 만 60세 이상으로 가입 당시 승계 조건으로 가입하고 농지연금 지원에 관한 약정을 체결할 당시부터 계속하여 공사와 농지연금지원약정을 체결한 농업인과 혼인관계에 있는 배우자

4) 월지급금 지급정지

(1) 월지급금 지급정지

농지연금채권 회수 사유가 발생한 경우 공사는 농지연금 수급자에게 월지급금 지급을 중단하고 채무이행 청구 조치

(2) 월지급금 지급정지 사유

① 농지연금 수급자가 사망한 경우로서 다음의 경우

가. 배우자가 없거나 비승계 가입인 경우

나. 승계 조건 가입 배우자가 있는 경우에 그 배우자가 6개월 이내에 담보농지의 소유권 이전등기 및 농지연금 채무의 인수를 거절하거나 마치지 아니한 경우.

② 담보농지의 소유권 이전등기 및 농지연금 채무의 인수를 마친 배우자가 사망한 경우

③ 농지연금 수급자가 담보농지의 소유권을 상실한 경우

④ 농지연금 채권이 (근)저당권의 채권최고액을 초과할 것으로 예상되는 경우로서 공사의 채권최고액 변경요구에 응하지 아니한 경우

⑤ 공사의 동의 없이 담보농지에 제한물권 등을 설정한 경우(다른 채권자로 부터 압류, 가압류 등 소유권 이외의 권리가 설정된 경우 포함)

---

49) 농지연금 지원신청자가 공사에서 지원받은 자금에 대하여 지는 채무(월지급금, 위험 부담금 및 이자 등의 합계)와 경영이양형 농지연금 위약금(연체이자 미부과)의 합계를 말함.

⑥ 담보농지가 전용 등으로 더 이상 농지로 이용될 수 없게 된 경우

⑦ 농지 훼손 또는 농지를 영농에 이용하지 않고 방치한 경우(기한 내 시정되지 않을 경우)

- 위 지급정지 사유 중 ③과 ⑤~⑦에 해당하는 경우로서 불가피한 사유로 인정되는 경우 해당 담보농지에 대한 농지연금 채권을 회수하고 나머지 담보농지에 대한 농지연금은 계속 지원 가능

농지연금 신청자의 대다수 전후후박형, 수시인출형 선택

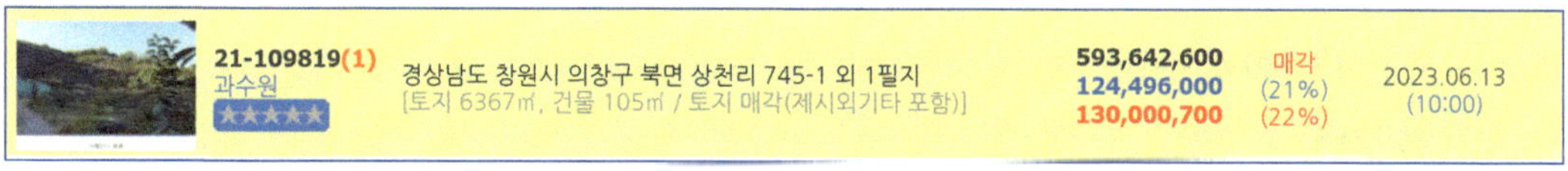

○ 경남 창원시 북면 상천리 농지(창원지방법원 본원 2021타경109819(1))의 사례

→ 경매 감정평가액 : 593,000,000원

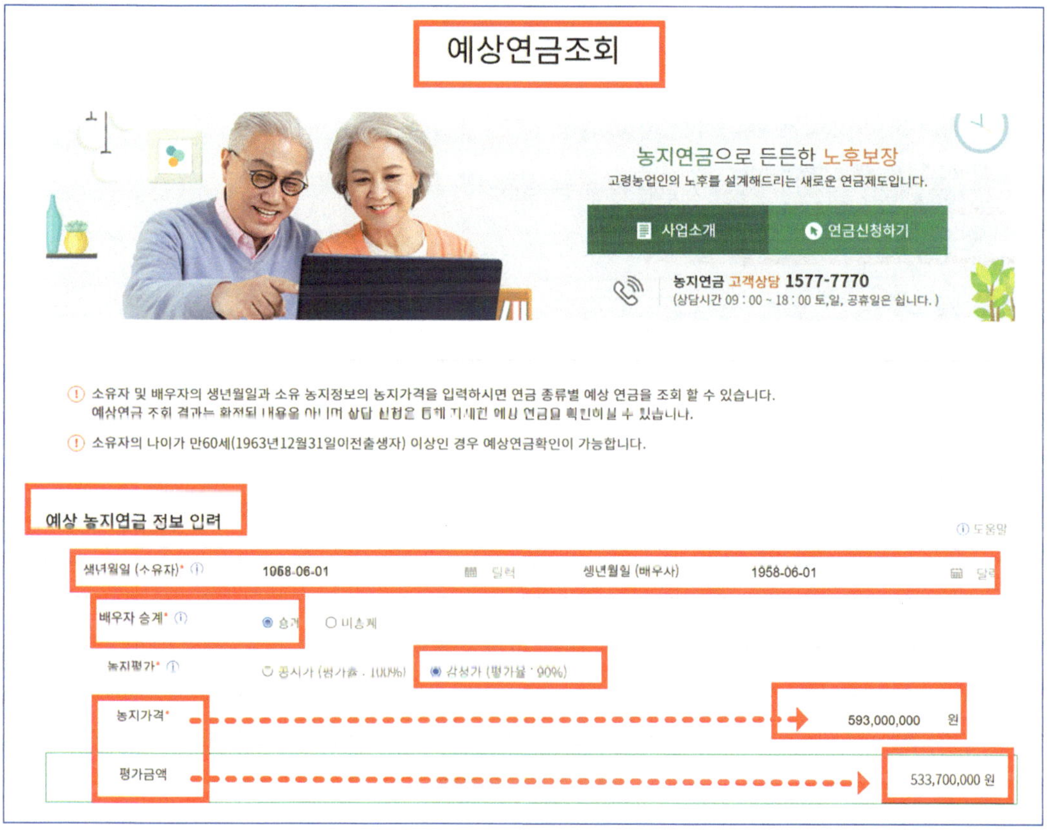

♣ 매각가격 : 130,000,000원(감정가의 21.9%)

→ 감정가의 90%(5.33억원)에 해당하는 농지연금 수령액 예상

♣ 예상 수시 인출금 : 137,000,000원(낙찰가 1.3억원 투자금 전액 회수됨)

♣ 예상 투자금(취득세(3.4%), 등기 비용(100만원) 등) : 약 5.4백만원

♣ 예상 농지연금 월 수령액(65세 가정) :

① 종신형

♡ 종신정액형(2,001,950원)

♡ 전후후박형(10년 이내 : 2,406,850원 / 10년 후 : 1,684,790원)

♡ 수시인출형(137,000,000원은 총 투자금 전액 결제하고도 배우자 사망시까지 1,413,520원 수령)

② 기간형

♡ 기간정액형 20년간 / 매월 2,543,930원

♡ 경영이양형 15년간 / 매월 3백만원

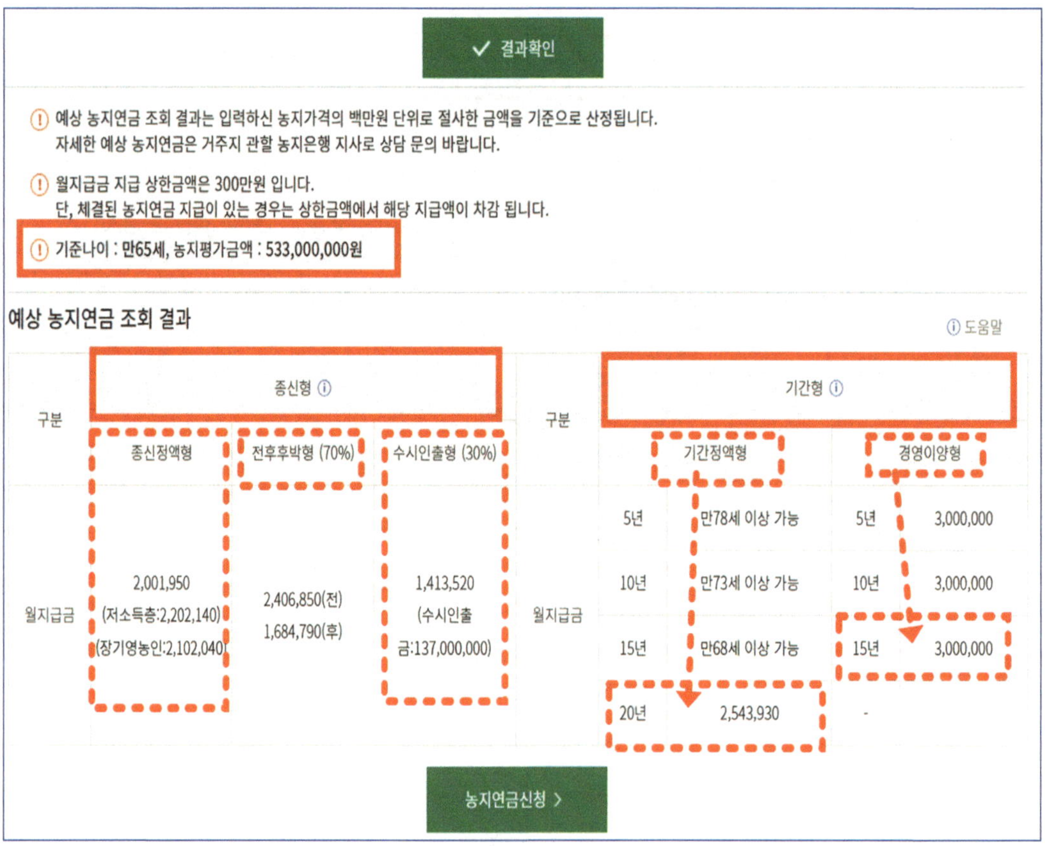
✓ 결과확인

ⓘ 예상 농지연금 조회 결과는 입력하신 농지가격의 백만원 단위로 절사한 금액을 기준으로 산정됩니다.
자세한 예상 농지연금은 거주지 관할 농지은행 지사로 상담 문의 바랍니다.

ⓘ 월지급금 지급 상한금액은 300만원 입니다.
단, 체결된 농지연금 지급이 있는 경우는 상한금액에서 해당 지급액이 차감 됩니다.

ⓘ 기준나이 : 만65세, 농지평가금액 : 533,000,000원

예상 농지연금 조회 결과

ⓘ 도움말

구분	종신형 ⓘ		
	종신정액형	전후후박형 (70%)	수시인출형 (30%)
월지급금	2,001,950 (저소득층:2,202,140) (장기영농인:2,102,040)	2,406,850(전) 1,684,790(후)	1,413,520 (수시인출금:137,000,000)

구분	기간형 ⓘ			
	기간정액형		경영이양형	
월지급금	5년	만78세 이상 가능	5년	3,000,000
	10년	만73세 이상 가능	10년	3,000,000
	15년	만68세 이상 가능	15년	3,000,000
	20년	2,543,930	-	

농지연금신청 >

Q 월 지급금 예시 공시지가 기준(감정가의 경우 공시지가 월 지급금의 90%지급)

종신(정액)형

나이	농지가격 1억원	2억원	3억원	4억원	5억원	6억원
60세	34만원	68만원	102만원	136만원	170만원	204만원
65세	38만원	75만원	113만원	151만원	189만원	226만원
70세	42만원	85만원	127만원	170만원	212만원	254만원

종신(수시인출)형

나이		농지가격 1억원	2억원	3억원	4억원	5억원	6억원
60세	수시인출	2,400만원	4,900만원	7,300만원	9,600만원	1억 2,200만원	1억 4,700만원
	종신연금(월)	24만원	48만원	72만원	96만원	120만원	144만원
65세	수시인출	2,500만원	5,100만원	7,700만원	1억 300만원	1억 2,900만원	1억 5,500만원
	종신연금(월)	27만원	53만원	80만원	106만원	133만원	160만원
70세	수시인출	2,700만원	5,400만원	8,100만원	1억 800만원	1억 3,500만원	1억 6,200만원
	종신연금(월)	30만원	60만원	90만원	120만원	150만원	180만원

* 수시 인출 : 목돈이 필요한 경우 수시로 인출 할 수 있는 일시인출 한도

보통 농지의 낙찰가율은 20~30% 선후이나 해당 물건에 따라 다소 차이가 있을 수 있으며, 수시 인출금은 농지평가 기준(공시지가 100%, 감정평가액 금액의 90%)에 따라 약간의 차이가 있을 수 있다. 따라서 수시인출형의 지급방식을 선택한다면 목돈 안들이고 농지연금의 혜택을 받을 수 있다. 낙찰가에 따라 투자금 없이 농지연금을 수령하는 경우도 있다(경남 창원시 북면 신천리 농지 참조).

5. 농지연금 이야기

농지연금, 상황에 맞게 골라 받자!

농지연금은 가입자의 자금 수요에 따라 **다양한 형태로 선택하여 수령**할 수 있습니다.

Q 내게 맞는 농지연금 찾기

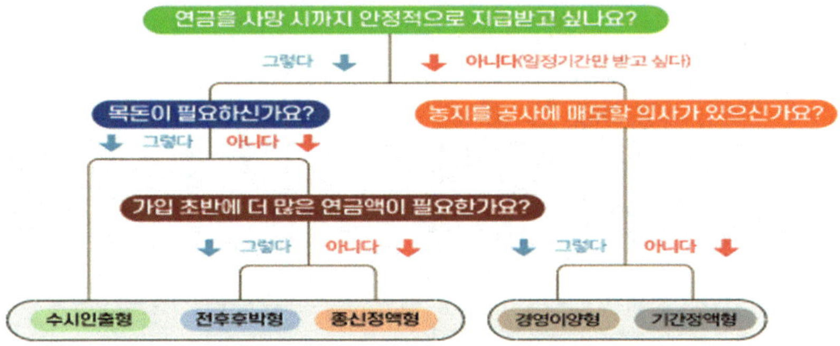

*** 기간정액형 상품의 경우 일정 연령 이상이어야 신청가능**
(**5년** : 만 78세 이상, **10년** : 만 73세 이상, **15년** : 만 68세 이상)

종신형	수시인출형	대출한도액의 30%까지 일시에 인출할 수 있는 방식
	전후후박형	가입 초기 10년 동안 더 많은 월지급금을 받는 방식
	종신정액형	매월 일정한 금액을 지급받는 방식
기간형 (5년, 10년, 15년)	경영이양형	지급 기간 만료 후 공사에 담보 농지 매도를 약정하고 일반형보다 더 많은 월지급금을 수령하는 방식
	기간정액형	일정 기간 동안 매월 일정한 금액을 지급받는 방식

No. 895 / 2018. 05. 07

농지법의 핵심

[출처 : 지지옥션, 카툰경매, 2018, No. 895.]

5. 농지연금 신청 안내 및 제출서류[50)]

1) 상담 안내

(1) 농지은행 · 농지연금 포털(인터넷)에서 접수 신청을 하면, 공사 직원과 농지연금 가입 절차를 진행

(2) 농지연금 접수 신청을 위해 농지연금 신청서와 함께 필수 서류를 우편 또는 지사에 방문하여 접수

(3) 농지가격평가를 공시지가가 아닌 감정가로 평가를 원하는 경우 감정평가 동의서를 추가 제출

(4) '농지연금 사업 설명 확인서'를 반드시 읽어 보고, 접수 신청

(5) 상담 전 확인 사항(농지연금 월지급금 결정 요인)

농지연금의 월지급금은 가입연령과 담보농지 평가가격에 따라서 달라진다.

① 가입연령이 높을수록, 담보농지 평가가격이 클수록 월지급금이 많아진다.

② 기간형 농지연금의 경우는 지급 기간이 짧을수록 월지급금이 많아진다.

(6) 신청 장소 : 신청인 주소시 관할 한국농어촌공사 지사

전화 상담 : 1577-7770(한국농어촌공사 본사, 지역본부, 지사)

50) 농지은행처, 「농지연금 업무처리요령」 2023.

2) 제출서류

(1) 농지연금 가입 신청 시 필요 서류

① 농지연금 신청서

② 신분증(승계형의 경우 배우자 포함)

③ 농지대장 또는 농업경영체등록 확인서

- 인터넷 발급이 가능한 서류(농지대장, 등기사항증명서서, 토지대장 등)는 한국농어촌공사에서 열람 및 발급을 대행

(2) 추후 약정 체결((근)저당권 설정) 시

가족관계증명서 1부, 주민등록초본 1부, 등기권리증, 인감도장, 인감증명서 1부, 통장 사본이 필요하다.

3) 농지연금사업 설명 확인서

농지연금사업 설명 확인서

이 설명서는 농지연금을 가입하고자 하는 분이 알아 두셔야 할 내용입니다. 한국농어촌공사 직원이 설명하는 내용에 대해 듣고 이해하신 경우 자필 확인란에 자필 기재하시고, 궁금하신 사항이 있으시면 언제든지 문의하여 주시시 바랍니다.

농지소유자 : ______________________ (배우자 : ______________________)

연 락 처 : ☏ ____

* 성년 후견인이 대리하는 경우 별도 서명 날인

상담지사 : ____ 지사

설명직원 : 직급 ____________________ 성명 : ______________________

차례

1. 농지연금이란 무엇인가요?

2. 가입조건은?

3. 농지연금을 지급받는 방식은?

4. 연금을 얼마나 받을 수 있나요?

5. 농지연금 신청 및 계약시 필요한 서류 등은 무엇인가요?
6. 담보제공(근저당권 설정)은 어떻게 하나요?
7. 위험부담비용, 이자는 얼마이며 어떻게 납부하나요?
8. 언제 상환해야 합니까?
9. 얼마를 상환해야 합니까?
10. 농지연금 가입이후 지급기간 중도에 일부필지 해지, 일부금액 상환, 또는 약정취소 및 철회가 가능한지요?
11. 수시인출형의 경우 수시인출 가능액 및 인출방법은?
12. 경영이양형의 경우 담보농지는 어떻게 합니까?
13. 연금 가입시 가입자가 부담하는 비용은 어떻게 처리되나요?
14. 지급우대방식은 어떤 상품인가요?
15. 기존에 가입한 사람도 지급우대방식 혜택을 받을 수 있나요?

1 농지연금이란 무엇인가요?

□ 농지연금이란 만 60세 이상인 농업인이 소유한 농지를 담보로 제공하고 한국농어촌 공사로부터 노후생활안정자금을 매달 연금 방식으로 지급받는 제도를 말합니다. 즉, 고령 농업인의 안정적인 노후생활을 보장하기 위하여 지원하는 제도입니다.

2 가입조건은?

□ 아래조건에 모두 적합하여야 농지연금 가입을 하실 수 있습니다.

구 분	조 건	확 인	적격여부
연 령	가입자인 농업인이 만 60세 이상 (단 배우자가 만 60세 미만일 경우 비승계 가입) ★ 배우자는 법률상 혼인관계를 유지하고 있는 자	세 세	_____ _____
영농경력	5년 이상의 영농경력	년	_____
이용상황	자목이 전 · 답 · 과수원으로서 실제 영농에 이용되고 있는 농지	예, 아니오	_____
	농지에 불법건축물 및 농업용 목적이 아닌 시설 등이 없을 것	예, 아니오	_____

신청농지	가격	공시지가와 감정평가방법 중 가입자가 선택	천원	______
	권리침해	경매신청, 압류, 가압류, 가처분, 가등기 등이 없을 것	예, 아니오	______
	제한물권	근저당권, 지상권, 지역권, 임차권 등기 등 제한물권이 없을 것 * 선순위채권이 이미 설정되어 있는 경우 그 채권최고액이 담보농지 가격의 100분의 15미만이거나 채권최고액이 수시인출한도 이하로서 수시인출금으로 선순위채권을 모두 상환하여 말소하고자 하는 경우에는 담보 가능 * 국가기반시설로 인한 지상권 · 지역권 또는 임차권이 설정되어 있으나 영농에 별다른 지장이 없는 경우에는 담보 가능	예, 아니오	______
	보유기간	신청일 현재 신청인이 2년 이상 소유 * 단, 취득원인 및 취득시기 구분 확인	예, 아니오	______
	주소지와 거리	신청인의 주소지(주민등록상 주소지 기준)가 담보농지가 소재하는 시 · 군 · 구 및 그와 연접한 시 · 군 · 구 내에 있거나, 주소지와 담보농지까지의 직선거리가 30km 이내일 것 * 단, 취득원인 및 취득시기 구분 확인	예, 아니오	______
	기타			

※ 경영이양형의 경우에는 공사가 맞춤형농지지원사업(공공임대용농지매입)으로 매입할 수 있는 농지에 한함

☞ 상담자 답변에 따라 공사의 직원이 확인하면서 적격 · 부적격 여부를 확인.

3 농지연금을 지급받는 방식은?

□ 농지연금을 지급받는 방법은 다음과 같습니다.

O 종신형 : 생존하는 동안 매월 지급받는 방식

-종신정액형 : 월지급금을 일정한 금액으로 지급받는 방식

-전후후박(前厚後薄)형 : 월지급금을 최초 지급일부터 10년간은 정액형보다 많고 11년째부터는 정액형보다 적게 받는 유형

-수시인출형 : 종신형 농지연금의 총 대출한도액 범위내에서 일부 금액을 수시로 인출할 수 있는 유형

O 기간형 : 일정한 기간동안 매월 지급받는 방식

-기간정액형 : 월지급금을 일정한 금액으로 지급받는 유형

-경영이양형 : 연금 지급기간이 종료되거나 지급기간 중에 농지연금 수급자가 사망하면 담보농지를 농어촌공사에 매도하여 연금채무를 상환할 것을 약정하는 유형

O 지급우대방식 : 우대기준을 충족하는 자에게 월지급금을 추가 지급해주는 방식

-저소득층(취약계층), 장기영농인 우대 : 종신정액형 가입자 중 저소득, 장기영농 기준을 충족하는 자에게 월지급금을 추가 지급(각 10%, 5%)하는 유형

-임대형 가입자 우대 : 공사에 농지를 임대한 자에 대해 월지급금 5% 추가 지급

<지급방식별 가입가능 연령>

지급방식	종신형	기간형				
		경영이양형	기간정액형			
			5년	10년	15년	20년
가입연령	만 60세 이상		만 78세 이상	만 73세 이상	만 68세 이상	만 63세 이상

□ 농지연금 가입 후 3년내 1회에 한하여 지급방식을 변경하실 수 있습니다. 이 경우 변경시점까지의 농지연금채무(월지급금 + 이자 + 위험부담금)를 포함하여 월지급금이 재산정됩니다.

* 경영이양형으로 최초 가입하신 경우 변경이 불가합니다.

4 연금을 얼마나 받을 수 있나요?

□ 귀하께서 가입하는 시점의 연령과 농지가격 등에 따라 매월 지급받는 연금액이 달라집니다.

O 담보농지의 가격 : ________________________천원

생존시까지(기간형인 경우는 해당기간 동안) 매월 받으실 수 있는 농지연금액은 __________원 입니다.

* 월지급금은 가입시 두 분의 나이 및 배우자승계조건 동의 여부에 따라 귀하 / 배우자 연령인 ______세를 기준으로 계산됩니다.

O 수급자 기준 농지연금 지급한도액은 월3백만원이며, 배우자의 수급권을 승계하는 경우에도 동일하게 적용된다.

5 농지연금 신청 및 계약 시 필요한 서류는 무엇인가요?

□ 신청 시에는 농지연금지원신청서, 신분증 사본(배우자 포함) 등이 필요합니다. 추후 약정체결을 할 경우에는 주민등록초본, 등기권리증, 인감증명서, 인감도장, 본인명의 통장(사본) 등이 필요합니다.

* 부동산종합증명서 등은 공사에서 인터넷으로 신청인 동의하에 열람 및 발급대행이 가능합니다.

6 담보제공(근저당권설정)은 어떻게 하나요?

□ 농지를 담보로 제공하고 농지연금을 받기 때문에, 담보 농지에 근저당권을 설정해야 합니다. 설정금액은 귀하께서 100세까지 농지연금을 받으신다는 가정하에(기간형의 경우는 100세까지 생존하신다는 가정하에 그때까지 발생하는) 농지연금채무액(수시 인출형의 경우에는 인출가능총액을 1회 차 월지급금과 함께 지급한 것으로 함)의 120%를 설정하게 됩니다.

다만, 경영이양형의 경우에는 약정기간 만료시까지의 농지연금채권총액의 120%를 설정하게 됩니다.

□ 귀하의 경우에는 농지가격과 귀하의 연령 등을 감안하여 결정된 예상 근저당권 채권 최고액은 ________만원 정도입니다.

□ 근저당권 설정시 필요한 비용(등록면허세, 지방교육세, 등기신청수수료)은 공사에서 부담하게 되나 법무사 보수료 및 근저당권 해지비용은 본인이 부담하셔야 하며, 공사에서 직접 의뢰한 업체의 경우 법무사 보수료는 60% 감액되어 적용됩니다.

(단, 귀하의 요청에 의하여 공사가 법무사 보수료를 대납한 경우 최초 월지급금에서 법무사 보수료를 차감 후 연금을 지급하며 월지급금이 법무사 보수료를 충당하지 못할 경우, 다음 회차 월지급금에서 차감합니다)

□ 또한, 담보제공 농지에 근저당권 설정 이후부터는 공사의 동의 없이 저당권 또는 가등기 담보권, 지상권 등 제한물권을 설정하거나, 다른 채권자로부터 압류, 가압류 등 소유권 이외의 권리가 설정된 경우 월지급금이 지급정지될 수 있습니다.

7 위험부담비용, 이자는 얼마이며 어떻게 납부하나요?

□ 농지연금 가입자께서 부담하여야 하는 위험부담비용은 위험부담금이 있습니다. 위험부담금은 매월 농지연금 지급시에 농지연금채권액의 연0.5%를 연금채무에 포함되어 지원약정이 해지될 때 납부 하시게 됩니다.

위험부담비용은 수명연장 등으로 장기간 연금지급에 따른 미래손실액을 충당하기 위하여 납부하시는 것입니다.

다만, 경영이양형의 경우에는 위험부담금을 부과하지 않습니다.

□ 약정이자(고정금리 연 2.0% 또는 변동금리 적용)는 매월 가산하여 연금 채무에 포함되며 지원약정이 해지될 때 상환하게 됩니다.

8 언제 상환해야 합니까?

□ 귀하께서 연금을 받는 도중에 농지연금채무를 갚고자 하시는 경우에는 언제든지 상환하시고 지원약정을 해지할 수 있습니다. 이 때 별도의 중도상환 수수료는 발생하지 않으나 약정취소(가입후 1회차 지급 이전 약정취소) 또는 약정철회(1회차 지급일부터 2회차 지급일 이전 약정 철회) 하시는 경우 근저당권 설정시 공사가 납부한 등록면허세, 지방교육세, 등기 신청수수료를 반환하셔야 합니다. 또한 약정의 취소 또는 철회에 따라 발생하는 비용은 가입자께서 부담하셔야 합니다.

경영이양형의 경우에는 담보농지를 공사에 매도하는 방법으로 농지연금 채무를 정산하거나 연금을 받는 도중 언제든지 농지연금채무 전부를 상환하시고 지원약정을 해지할 수 있습니다. 이 경우 담보농지를 공사에 미매도시 위약금이 부과됩니다.

※ 경영이양형 농지연금 위약금

- 농지연금 가입기간과 상관없이 공사에 담보농지를 미매도시 농지 가격*의 2% 부과

* 농지가격 : 가입(약정체결)당시 농지가격으로 공시지가, 감정평가방식 모두 평가율 100%적용

또한, 다음의 경우에는 농지연금 지급이 정지되고 약정이 해지되어 약정 해지 통지일로부터 60일 이내에 농지연금 채무를 상환하셔야 합니다.

가. 농지소유자(귀하)가 사망한 경우로서 배우자가 없는 경우

* 농지연금제도에서의 배우자(승계가능)는 만 60세 이상으로 가입당시 승계 조건으로 가입하고 약정을 체결할 때부터 계속하여 법률상 혼인관계를 유지하고 있는 배우자만을 말합니다. 중간에 재혼하는 경

우 배우자와 약정체결당시 만 60세 미만인 배우자는 연금수급을 할 수 없습니다.

나. 농지소유자가 사망한 경우로서 배우자가 있는 경우에는 사망한 후 6개월 이내에 배우자 명의로 담보농지 전부에 대한 소유권이전등기 및 농지연금 채무인수를 거절하거나 마치지 아니한 경우

다. 농지소유자가 사망한 날부터 6개월 이내에 담보농지의 소유권 이전 등기 및 농지연금채무의 인수를 마친 배우자가 사망한 경우

라. 담보농지의 소유권을 상실한 경우

마. 농지연금채권이 저당권의 채권 최고액을 초과할 것으로 예상되는 경우로서 공사의 채권 최고액 변경요구에 응하지 아니한 경우

* 연금채권이 근저당권의 채권최고액을 초과할 것으로 예상되는 경우란 연금지급 이후 일정기간이 지난 시점의 연금채권액이 근저당설정 채권최고액의 85%에 이르렀을 때를 말하며 공사는 채권최고액의 변경(증액)을 요구할 수 있습니다. 이 경우 연금수급자는 공사가 요구한 때로부터 60일 이내에 응하셔야 합니다.

바. 공사에 동의 없이 담보농지에 가등기담보권, 지상권 등 제한물권을 설정하거나 다른 채권자로부터 압류, 가압류 등 소유권 이외의 권리가 설정된 경우

사. 담보농지가 전용 등으로 더 이상 농지로 이용할 수 없게 된 경우

아. 농지를 훼손 또는 영농에 이용하지 않고 방치한 경우 (원상복구 촉구후 기한내 복구되지 않을 시 월지급금을 지급정지하고, 지방자치단체 통보후 처분명령에 따른 소유권이 변동될 경우 약정해지)

9 얼마를 상환해야 합니까?

☐ 상환시점에 다음의 농지연금채무액과 위약금(경영이양형 가입자가 담보농지를 공사에 미매도시 해당)을 상환하시면 됩니다.

월지급금 총액 + 위험부담금 누계액 + 이자 누계액

☐ 농지연금채무액을 상환하지 못하면 농지를 처분(경매 등)하여 상환하게 됩니다. 만약 농지처분금액(경매낙찰금액)으로 농지연금채무액을 갚고 남으면 농지연금수급자(상속인)가 돌려받고, 농지처분금액(경매낙찰금액)으로 농지연금채무액을 갚고 부족하더라도 귀하나 자녀 등(상속인)에게 그 부족분을 상환하도록 청구하지 않습니다.

10 농지연금 가입이후 지급기간 중도에 일부필지 해지, 일부금액 상환, 또는 약정취소 및 철회가 가능한지요?

가. 농지연금사업은 가입자의 노후생활안정자금을 종신까지 지급하는 것이 기본취지입니다. 그럼에도 불구하고 담보농지의 일부(개별)필지에 대한 중도해지를 원하시는 경우에는 일부(개별)필지의 농지연금채무를 전액 상환하시면 일부(개별)필지를 중도에 해지할 수 있습니다. 다만, 담보농지가 불가피하게 공공사업에 편입(수용) 또는 전용 등으로 더 이상 농지로 이용될 수 없게 된 경우에 해당되면 해당 담보농지 부분에 대한 농지연금채권을 회수하고 나머지 담보농지 부분에 대하여 농지연금을 지급할 수 있습니다.

나. 연금을 지급받으시면서 약정내용의 변경 없이 농지연금채무를 중도 (일부 또는 전부) 상환하고 약정은 유지됩니다. 중도상환은 횟수 제한 없이 가입자가 원하실 때 언제든지 가능합니다.

다. 농지연금 가입자는 약정의 취소 또는 철회할 수 있습니다.

○ 취소 : 약정체결일로부터 1회차 월지급금 지급 결정일까지 약정을 취소

○ 철회 : 약정체결일로부터 2회차 월지급금 지급 결정일까지(1일~10일 체결시 익월 10일까지, 11일~31일 체결시 익익월 10일까지) 약정을 철회

○ 이 경우 농지연금 가입자께서는 위험부담금을 제외한 기 지급된 월지급금 및 이에 대한 이자(월지급금 지급일로부터 납부일 전일까지 약정이자율 적용)와 등록면허세, 지방교육세, 등기신청수수료를 반환하셔야 합니다. 그리고 약정의 취소 또는 철회에 따라 발생하는 비용은 가입자께서 부담하셔야 합니다.

11 수시인출형의 경우 수시인출 가능액 및 인출방법은?

□ 종신형 농지연금 중 수시인출형으로 가입한 담보농지는 수시로 가입자가 필요한 시기에 신청을 통해 총 대출한도액의 30% 범위내(백만원 단위)에서 인출가능 합니다. 수시인출금 신청은 수시인출금을 받고자 하는 해당월의 10일까지 공사에 「농지연금 수시인출금신청서」(별지 제7호 첨부서식2)를 제출하셔야 합니다(단, 최초 월지급금 지급일에 수령을 원할 경우에는 약정시 신청 가능합니다.).

□ 수시인출금은 신청에 따라 정해진 시기에 지급함을 원칙으로 하나 농지 관리기금 운용에 따라 지급시기가 변동될 수 있습니다.

□ 수시인출형 월지급금은 농지연금 가입시 인출가능 총액을 제외한 후 산출하게 됩니다.

12 경영이양형의 경우 담보농지는 어떻게 합니까?

□ 기간형 농지연금 중 경영이양형으로 가입한 담보농지는 연금지급기간이 종료되거나 지급기간 중에 농지연금수급자가 사망하면 매입시점 기준 '맞춤형농지지원사업 업무지침(공공임대용 농지매입사업)'에 적합한 경우 매도하여야 합니다.
만약, 경영이양형 농지연금 담보농지 매매계약 체결(약정해지)통지일로부터 60일 이내에 담보농지의 매매계약을 체결하지 않아 농지연금 채무를 정산할 수 없거나 농지연금채무 전부를 상환하지 않을 경우에는 해당농지에 설정된 근저당권 실행(임의경매를 통한 매각)으로 연금 채무액을 회수하게 됩니다.

□ 경영이양형 농지연금 담보농지의 매매계약시 공사에서 담보농지를 매입하는 금액은 「감정평가 및 감정평가사에 관한 법률」에 따른 감정평가 법인등이 평가한 금액으로 합니다.

□ 농지연금채무액은 담보농지 매매(매각)대금과 상계하게 됩니다. 만약 농지 처분금액(경매낙찰금액)으로 농지연금채무액을 상환하고 남으면 농지연금수급자가 돌려받고 농지처분금액(경매낙찰금액)으로 농지연금 채무액을 상환하고 부족하더라도 귀하에게 그 부족분을 상환하도록 청구하지 않습니다.

13 연금 가입시 가입자가 부담하는 비용은 어떻게 처리되나요?

□ 감정평가비용 및 근저당 설정시 법무사수수료는 가입자가 부담하여야 하며, 귀하의 요청으로 공사가 대납한 경우는 월지급금에서 차감 후 연금을 지급하며, 가입자가 직접 납부하기로 한 후 업체청구에도 불구하고 10일 이내에 미납시 공사는 대납하고, 월지급금에서 차감합니다.

14 지급우대방식은 어떤 상품인가요?

□ 지급우대방식 상품은 저소득층 우대, 장기영농인 우대, 임대형 가입자 우대 3가지 유형이 있습니다. 저소득층 우대는 종신정액형 가입자 중 국민기초생활보장법 제 7조 제 1항 제 1호의 "생계급여수급자"에게 월지급금의 10%를 추가 지급해주는 상품이며, 장기영농인 우대는 종신정액형 가입자 중 영농 경력이 30년 이상인 자에게 월지급금의 5%를 추가 지급해주는 상품입니다. 또한, 임대형 상품은 종신형, 기간형에 상관없이 공사에 농지를 임대하는 기간 중 월지급금의 5%를 추가 지급해주며, 임대기간이 종료되면 우대율 적용 또한 종료됩니다. 또한, 지급우대방식 상품은 중복 가입이 불가합니다.

15 기존에 가입한 사람도 지급우대방식 혜택을 받을 수 있나요?

□ 신규 가입자 뿐만아니라 기존에 가입한 사람도 지급우대방식에 해당되는 가입자는 약정변경을 신청할 수 있으며, 약정변경일로부터 혜택을 받을 수 있습니다. 약정변경일을 기준으로 당월 10일까지 완료된 건에 대하여 당월 15일에 지급되며, 당월 11일부터 익월 10일까지 약정변경 건은 익월 15일에 지급됩니다.

그 밖에 설명이 필요한 사항

20 . . .

위 내용에 대하여 설명을 들었음을 확인합니다.

농지소유자와의 관계 (본인) (서명 또는 인)

(배우자) (서명 또는 인)

* 성년후견인이 대리하는 경우 별도 서명 날인

설명한 자 : 직급 성명 (서명 또는 인)

6. 내가 받을 수 있는 농지연금 알아보기

1) 농지연금 홈페이지 화면에서 농지연금 '예상 금액 조회'에서 확인 가능

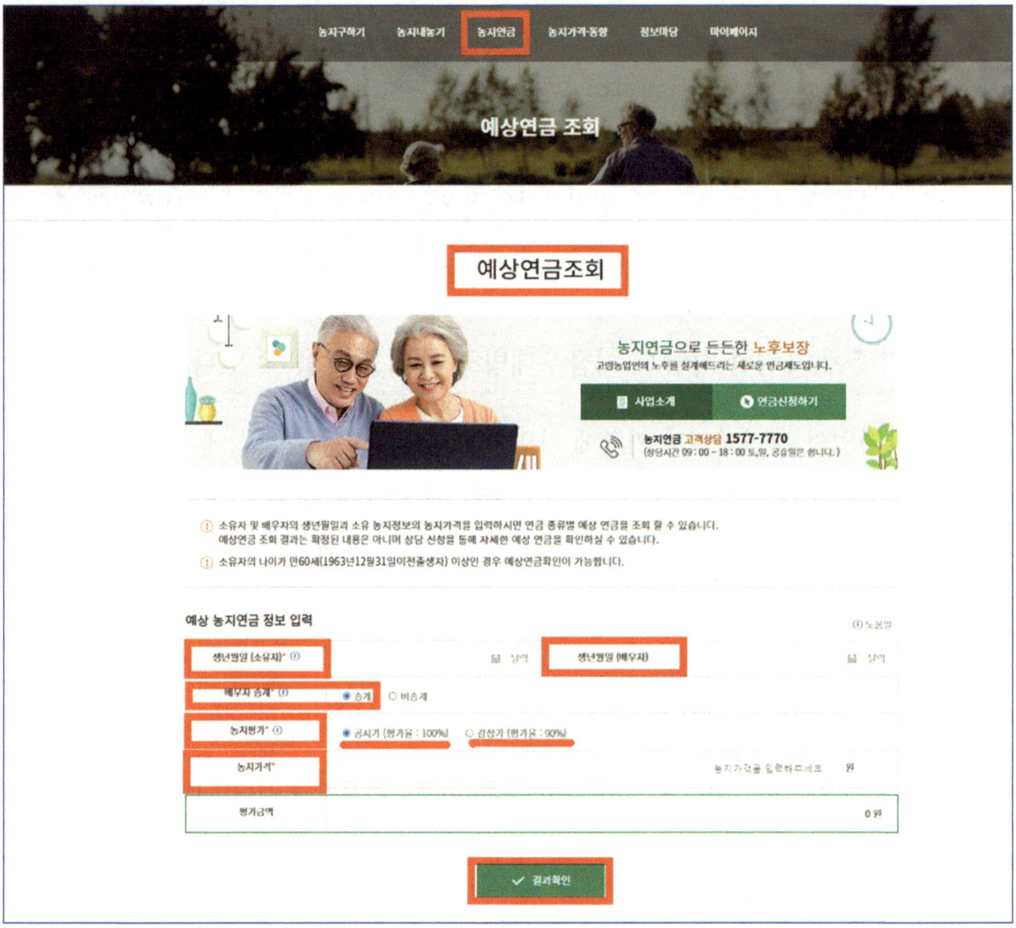

2) 공시지가는 '토지이음' 사이트에서 확인 가능하며, 공시지가가 낮다고 판단될 경우, 감정평가를 의뢰하여 신청 가능

제2장 농지연금의 장점

1. 부부 종신 지급

농지연금을 수급하던 농업인이 사망할 경우 그 배우자가 승계하여 사망 시까지 농지연금을 받을 수 있다. 단, 신청 당시 배우자가 60세 이상이고 연금 승계를 선택한 경우에 한하며, 또한 국민연금, 주택연금, 퇴직연금 등 지급받고 있는 연금과 무관하다(중복 수령 가능).

2. 영농 또는 임대 소득 가능

연금을 받으면서 담보농지를 직접 경작하거나 임대 할 수 있다. 고소득 작물을 키워 판매까지 할 수 있다.

3. 안정성 확보

한국농어촌공사(농지은행)에서 시행하는 정부 재원이므로 안정성이 있다.

4. 기타

1) 연금 채무 부족액 미청구

연금을 담보에 대한 초과분으로 받아도 초과분을 청구하지 않는다. 만약 다 못 받았다면 농지를 처분하고, 남은 금액을 상속인에게 돌려준다. 대신 받은 연금을 갚게 되면 토지 소유를 보전 가능하다.

2) 재산세 감면

6억원 이하 농지는 전액 감면, 6억원 초과 시 6억원까지 감면해 준다.

3) 연금 보호

'농지연금지킴이 통장'을 신청 시 개인 사정에 의해 재산 압류가 있을 경우 수령 농지연금 중 월 185만원까지는 보호를 받을 수 있다.

제3장 농지연금 관련 서식 해설 및 중요 확인 사항

1. 농지연금 관련 서식

1) 농지취득자격증명신청서

농지는 농민이 경작을 목적으로 하는 토지를 말한다. 농지취득자격증명서란 농지를 취득하기 위한 자격을 얻었음을 증빙하기 위해 발급하는 양식으로, 농지취득자격증명신청서를 작성할 때에는 농지 취득자의 정보를 성명, 주민등록번호, 주소, 연락처, 취득자 구분 등으로 구분하여 기재하고, 취득농지를 소재지, 농지 구분 등으로 구분하여 기재하도록 한다. 이외에도 취득 원인, 취득 목적 등을 정확하게 기재하도록 한다.[51)]

(1) 농지 취득 후에 농지 이용 목적에 부합하지 않도록 이용하는 경우에는 이에 따른 불이익이 발생하므로 농지취득자격증명신청서를 정확하게 작성하도록 한다.

(2) 농지취득자격증명 발급[52)]

① 인터넷으로 발급받기

가. 정부24 사이트에 접속 후 로그인하고 농지취득자격증명 신청 화면에서 신청하기를 클릭한다.

나. 신청인 적는 란에 성명, 주민번호, 취득자의 구분 기재(취득 면적이 1,000㎡ 이하일 경우 '주말체험영농'으로 체크한다).

다. 취득농지 표시에 낙찰받은 토지의 주소 및 지번, 지목, 신청 면적, 농지 구분을 체크한다.

라. 수령 방법을 온라인 발급(본인 출력)으로 설정한 뒤 신청하기를 누르면 특별한 경우가 아니면 보통 3~4일 안에 농지취득자격증명을 발급받을 수 있다.

② 우편으로 발급받기

가. 농지취득자격증명신청서 1장, 경매로 낙찰받았을 경우 최고가 신고인 증명신청서를(공매일 경우는 잔금납부영수증, 매각결정통지서) 수수료 1천원과 함께 동

---

51) 「농지법」 제8조 및 「농지법 시행령」 제7조.

52) 농림축산식품부 농지과, 『농지민원 사례집』 2023.

봉하여 우편으로 보낸다.

나. 우편 발송 후 관할 산업계 담당자에게 농지취득자격증명신청서의 우편 발송을 전하고 확인 후 발급 부탁한다고 이야기하면 특별한 경우가 아니면 3~4일 안에 발급받을 수 있다.

③ 직접 방문하여 발급 받기

가. 경매인 경우 최고가 매수신고인 증명신청서를 가지고 관할 지자체 산업계를 방문한다.

나. 농지취득자격증명 신청서를 제출하고, 제반 사항 확인 후 농지취득자격 증명서가 발급된다.

✤ 농지취득자격증명서는 낙찰 전 미리 신청해('정부24') 발급받을 수 있다.

✤ 농업인이 아니면, 농업진흥지역 내(즉, 농업진흥구역과 농업보호구역의 농지) 농지 구입(낙찰) 후 농지취득자격증명서를 발급받을 수 없다.

○ 농지법 시행규칙 [별지 제5호서식] <개정 2022. 5. 18.>

제　　호

농지취득자격증명

<table>
<tr><td rowspan="3">농지
취득자
(신청인)</td><td>성명 (명칭)</td><td>주민등록번호
(법인등록번호 · 외국인등록번호)</td></tr>
<tr><td colspan="2">주소</td></tr>
<tr><td colspan="2">전화번호</td></tr>
</table>

<table>
<tr><td rowspan="5">취득
농지의
표시</td><td>소재지</td><td>지번</td><td>지목</td><td>면적(m^2)</td><td>농지구분</td></tr>
<tr><td></td><td></td><td></td><td></td><td></td></tr>
<tr><td></td><td></td><td></td><td></td><td></td></tr>
<tr><td></td><td></td><td></td><td></td><td></td></tr>
<tr><td></td><td></td><td></td><td></td><td></td></tr>
</table>

취득 목적	

귀하의 농지취득자격증명신청에 대하여 「농지법」 제8조, 같은 법 시행령 제7조제2항 및 같은 법 시행규칙 제7조제6항에 따라 위와 같이 농지취득자격증명을 발급합니다.

년　　월　　일

시청 · 구청장 · 읍장 · 면장　　직인

유의사항

1. 귀하께서 「농지법」 제6조에 따른 농지 소유 제한이나 같은 법 제7조에 따른 농지 소유 상한을 위반하여 농지를 소유할 목적으로 거짓이나 그 밖의 부정한 방법으로 이 증명서를 발급받으면 같은 법 제57조에 따라 5년 이하의 징역이나 해당 토지의 개별공시지가에 따른 토지가액에 해당하는 금액 이하의 벌금에 처해질 수 있습니다.
2. 귀하께서 취득하여 소유한 농지는 농업경영에 이용되도록 하여야 하며 (「농지법」 제6조제2항제2호 및 제3호의 경우는 제외합니다), 취득한 해당 농지를 취득목적대로 이용하지 않을 경우에는 같은 법 제10조 · 제11조제1항 또는 제63조에 따라 해당 농지를 처분해야 하거나 처분명령 또는 이행강제금이 부과될 수 있습니다.
3. 귀하께서 취득하여 소유한 농지는 「농지법」 제23조제1항 각 호에 해당하는 경우 외에는 농지를 임대하거나 무상사용하게 할 수 없으며, 이를 위반할 경우 2천만원 이하의 벌금에 처해질 수 있습니다.
4. 농업법인의 경우 「농어업경영체 육성 및 지원에 관한 법률」 제19조의5에 따라 농지를 활용 또는 전용하여 「통계법」 제22조제1항에 따라 통계청장이 고시하는 한국표준산업분류에 의한 부동산업(「농어업경영체 육성 및 지원에 관한 법률」에 따른 농어촌 관광휴양사업은 제외합니다)을 영위할 수 없습니다.

2) 농업경영계획서

(1) 농업경영이란 생산활동으로서 농사짓는 일을 말하며, 농업인이나 농업법인이 자기의 계산과 책임으로 농업을 영위하는 것을 말한다. 따라서 농업경영의 진실된 계획 의지를 보여주는 문서를 농업경영계획서라고 할 수 있다.[53)]

(2) 농업경영계획서는 기본적으로 계획서의 성향을 갖지만, 「농지법」에 따라 자신이 취득하고자 하는 농지에 대한 농업경영계획서를 제출하기 위해 사용되므로, 법적인 양식이 존재한다. 따라서 취득 대상농지에 관한 사항과 농업경영 노동력의 확보 방안, 농업기계 장비의 확보 방안 등을 일정한 항목에 맞추어 구체적으로 작성하여 제출한다.

(3) 계획은 앞으로 할 일의 절차, 방법, 규모 따위를 미리 헤아려 작성하는 것을 의미한다. 농업경영계획을 철저하게 세우는 것은 미래에 도움이 되는 일이다.

○ 농지법 시행규칙 [별지 제4호서식] <개정 2022. 5. 18.>

농업경영계획서

(3쪽 중 제1쪽)

<table>
<tr><td rowspan="6">① 취득 대상 농지에 관한 사항</td><td colspan="3">소재지</td><td rowspan="2">지번</td><td rowspan="2">지목</td><td rowspan="2">면적(m^2)</td><td rowspan="2">공유 지분의 비율</td><td rowspan="2">영농 거리 (km)</td><td rowspan="2">농지의 현재 상태</td></tr>
<tr><td>시·군</td><td>구·읍·면</td><td>리·동</td></tr>
<tr><td></td><td></td><td></td><td></td><td></td><td></td><td></td><td></td><td></td></tr>
<tr><td></td><td></td><td></td><td></td><td></td><td></td><td></td><td></td><td></td></tr>
<tr><td></td><td></td><td></td><td></td><td></td><td></td><td></td><td></td><td></td></tr>
<tr><td colspan="3">계</td><td></td><td></td><td></td><td></td><td></td><td></td></tr>
</table>

<table>
<tr><td rowspan="9">농업경영 노동력 확보 방안</td><td colspan="5">② 취득자(취득 농업법인) 및 세대원(구성원)의 농업경영능력</td></tr>
<tr><td>취득자 관계</td><td>연령</td><td>직업</td><td>영농경력(년)</td><td>향후 농업경영 여부</td></tr>
<tr><td></td><td></td><td></td><td></td><td></td></tr>
<tr><td></td><td></td><td></td><td></td><td></td></tr>
<tr><td></td><td></td><td></td><td></td><td></td></tr>
<tr><td colspan="5">③ 취득농지의 농업경영에 필요한 노동력 확보방안</td></tr>
<tr><td colspan="2">자기노동력</td><td colspan="2">일부위탁</td><td>전부위탁(임대)</td></tr>
<tr><td colspan="2"></td><td colspan="2"></td><td></td></tr>
</table>

53) 농림축산식품부 농지과 『농지민원 사례집』 2023.

농업기계 · 장비 · 시설 확보 방안	④농업 기계 · 장비 · 시설의 보유현황		
	기계 · 장비 · 시설명	보유현황	시설면적 (m^2)
	⑤농업 기계 · 장비 · 시설의 보유계획		
	기계 · 장비 · 시설명	보유계획	시설면적 (m^2)

⑥ 소유농지 이용실태	소재지			지번	지목	면적 (m^2)	주재배 작물 (축종명)	자기의 농업경영 여부	취득대상 농지와의 거리(km)
	시·군	구·읍·면	리·동						
	계								

3) 주말체험영농계획서

(1) 농지에 대한 비농업인의 시세 차익 목적의 투기 수요를 억제하고 실수요자 중심의 농지 거래를 활성화시키기 위해 「농지법 시행령」, 「시행규칙」이 개정(2022. 05. 18.) 되었다.[54]

(2) 주말, 체험 영농을 하려는 사람은 1,000m^2 미만의 농지를 소유할 수 있다. 이 경우 면적 계산은 그 세대원 전부가 소유하는 총 면적으로 한다.[55]

○ 농지법 시행규칙 [별지 제4호의2서식] <신설 2022. 5. 18.>

주말 · 체험영농계획서

(3쪽 중 제1쪽)

① 취득 대상 농지에 관한 사항	소재지			지번	지목	면적(m^2)	공유 지분의 비율	영농 거리 (km)	농지의 현재 상태
	시·군	구·읍·면	리·동						
	계								

54) 「농지법」 제7조의 제3항.

55) 농림축산식품부 농지과, 『농지민원 사례집』 2023.

주말 · 체험 영농 노동력 확보 방안	② 취득자 및 세대원의 주말 · 체험영농능력				
	취득자와의 관계	연령	직업	영농경력(년)	향후 주말 · 체험 영농 여부
	③ 취득농지의 주말 · 체험영농에 필요한 노동력 확보방안				
	자기노동력		전부위탁(임대)		

농업기계 · 장비 · 시설 확보 방안	④농업 기계 · 장비 · 시설의 보유현황		
	기계 · 장비 · 시설명	보유현황	시설면적 (m^2)
	⑤농업 기계 · 장비 · 시설의 보유계획		
	기계 · 장비 · 시설명	보유계획	시설면적 (m^2)

⑥ 소유농지 이용실태	소재지			지번	지목	면적 (m^2)	주재배 작물 (축종명)	자기의 농업경영 여부	취득대상 농지와의 거리(km)
	시·군	구·읍·면	리·동						
	계								

(3쪽중 제2쪽)

⑦농지취득자금 조달 계획	자기자금	차입금 등	합계
	원	원	원

⑧영농계획에 관한 사항	주재배작물 (축종명)	
	영농 착수 시기	년 월 일
	수확 예정 시기	년 월 일

⑨임차(예정) 농지 현황								
소재지				지번	지목	면적 (m^2)	주재배 (예정) 작물의 종류 (축종명)	임차 (예정) 여부
시 · 도	시 · 군	읍 · 면	리 · 동					

⑩공유로 취득하려는 경우 각자가 취득하려는 농지의 위치
「농지법」 제8조제2항, 같은 법 시행령 제7조제1항 및 같은법 시행규칙 제7조제1항 제3호의2에 따라 위와 같이 본인이 취득하려는 농지에 대한 주말 · 체험영농계획서를 작성 · 제출합니다 년 월 일 제출인 (서명 또는 인) **시장 · 구청장 · 읍장 · 면장** 귀하

4) 농지대장(신규, 변경)[56]

(1) 농지대장은 농지의 소유나 실태를 파악하여 농지를 효율적으로 관리하기 위해 작성하는 장부로 「농지법」개정 전에는 '농지원부'라는 명칭으로 사용했다.

(2) 농지대장은 「농지법」개정에 따라 2022. 8. 18. 개정 시행된 사항으로 기존에는 농지원부을 활용해왔다. 농지대장으로 바뀌면서 몇 가지 변경된 사항들을 주의해야 하며 법 개정 사항은 다음과 같다.[57]

변경된 사항

- 농지대장(구, 농지원부)은 농가(농업인+세대원) 중심으로 작성되었으며, 주소지 관리기관(구, 읍, 면, 동)에서 관리하였으나, 「농지법」개정 후 농지 소재지 관리기관에서 관리한다.
- 농지대장은 농가 기준으로 작성되었기 때문에 농업인 기준인 1,000㎡(비닐하우스, 버섯재배사 등 시설 재배는 330㎡) 이상을 충족했을 경우만 등재가 가능하였으나, 농지대장으로 변경되면서 면적 제한 없이 모든 농지를 필지별로 등재해야 한다.

56) 농림축산식품부 농지과. 『2022년 농지대장 업무지침 및 농업행정 실무 매뉴얼』.

57) 「농지법」 제49조 및 「농지법 시행령」 제70조, 「농지법 시행규칙」 제55조.

농지대장 발급 방법

전국 지자체 어디서나 가능하며, 정부24(www.gov.kr)에서 온라인 발급

<붙임4>

(앞면)

농지대장 신규작성 및 변경신청서

□ 신청자 현황

신청자	주소					
	성명 법인명		연락처(HP)		주민등록번호 법인등록번호	

□ 신청현황

구분	소유정부 작성내용		이용현황 및 면적(㎡)	경작 현황
	소유권 변동일자	변동원인		
□ 소유				

* '22.8.18부터는 임대차 계약 체결 · 변경 · 해제, 토지개량시설 및 농축산물생산시설의 설치 신고는 농지법 시행규칙 별지 제58호의2 서식을 따름(임대차 표준계약서, 농지법 제23조 해당증빙 등 임대차 사실 입증 서류 첨부)

구분	경작 · 재배 목적 사용	기타 목적 사용
이용 현황	농작물경작, 다년생식물재배 고정식온실, 버섯재배사, 비닐하우스 * 동일 필지에 이용현황이 여러 건일 경우 건별로 작성	축사, 농막 등
경작 현황	주말체험영농, 시험실습, 농업경영, 농업경영(자경), 농업경영(세대원 경작), 위탁경영, 임대, 임차, 휴경	시설운영, 시설미운영

년 월 일

신청자 성명 (서명, 인)

○○ 읍 / 면 / 동 장 귀하

□ 농지대장 정비 확인사항

구 분	확인내용	확인자(서명)	비고
첨부서류 확인 이상유무	유 · 무		
기타관련 공부 자체자료 전산확인 여부	여 · 부		
종합의견	작성 (변경) · 반려		

농지법 제49조 및 농지대장 활용지침에 의거 상기와 같이 확인한 바 농지대장 신규작성 및 변경신청 사항을 처리토록 하겠습니다.

년 월 일

구분	농지현황			
	읍 / 면 / 동 · 리	지번	공부면적 (m^2)	공부지목
□ 신규 / □ 변경				

[출처 : 농림축산식품부]

5) 농업경영체 등록신청서

(1) 농업경영체등록신청서는 국가에 농업경영 정보를 등록하여 농업 및 농촌과 관련된 융자 보조금 등을 지원받기 위해 제출하는 서류이다.

(2) 농업경영체등록신청서를 작성할 때에는 경영주인 농업인 정보, 경영주 외의 농업인 정보, 농작물 생산 정보 등으로 구분하여 각 항목에 정확한 내용을 기재하도록 한다.

(3) 농업경영체등록신청서와 함께 경작 사실 확인서 또는 임대차 계약서, 농자재 구매 영수증 또는 농산물 판매 영수증 및 그 외 실경작 증빙자료를 첨부하여 제출하도록 한다. 농업경영체 등록을 위해서는 경작 농지 면적, 종사일, 농산물 판매액 등의 조건이 필요하므로 이를 정확하게 확인하고 작성하도록 한다.

(4) 농업경영체로 등록되면, 쌀 소득 보전금, 경영이양 보조금, 밭농업 직불금, 유기질 비료 지원금 등 각종 혜택을 받을 수 있다. 또한, 도시민 은퇴자들이 농업경영체 등록을 하는 이유는 혜택 때문이다. 예를 들면, 은퇴자의 가장 큰 걱정거리 중 하나는 직장의료보험에서 지역의료보험으로 바뀌면서 건강보험료가 크게 오른다는 점이다. 월평균 지역건강보험료가 상당액 부과됨에 따라 농업인으로 등록해 농촌으로 이주하면 이것을 50% 수준 줄일 수 있기 때문이다. 또한 농업인은 국민연금 보험료도 50% 가량 지원된다. 그리고 농업협동조합 조합원 자격이 주어지고 출자 배당금도 받을 수 있다.

(5) 농업경영체 등록의 가장 큰 혜택은 8년 자경 때 농지 양도소득세 감면이 가능하다는 점이다. 상속이나 증여로 농지를 소유한 후 농촌 개발로 농지 가격이 크게 올라 양도소득세가 부과될 때 이를 면제받거나 줄이는 절세 수단으로 농업경영체 등록을 하는 경우가 많다.

(6) 농업경영체 등록 자격 대상 농업인 아래의 요건 중 어느 하나에 해당되어야 한다.

① 1,000㎡ 이상의 농지를 경영하거나 경작

② 농업경영을 통한 농산물의 연간 판매액이 120만원 이상인 사람

③ 1년 중 90일 이상 농업에 종사

(7) 대상 토지

실제 농업에 이용되는 「농지법」 농지는 등록이 가능하다. 다만, 불법 점유 또는 불법 개간의 경우 아님 등의 증명 필요

(8) 대상 품목

① 원칙적으로 전체 농산물, 축산물이 등록 대상이다.

② 다만 품목이 아닌 품종명을 등록하려는 경우, 가축에 해당하지 않는 동물, 일부 가공품 등은 등록이 제한될 수 있다.

■ 농어업겨영체 육성 및 지원에 관한 법률 시행규칙[별지 제1호 서식] <개정 2020.8.25>

농업경영체 [ ] 등록 [ ] 변경등록 신청서(농업인용)

※ 뒤쪽의 작성방법을 참조해 작성하시기 바라며, [ ]에는 해당되는 곳에 √ 표시를 합니다.

(6쪽 중 제1쪽)

<table>
<tr><td>접수번호</td><td>농업경영체 등록번호</td><td rowspan="2">처리기간</td><td>농업경영체 등록 및 변경등록 신청</td><td>30일</td></tr>
<tr><td>접수일</td><td></td><td>※ 다만, 보조금 신청을 수반하는 경우</td><td>90일</td></tr>
</table>

1. 일반현황

<table>
<tr><td rowspan="7">①
경영
주인
농업
인</td><td colspan="3">성명</td><td rowspan="2">국적</td><td>국내</td><td colspan="2">주민등록번호</td></tr>
<tr><td colspan="3">농업인 등록번호</td><td>국외</td><td colspan="2">외국인등록번호</td></tr>
<tr><td colspan="3">전화번호</td><td colspan="2">휴대전화번호</td><td colspan="2">전자우편</td></tr>
<tr><td rowspan="2">주소</td><td colspan="5">주민등록주소지</td><td>우편번호</td></tr>
<tr><td colspan="5">마을명</td><td></td></tr>
<tr><td rowspan="2">영농
이력</td><td>농업시작형태</td><td colspan="2">[ ] 전 생애 농업에 종사(신규포함)
[ ]다른 산업에서 전환(귀농포함)</td><td colspan="2">농업종사형태</td><td>[ ]전업 [ ]겸업</td></tr>
<tr><td>농업종사기간</td><td colspan="2">년(농업 시작연도: 년)</td><td colspan="2">신규등록사유</td><td>[ ]분리 [ ]귀농 [ ] 상속 [ ]기타( )</td></tr>
</table>

<table>
<tr><td rowspan="3">②
경영주
외의
농업인</td><td>성명</td><td>농어인 등록 번호</td><td>주민등록 번호(외국 인등록번 호)</td><td>경영주 와의 관계</td><td>연 락 처</td><td>농업시작형태</td><td>농업 종사 형태</td><td>농업 종사 기간</td><td>③공동 경영주 여부 (○, ×)</td></tr>
<tr><td></td><td></td><td></td><td></td><td></td><td>[ ] 전 생애 농업에 종사(신규포함)
[ ]다른 산업에서 전환(귀농포함)</td><td>[ ]전업
[ ]겸업</td><td>년(농업 시작연도: 년)</td><td></td></tr>
<tr><td></td><td></td><td></td><td></td><td></td><td>[ ] 전 생애 농업에 종사(신규포함)
[ ]다른 산업에서 전환(귀농포함)</td><td>[ ]전업
[ ]겸업</td><td>년(농업 시작연도: 년)</td><td></td></tr>
</table>

※ ③ 공동경영주 여부란은 ② 경영주 외의 농업인란 중 경영주와의 관계란에 '배우자'로 기입한 경영주 외의 농업인에 한해 공동경영주 등록 희망 여부에 따라 ○ 또는 ×로 표시합니다.
(경영주 외의 농업인에 대해서는 뒤쪽에 있는 작성방법 1. 일반현황 ②란 경영주 외의 농업인에 대한 설명을 참고하시기 바랍니다)

2. 농지 등 및 농작물 재배 / 보조금 신청

④ 농지일반				④-2 농지면적(m²) A≧ B+C+D					④-3 시설 현황		④-4 품목별 재배면적					⑤ ( ) 보조금 신청					
번호	농지소재지	④-1 지목		공부(A) A≧ 자경+임차		실제경작면적(B)	미이용		시설종류	시설면적(m²)	재배품목	재배면적		④-5 필지삭제사유	④-6 농지소유자	⑤-1 신청사업명	⑤-2 재배품목	⑤-3 신청면적(m²)	⑤-4 농지이용현황(○, ×)	⑤-5 신청인 성명	⑤-6 진흥지역여부(○, ×)
		공부	실제	자경	임차 기간(. . . ~ . . .)		휴경(C)	폐경(D)				노지(m²)	시설(m²)								

※「농업·농촌 공익기능 증진 직접지불제도 운영에 관한 법률 시행령」 제36조에 따라 경관보전직접지불금의 지급대상인 초지는 ④-1 지목을 '초지'로 등록합니다.

3. 가축·곤충 사육시설 및 사육규모

※ 해당되는 경우에만 작성합니다 [ ]축산·곤충 사육 농업경영체가 아님

⑥ 사육시설 현황									⑥-3 사육정보	
⑥-1 번호	사육시설 소재지	소재지 공부 면적(m²)	시설면적(m²)		경영 형태			용도(축사 또는 부대시설)	사육품목(종)	사육규모(마릿수/군/기간)(m²)
			공부	⑥-2 실제	자영	임차				
							기간(. . . ~ . . .)			

년 월 일 신청인			
국립농산물품질관리원장 또는 시장·군수·구청장 귀하	확인	읍장·면장·동장	국립농산물품질관리원장

6) 농업인확인신청서

농업인 확인서는 농업이나 농촌 그리고 「식품산업법 시행령」 제3조 제1항의 기준에 의한 농업인이라는 것을 확인하는 서류

[별지 제1호서식]

농업인 확인 신청서

※ [ ]에는 해당되는 곳에 √표를 합니다. (앞 쪽)

※ 뒤쪽의 작성방법을 참고하시기 바랍니다.

<table>
<tr><td>접수번호</td><td colspan="2">접수일</td><td colspan="2">처리기간 10일</td></tr>
<tr><td colspan="5"></td></tr>
<tr><td rowspan="3">신청인</td><td colspan="3">① 성명</td><td>② 생년월일</td></tr>
<tr><td colspan="4">③ 주소 (우편번호)</td></tr>
<tr><td colspan="4">④ 전화번호 (집/사무실) (휴대전화)</td></tr>
<tr><td rowspan="5">⑤ 농업인 충족기준</td><td colspan="4">O 1천제곱미터 이상의 농지를 경영하거나 경작 [ ]</td></tr>
<tr><td colspan="4">O 농업경영을 통한 농산물의 연간판매액이 120만원 이상 [ ]</td></tr>
<tr><td colspan="4">O 1년 중 90일 이상 농업에 종사[ ]</td></tr>
<tr><td colspan="4">O 영농조합법인에서 1년 이상 계속하여 종사[ ]</td></tr>
<tr><td colspan="4">O 농업회사법인에서 1년 이상 계속하여 종사[ ]</td></tr>
<tr><td rowspan="3">⑥ 농업 경영 · 경작 규모</td><td colspan="4">O 농작물재배업 : 농지소유 ㎡, 임차 ㎡</td></tr>
<tr><td colspan="4">O 축산업 : 토지소유 ㎡, 임차 ㎡</td></tr>
<tr><td colspan="4">O 임업 : 산지소유 ㎡ / ㎥, 임차 ㎡ / ㎥</td></tr>
<tr><td rowspan="2">⑦ 연간 농업 종사일수</td><td colspan="4">O 가족원이 농업종사자 : 일</td></tr>
<tr><td colspan="4">O 가족원이 아닌 농업종사자 : 일</td></tr>
<tr><td>⑧ 연간 농산물 판매액</td><td colspan="2">원</td><td>⑨ 법인종사기간</td><td>년 월 일</td></tr>
<tr><td rowspan="2">⑩ 농업인 확인서의 용도</td><td>요구기관 · 주소</td><td colspan="3"></td></tr>
<tr><td>용도</td><td colspan="3"></td></tr>
<tr><td colspan="5">「농업 · 농촌 및 식품산업 기본법 시행령(이하 "법 시행령"이라 한다)」 제3조제3항 및 농림축산식품부고시 「농업인 확인서 발급규정」(이하 "고시"라 한다)의 제3조에 따라 농업인 확인을 받고자 신청합니다.
년 월 일
신청인 (서명 또는 인)
국립농산물품질관리원 지원(사무소)장 귀하</td></tr>
</table>

신청자의 첨부서류	1. 주민등록표 등본(농업경영주인 농업인은 주민등록증 제시 가능) 또는 외국인등록표 1부 (공통 제출서류) 2. 이 고시 제4조의 농업인 확인 기준 중 신청자에게 해당되는 규정에서 필요로 하는 관계증빙자료(이 고시 제11조의 첨부서류)

행정정보 공동이용 동의서
본인은 이 건 업무처리와 관련하여 담당 공무원이 「전자정부법」 제36조에 따른 행정정보의 공동이용을 통하여 위의 신청사항을 확인하는 것에 동의합니다. *동의하지 아니하는 경우에는 신청인이 직접 관련 서류를 제출하여야 합니다. 신청인 (서명 또는 인)

2. 농지취득자격증명 관련 제반 사항

1) 농지취득자격증명 발급 필요성

'농지취득자격증명'은 쉽게 말해, 농지를 취득할 수 있는 자격을 갖추고 있음을 증명하는 서류로 소유권 이전등기에 필수 서류로 경 · 공매 입찰 시 반드시 발급 여부를 확인해야 한다.

2) 농지취득자격증명이 필요없는 농지

(1) 상속에 의한 취득 농지

(2) 도시지역(주거, 상업, 공업)은 농지취득자격증명이 필요없다. 다만, 녹지지역은 농지취득자격증명이 필요하다(녹지지역 중 도시계획구역 내 녹지지역, 개발제한구역 및 도시개발 예정지구 내의 농지로 형질 변경을 받은 농지는 농지취득자격증명이 필요없다.)

[출처 : 지지옥션, 카툰경매, 2021, No.1045.]

(3) 도시계획시설 예정지

(4) 영농여건불리농지(농업경영계획서, 주말체험영농계획서 면제)

① 농업진흥지역 밖의 농지 중 최상단부부터 최하단부까지의 경사율이 15% 이상인 농지

② 시장 군수가 영농 여건이 불리하고 생산성이 낮다고 인정하는 농지

3) 농지취득자격증명 반려 시 대처 방안[58)]

경매 법원 사건번호	농지취득자격증명 반려증명(발급불가) 발급 사유	매각허가결정 여부 (농지소재지)
1. 부산지방법원 2004타경28923	∵ 3동의 제시외 건물(840m²의 작업장 등)이 있고 고철, 재활용품 적치되어 있다며 농취증 발급을 거부. ⇨ 각 매수인 소송 제기하여 승소. 강서구 대저1 동장 패소한 사건. ※ 매수인한테 매우 유리한 판결 대법원 2007.3.29 선고 2007두3176 판결 48) [농지취득자격 증명신청서 반려처분 취소]	최고가매수신고인이 소송 제기하여 승소함. 피고(대저1동장)가 패소한 후 농취증 발급 해준 사건. 결국, 매각허가결정
2. 창원지방법원 2009타경26219(1번)	∵ 납골당 및 분묘수기 소재하여 분할 후 농지 부분만 재신청하고, 감나무는 매각 제외되어 농업경영 계획 실현 가능성을 인정 못함.	결국, 매각허가결정
3. 창원지방법원 2010타경5287	∵ 매각 제외된 대형 건물 소재하여 농업경영계획 실현 가능성을 인정 못함.	결국, 매각허가결정
4. 창원지방법원 2013타경3427	∵ 법인 최고가매수신고인은 농지취득자격증명 발급 심사요령 제4조에 의거 발급대상이 아님. ⇨ 최고가매수신고인 대리인 법무법인 청률 매각결 정에 관한 의견서 및 소송위임장 제출.	결국, 매각허가결정
5. 한국자산관리공사 공매 2011-01515-001	∵ 불법 묘지 조성 등 불법으로 형질변경한 부분에 대한 복구가 필요하며 현 상태에서는 농취증 발급할 수 없음. ⇨ 농취증 미첨부로 등기소에서 각하 처리됨	등기소에서 각하 후49) "원상복구계획서" 제출하여 발급받아 소유권 이전
6. 수원지방법원 성남지원 2011타경 23776(1번)	∵ 주차장으로 사용중이라며 농취증 발급받지 못함. 즉시항고장 제출 후 춘궁동사무소를 상대로 행정소송을 제기.	소 취하 해주면 농취 증을 발급해 주겠다고 하여 취하해 준 사례. 결국, 매각허가결정
7. 전주지방법원 군산지원 2012타경1373호	∵ 농지취득자격증명을 발급받아 오지 못하면 판결요지 그대로 매각불허가결정하라는 판결 ※ 매수인한테 매우 불리한 판결 탄생 대법원 2014.4.3 선고, 2014마62 파기환송결정.	그후 제3자가 낙찰받아 "농지원상복구계획서" 제출하여 2015.2.12. 농지취득자격증명을 발급받아 소유권이전

58) 황경진, "부동산 경매절차에서 농지취득자격증명제도에 관한 연구". 경남대학원 논총, 제31집 제1권, 2016, 134면.

8. 창원지방법원 진주지원 2013타경 11927	∵ 주유소 내 과수원 1필지에 미등기 건축물 1동 (약 65m²가 있고, 주유소 연계한 콘크리트 및 아스콘 포장이 되어 농지가 훼손되어 현 상태에서는 발급할 수 없음.	제3자 명의로 낙찰 후 농지원상복구계획서 제출 후 발급받아 결국, 매각허가결정

3. 농업인의 개념

1) 농업인의 정의

(1) 통상 농업에 종사하는 사람을 농부, 농민, 농업인 등으로 불렸는데, 실제로 생활에서는 별 차이 없이 사용하는 용어들이다. 이 같은 용어와 구분하기 위해 농업 종사자를 혼동하지 않도록 새로이 만든 공식 용어인 '농업인'이 제정되었는데 이는 「농업농촌 및 식품산업 기본법」에 따라 농업인의 긍지와 자부심을 고취하기 위해서 농업을 경영하거나 이에 종사하는 자에게 쓰이는 법적 용어가 되었다.

(2) 농업인을 위해 1996년 11월 11일을 법정기념일인 '농업인의 날'로 지정했다. 보통 11월 11일이라면 흔히 '빼빼로 데이'라고 알고 있는데 이 날은 쌀 소비를 촉진하고, 길쭉한 모양의 가래떡으로 홍보하자는 '농업인의 날'이라는 것을 제대로 아는 사람은 별로 없다.

농업인(농지법 제3조)의 범위

- 1,000m² 이상의 농지에서 농작물 또는 다년생 식물을 경작 또는 재배하거나, 1년 중 90일 이상 농업에 종사하는 자
- 농지에 330m² 이상의 고정식 온실, 버섯 재배사, 비닐하우스, 그 밖의 농림축산식품부령으로 정하는 농업생산에 필요한 시설을 설치하여 농작물 또는 다년생 식물을 경작 또는 재배하는 자
- 대가축(한우, 젖소 등) 2두, 중가축(돼지, 양, 염소 등) 10두, 소가축(토끼 등) 100두, 가금(닭,오리 등 집에서 기르는 날짐승) 1천수 또는 꿀벌 10군 이상을 사육하거나 1년 중 120일 이상 축산업에 종사하는 자
- 농업경영을 통한 농산물의 연간 판매액이 120만 원 이상인 자

많은 분들이 잘못 알고 있는 것 중에 하나가 농업인이 되려면 1,000m² 이상의 농지를 소유하거나 농사를 짓고 있어야 한다는 것인데, 농업인이 되기 위해서는 위 조건 중 하나만 만족하면 농업인이 된다.

예를 들어, 1,000㎡ 이상의 농지(전, 답, 과수원)가 없어도 고정식 온실이나 비닐하우스 등의 토지로도 농업인이 될 수 있고 가축을 조건에 맞게 키우게 되면 농업인이 될 수도 있다.

2) 농지의 취득세 및 양도소득세

(1) 농지 취득세 : 3.4%(일반인 취득 시)

① 농업인 소유의 농지 : 1.6%(농업인 감면)

② 농지 취득세 감면

③ 2년 이상 재촌 자경 조건을 인정받으면, 농지 취득 시 농지 취득세를 50% 감면

④ 상속, 농지 교환은 취득세가 100% 면제

⑤ 귀농인의 농지 취득 시 50% 감면 혜택

(2) 농지의 양도소득세

① 8년 자경

가. 8년 이상 재촌 자경 후 매도하면 1년에 1억, 5년에 2억 한도로 양도세 감면 혜택

나. 농지 양도세가 1억 정도 되려면 양도 차익이 3억원이 넘어야 하기 때문에 양도 차익 6억 ~7억까지는 양도세 절세 혜택

② 대토(대체 토지)

가. 첫 번째 농지를 4년 이상 자경 후 매도하고, 1년 안에 두 번째(대토 토지) 농지를 매수 후 자경을 하는 경우

나. 첫 번째 농지 자경 기간과 두 번째(대토) 농지의 자경 기간의 합이 8년 이상이면 첫 번째 농지를 매도할 때 1억원까지 양도세 감면

③ 8년 자경 + 4년 대토로 1년 1억, 5년 3억까지 양도세 감면

3) 공익직불금(농림축산식품부)

(1) 공익직불금

공익직불금은 정부가 농업인에게 소득 보전을 위해 지원하는 제도로, 식품 · 먹거리 안전, 환경 지키기, 농촌 공동체 보존과 같은 공익을 이루어내는 농업인을 대상으로 해마다 지원금을 제공한다. 농업 활동을 이용해서 계속되는 공익 활동을 유지할 수 있도록 보조금을 전달해주고, 이 지원금으로 농업, 농촌의 가치 중요성을

더욱 유지하는 것에 기여하고 있다. 여기서 공익직불금(농림축산식품부)은 '기본형 공익직불제'와 '선택형 공익직불제' 두 가지로 나누어진다.[59)]

① **기본형공익직불제** : 소농 직불금은 일정 요건을 갖춘 (개인 경작의 넓이, 농가 소유하고 있는 넓이, 영농 종사한 기간, 농촌 거주 연도, 농외소득 등) 농업인에게 농가 면적에 관계없이 120만 원이 지급된다. 또한, 면적 직불금은 면적 구간을 구분한 뒤에, 기준이 되는 면적이 넓어지면 넓어질수록 공익직불금(농림축산식품부)의 지급금액이 줄어든다.

② **선택형 공익직불제** : 선택 직불금은 친환경 농업과 친환경 안전축산물이 있으며, 경관 보전과 논 이모작 제도로 이루어져 있다.

(2) 공익직불금 지급 대상

① 대상농지

가. 농업경영체에 적혀져 있는 농지로, 종전의 쌀직불(1998~2000년)과 밭직불(2012~2014년)이 있으며, 조건 불리 직불(2003~2005년)의 대상농지도 공익직불금(농림축산식품부) 지급 대상에 포함이 된다.

나. 2017년 1월 1일을 시작으로 2019년 12월 31일까지의 기간 중 1회 이상 '농업소득 보전 직접적인 공익직불금'(쌀 고정, 밭 고정, 조건 불리 직불)을 제공받은 이력이 존재하는 농지(단, 사료작물 재배로 지원금을 받던 초지는 경관보전 직불금으로 제공이 된다)가 공익직불금(농림축산식품부) 지급 대상에 포함이 된다.

② 대상자

- 농업 외의 종합소득금액의 합이 3,700만 원 아래를 유지하는 사람이고, 지급 대상 농지(0.1ha, 1,000㎡ 이상)에서 농업에 종사를 하고있는 농업인 또는 농업을 법인으로 등록한 경우에 공익직불금(농림축산식품부) 지급 대상에 포함이 된다.

③ 신청 자격

- 몇몇 조건을 충족하고 있는 농가에 논, 밭 규모(면적)에 구분 없이 120만원 지급이 원칙이다. 또한, 소농 직불금 조건은 경작의 면적과 소유하고 있는 농가 면적을 통해서 신청 자격이 주어지며, 영농 종사한 기간과 농촌에 거주한 기간 및 농업 외 소득과 같은 것들을 통해서 공익직불금(농림축산식품부) 신청 자격이 결정된다. (국립농산물품질관리원, 1644-8778)

---

59) 「농어업경영체 육성 및 지원에 관한 법률」 제4조제1항.

4) 최근 「농지법」 개정 내용 [출처 : 농림축산식품부 보도자료]

농림축산식품부 | 보도자료 | 다시 대한민국! 새로운 국민의 나라

보도시점	2023. 5. 11. (목) 11:00 5. 12. (금) 조간	배포	2023. 5. 11. (목) 09:00

불법 농막, 엄정하게 관리하겠습니다.

- 농막 설치를 위한 연면적 기준 구체화, 주거판단 기준 제시 등
- 감사원 감사 후속조치로 불법 농막 근절을 위한 철저한 사후관리 추진

농림축산식품부(장관 정황근, 이하 농식품부)는 최근 문제가 되고 있는 농막 불법 증축, 별장 사용 등 법을 위반하는 사례를 예방하기 위해 농지법 시행규칙 개정안을 마련하여 입법예고(2023.5.12. ~ 6.21.)를 한다고 밝혔다.

농막은 농작업에 직접 필요한 농자재 보관, 수확 농산물 간이처리 또는 농작업 중 잠깐 휴식을 취하기 위해 설치하는 시설(연면적 20㎡ 이하)로서 주거는 할 수 없는 시설이다.

최근 감사원은 전국적인 「가설건축물(농막) 설치 및 관리실태」 감사를 실시(2022년 4월~12월)하고 '농막 형태기준 마련 등 농막 설치요건 보완' 등이 필요함을 농식품부에 통보하였다.

이에 감사원 감사결과 지적된 사항과 그동안 지자체 등이 제도개선이 필요하다고 건의한 사항들을 바탕으로 농지법령 개정을 추진한다. 농지법상 농막 관련 규정을 명확하게 정비하여 농막이 입법 취지에 맞게 활용되도록 하는 한편, 지자체의 농막 사후관리의 한계점을 개선 · 보완하려는 것이다.

주요 개정 내용은 다음과 같다.

우선, 농막은 전원주택, 별장 등 주거목적으로 사용할 수 없음에도 그 기준이 명확하지 않아 지자체가 사후관리에 어려움을 겪고 있어 농막에서의 주거를 판단할 수 있는 구체적인 기준을 마련하였다.

특히, 소방 기준을 적용받지 않는 가설건축물인 농막에서의 주거는 화재 등 안전사고에 취약하며, 1가구 2주택 회피 수단으로도 활용될 수 있다.

이에, 농막으로 전입 신고하거나 농작업 중 '일시 휴식'을 벗어나는 행위(야간 취침, 숙박, 농작업 없는 여가 시설 활용 등)를 하는 경우 또는 내부 휴식 공간이 바닥면적의 25%를 초과하는 경우에는 주거로 판단하게 하여 농막이 입법 취지에 맞게 활용될 수 있도록 하였다.

둘째, 농막 설치 시 농지로 원상복구가 가능한 「건축법」상 가설건축물로 신고하도록 하였다. 이는 농막을 건축물로 신고하여 농지가 훼손되거나 영구적으로 별장 등으로 사용되는 것을 방지하는 한편, 가설건축물로 신고된 경우에는 「건축법」상 3년마다 불법증축 등 위반사항을 확인하게 되어 있어 주기적으로 「농지법」과 교차점검이 가능하게 하였다.

마지막으로 소규모 농지에 별장 등 사실상 주거목적으로 농막을 설치하거나 대규모 농지를 잘게 쪼개어 주거용 불법농막 단지를 형성하는 것을 예방하기 위해 비농업인에 한해 농지 면적에 따른 농막 면적 기준을 마련하였다.

한편, 농식품부는 이번 농지법 시행규칙 개정 내용과는 별개로 최근 농막이 많이 설치되고 있는 지역을 위주로 지자체와 합동으로 농막 설치실태를 점검(2023.3.6. ~3.24.)하였다.

그 결과, 총 점검대상 252개 농막 중 51%에 해당하는 129개 농막이 주거용으로 불법증축되었거나 농사는 제대로 짓지 않고 정원이나 주차장 등으로 불법 활용되고 있음을 확인하였다.

2편 농지연금

향후 이번 점검 결과와 감사원 감사결과를 바탕으로 전국 농지에 대한 농지대장 정비를 통해 농막 설치실태를 파악해 나갈 것이며 관련 부처와의 협업 등을 통해 철저히 사후관리를 강화해 나갈 방침이다.

농식품부 박수진 농업정책관은 "이번 제도개선으로 미흡한 농막 규정을 보완하여 가설건축물인 농막에서의 안전사고를 예방하는 한편, 현장에서 사후관리에 어려움이 없도록 지원을 강화해 나가겠다"라고 밝혔다.

담당 부서	농업정책관실 농지과	책임자	과 장 이승한 (044-201-1731)
		담당자	사무관 복옥규 (044-201-1742)

대한민국 정책브리핑 / OPEN 공공누리 공공저작물 자유이용허락

농림축산식품부 **보도자료** 다시 도약하는 대한민국 함께 잘사는 국민의 나라

보도 일시	2022. 8. 17. (수) 11:00 8. 18. (목) 조간	배포 일시	2022. 8. 17. (수) 09:00

담당 부서	농업정책국 농지과	책임자	과 장 이승한 (044-201-1731)
		담당자	사무관 안정모 (044-201-1735)
		담당자	사무관 복옥규 (044-201-1742)

8월 18일부터 「농지위원회 심의제도, 농지 임대차 신고제」 시행
- 농지 임대차 · 시설설치 신고제 미이행 시 과태료 부과 -

주요 내용
□ 투기목적의 농지 취득을 방지하기 위해 시 · 구 · 읍 · 면에 농지위원회를 설치하고 농지 취득시 심의를 거치도록 함 □ 농지 임대차계약을 체결 변경 해제하는 경우와 농지에 농막 축사 등 시설을 설치하는 경우에는 농지소재지 시 · 구 · 읍 · 면을 방문하여 농지대장 변경신청을 해야 함

농림축산식품부(장관 정황근)는 「농지법」 개정('21.8.17.)에 따라 올해 8월 18일부터 농지 취득 시 '농지위원회 심의제도'와 '농지 임대차 신고제도'가 도입된다고 밝혔다.

주요 내용은 다음과 같다.

우선 지자체 공무원이 농지 취득자격을 심사하는 현 체계를 보완하고 내실있는 농지 취득자격 심사를 위해 시 · 구 · 읍 · 면에 지역 농업인, 전문가 등이 참여하는 농지위원회가 구성된다.

농지위원회 심의 대상은 ①토지거래허가구역에 있는 농지를 취득하는 경우, ②농업법인이 농지를 취득하는 경우, ③1필지의 농지를 3인 이상의 공유지분으로 취득하는 경우, ④농지소재지 시 · 군 · 자치구 또는 연접한 시 · 군 · 자치구 내에 거주하지 않으면서 그 관할 시 · 군 · 자치구에 소재한 농지를 처음으로 취득하는 경우, ⑤외국인 · 외국국적 동포가 농지를 취득하는 경우이며, 신청 후 14일 이내 농지취득자격증명을 발급받을 수 있다.

또한 농지원부* 제도 개선에 따라 '농지원부' 명칭이 '농지대장'으로 변경되며 농지 임대차계약 체결 등 농지 이용정보 변경 시 농지대장 변경신청이 의무화된다.

* 농지소유자, 소유면적, 경작현황 등 20개의 농지정보를 등록한 자료로, 농지의 소유 · 이용실태를 파악하여 농지를 효율적으로 이용 · 관리하기 위해 작성 · 비치하고 있는 자료(1973년 도입)

❍ 농지원부 주요 제도개선 사항

구분	내용	시행시기
❍ 공부 명칭 변경	▸ 농지원부 → 농지대장	시행('22.8.18.)
❍ 작성기준(대상) 변경	▸ 농업인(1천㎡ 이상) → 필지(모든 농지)	시행('22.4.15.)
❍ 관할 행정청 변경	▸ 농업인 주소지 → 농지 소재지	시행('22.4.15.)
❍ 신고의무 부과	▸ 임대차 계약, 농막 등 설치 시 신고 의무 부과	시행('22.8.18.)

농지 소유자 또는 임차인은 농지법에 따라 체결한 농지 임대차계약을 체결 · 변경 · 해제하는 경우와 농지에 농막, 축사 등 시설을 설치하는 경우 그 변경 사유가 발생한 날로부터 60일 이내에 농지소재지 관할 행정청(시·구·읍·면)에 방문하여 농지대장의 변경을 신청하여야 한다.

* 올해 8.18일 이전에 체결한 임대차계약이나 설치한 시설은 변경신청 대상이 아님

❍ 농지대장 변경신청 대상 및 첨부서류

신청 대상	첨부서류
① 농지 임대차(임대차계약 체결 · 변경 · 해제 시)	임대차 또는 사용대차 계약서
② 농축산물생산시설(농막, 축사, 고정식온실, 버섯재배사, 곤충사육사) 설치	건축물 또는 가설건축물관리대장
③ 토지 개량시설(수로, 제방) 설치	서류, 사진, 도면자료 등

농지대장 변경사유가 발생하였으나 변경신청을 하지 않거나 거짓으로 신청한 경우에는 그 위반 횟수에 따라 100만 원에서 최고 500만 원의 과태료를 부과하게 된다.

❍ 농지대장 변경신청 관련 과태료 부과 기준

위반행위	근거 법조문	과태료(만원)		
		1차 위반	2차 위반	3차 이상 위반
가. 농지법 제49조의2에 따른 신청을 거짓으로 한 경우 ▸ 농지 임대차 및 시설설치 거짓 신고	농지법 제64조 제1항제2호	250	350	500
나. 농지법 제49조의2에 따른 신청을 하지 않은 경우 ▸ 농지 임대차 및 시설설치 미신고	농지법 제64조 제2항	100	200	300

농림축산식품부 박수진 농업정책국장은 “이번 농지위원회 심의제도 신설을 통해 농지 취득 심사를 강화함으로써 투기를 목적으로 하는 농지 취득을 억제하는 한편, 농지 임대차 신고제도 시행에 따라 모든 농지의 이용현황을 명확하게 확인할 수 있는 기반을 마련하는 등 농지관리체계가 한층 더 강화될 것으로 기대한다.”라고 밝혔다.

5) 농지연금 업무 처리요령 (주요 개정 내역)

『농지연금 업무처리요령』 주요 개정 내역

<table>
<tr><th>연도별</th><th>주요변경 사항</th><th>내 용</th></tr>
<tr><td>2011년</td><td>약정철회규정 신설</td><td>◦ 약정체결일로부터 2회차 월지급금 지급 결정일까지 약정철회 규정 신설</td></tr>
<tr><td rowspan="2">2012년</td><td>근저당권설정등기 법무사 보수료 감액 (60%)적용</td><td>◦ 담보농지 근저당권 설정 법무사 보수료 30%~60% 감액
* 대한법무사협회와의 법무사보수료 협약체결(11.11.10) 사항 반영</td></tr>
<tr><td>월지급금 지급 약정체결 기준일 변경 반영</td><td>◦ 농지연금 지급범위 약정체결 기준일 확대
(당초 5일 → 변경 10일)를 통한 연금수령기간 단축으로 가입자 연금수혜 확대</td></tr>
<tr><td rowspan="2">2013년</td><td>월지급금 지급상한액 기준 문구 명확화</td><td>◦ 월지급금 지급상한액을 월 3백만원 수준에서 “수준” 문구 삭제</td></tr>
<tr><td>가입비 선납 및 중도 납부 제도 도입</td><td>◦ 가입비 선납 및 중도 납부 선택할 수 있도록 개정</td></tr>
<tr><td rowspan="5">2014년</td><td>감정평가 도입 이자율 인하 가입비 폐지</td><td>◦ 담보농지 가치 평가방법 감정평가방법도입
◦ 대출이자율 인하(4%→3%)
◦ 가입비 폐지에 따른 관련내용 개정</td></tr>
<tr><td>지급방식별 가입연령 제한</td><td>◦ 기간정액형 가입연령 제한(기대여명 감안)<table><tr><th>기간</th><th>현행</th><th>변경</th></tr><tr><td>5년형</td><td>만65세이상 - 만90세까지</td><td>78세이상</td></tr><tr><td>10년형</td><td>만65세이상 - 만80세까지</td><td>73세이상</td></tr><tr><td>15년형</td><td>만65세이상 - 만72세까지</td><td>68세이상</td></tr></table></td></tr>
<tr><td>가입연령 요건 완화</td><td>◦ 부부 모두 만 65세 이상인 농업인에서 농지 소유자 만 65세 이상 농업인으로 개정</td></tr>
<tr><td>연금채무 분할상환 도입</td><td>◦ 가입자 사망으로 인한 연금약정 해지시 채무 분할상환 선택 가능하도록 개정</td></tr>
<tr><td>농지연금 지원신청 서류 간소화</td><td>◦ 지원신청시 토지대장 등본, 개별공시지가확인서, 토지이용계획확인서 제출에서 부동산종합 증명서로 통합</td></tr>
<tr><td rowspan="4">2016년</td><td>감정평가방식담보농지평가율 상향</td><td>◦ 감정평가방식 담보농지 평가율 70%에서 80%로 상향조정</td></tr>
<tr><td>농지연금심의회세분화</td><td>◦ 공시지가대비 감정평가금액 1.8배 초과 ~ 30배 이하 구간 지역본부 심의 도입
* 1.8배 초과 ~ 3.0배 이하 : 지역본부심의
3.0배 초과 : 본사심의</td></tr>
<tr><td>대출이자율 인하 및 변동금리 도입</td><td>◦ 대출이자율을 3%에서 고정금리(2.5%) 또는 변동금리(매 6개월)로 변경
◦ 신청인이 고정금리 또는 변동금리를 선택</td></tr>
<tr><td>농지소유규모요건폐지</td><td>◦ 소유농지 3만m^2 이하 요건 폐지</td></tr>
</table>

2016년	대출이자율(고정금리) 인하	◦ 대출이자율(고정금리)을 2.5%에서 2%로 변경
	지원약정 변경사유 및 절차추가	◦ 환지에 의한 평정가격 증감 필지, 지적재조사에 의한 농지가격 증감 필지, 불가항력의 사유로 훼손되어 원상회복이 불가능한 부분의 면적은 약정변경 절차에 의하여 처리
2017년	전후후박형 도입	◦ 종신형에 월지급금을 최초 지급일부터 10년간은 정액형보다 많고 11년째부터는 적게 받는 전후후박형 지급유형 도입
	일시인출형 도입	◦ 종신형에 농지연금의 총 대출한도액 범위내(30%이내)에서 일부 금액을 필요시 수시로 인출할 수 있는 일시인출형 지급유형 도입
	경영이양형 도입	◦ 기간형에 연금지급기간이 종료된 후 담보농지를 농어촌공사에 매도하여 연금채무를 상환할 것을 약정하는 경영이양형 지급유형 도입
	배우자 승계 연령 완화	◦ 배우자의 승계연령을 완화(65세→60세)하되, 배우자 승계 조건으로의 가입여부는 가입자가 약정시 배우자의 동의를 거쳐 선택
	소액담보설정농지가입 허용	◦ 고령농의 안정적인 노후생활보장을 위해 소액 담보설정(담보농지 가격의 100분의 15미만)농지의 농지연금 가입 허용
	담보농지 개별필지 해지 약정변경 허용	◦ 농지연금수급자가 담보농지 중 일부 필지의 해지를 요구하는 경우 담보농지 개별필지 해지를 위한 약정변경 허용
2018년	종신형 지급금액 조정	◦ 종신형의 경우 지급받을 수 있는 금액은 지급한도액(월지급금 3백만원) 범위내에서 동일하게 적용
2019년	담보농지평가율 상향	◦ 감정평가방식 담보농지 평가율 80%에서 90%로 상향조정
	기대이율 및 사망확률 조정	◦ 기대이율 하향 조정(4% → 3.65%) ◦ 사망확률 2016년 완전생명표 적용
	사후관리를 위한 자료제공	◦ 사후관리 자료제공 (주민등록전산자료(행정안전부) 매월, 지적전산자료(국토교통부) 연2회 제공)
	개별공시지가 평가방법 개선	◦ 개별공시지가가 결정되기 전에는 분할 · 합병 전의 개별공시지가를 적용
	담보농지 중 제한 내용 추가	◦ 담보농지 보유기간 및 담보농지와 주소지와의 거리 제한
2020년	압류방지통장 출시	◦ 농지연금수급전용계좌(농지연금지킴이통장) 출시 - 민사집행법에 의한 최저생계비 내 압류방지
2022년	우대상품 도입	◦ 저소득층, 장기영농인 대상 월지급금을 추가 지급하는 우대형상품 도입
	중도상환 허용	◦ 약정변동 없이 농지연금 채무의 일부 또는 전부 상환 허용
	상품변경 허용	◦ 가입 후 3년 이내 1회에 한해 지급방식 변경 허용
	기초변수 갱신	◦ '20년 완전생명표 적용
	상품명칭 변경	◦ 일시인출형 → 수시인출형
	가입연령 완화	◦ 65세 → 60세
	경영이양형상품개선	◦ 농지연금수급자 사망 시 담보농지를 농어촌공사에 매도 가능
	선순위채권 설정농지 가입요건 완화	◦ 담보농지에 설정된 채권최고액이 수시인출 한도이내로서 채무를 모두 상환하여 선순위채권을 말소할 것을 약정하는 경우 가입 허용

2023년	임대형 상품 도입	◦ 담보농지를 공사에 임대하는 경우 월지급금을 추가 지급하는 우대형상품 도입
	중도상환 횟수제한 폐지	◦ 중도상환 횟수 제한(3년1회) 조건 폐지
	기간형 상품 수급기간 추가	◦ 만 63세부터 가입가능한 기간형 상품(20년형) 추가
	기초변수 갱신	◦ 최신 완전생명표 적용

4. 온비드(www.onbid.co.kr) 공매

1) 온비드 공매 사이트의 장점

온비드 공매란 "국가기관, 지방자치단체, 교육기관, 공기업 등의 물건을 한국자산관리공사(KAMCO)의 전자자산처분 시스템인 '온비드'를 통해 매각, 임대(대부)하는 방식을 말한다. 또한 국세, 시방세 등이 제납된 부농산이나 자동차, 귀금속 같은 동산이 관할 세무 당국에 압류된 뒤 '온비드'를 통해 공개적으로 온라인 입찰(처분)하는 과정을 말한다.

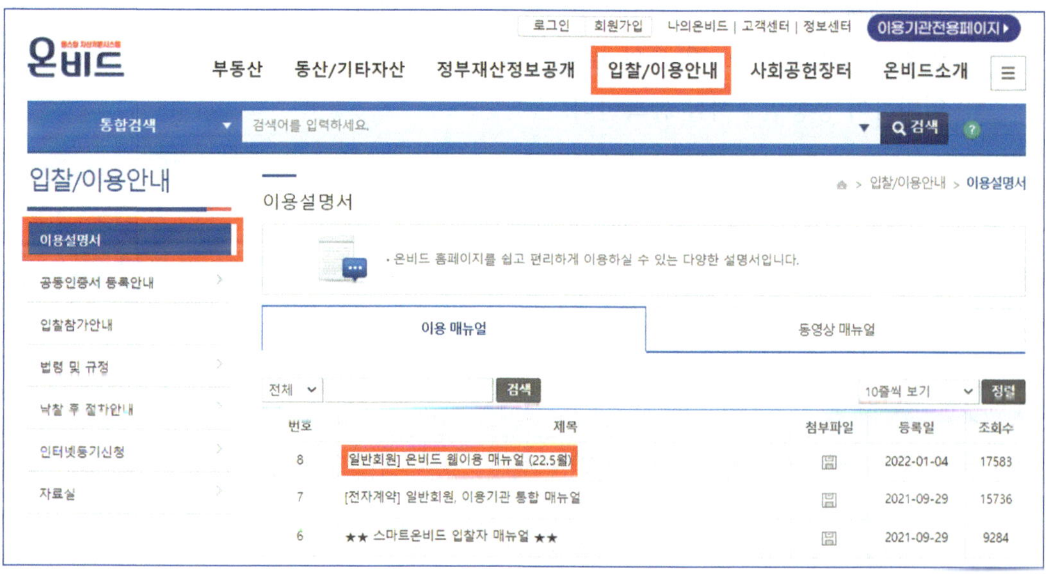

(1) 공매는 전자입찰시스템으로 입찰이 편리하다. 경매처럼 관할 법원에 매각 일시에 맞추어 원거리를 이동하는 시간과 비용 부담 없이 어느 때든지 전자입찰로 편리하게 응찰할 수 있다.

(2) 경매보다 저렴하게 매입할 수 있다. 공매는 경매보다 인지도가 낮고, 경쟁률이 낮아 동일 물건이 경매와 경합되는 경우 저렴하게 매각되는 경우가 많다.

(3) 수의 계약 가능 물건도 많다. 경쟁 입찰을 거치지 않고, 매각 기관과 직접 계약할 수 있는 물건도 상당히 많다.

(4) 임대(대부) 부동산도 있다. 주거용 건물, 식당, 사무실, 농지, 주차장, 카페, 학교매점, 자판기 등 보증금, 권리금 없이 사용할 수 있는 부동산이 있다. 보통 1년간 사용료를 지불하고 연간 계약을 한다.

2) 한국자산관리공사 공매 사이트 '온비드' 회원 가입 및 등록

(1) 온비드(www.onbid.co.kr) 사이트 접속

(2) 회원 가입 및 로그인

- 본인 명의 및 주민등록번호의 도용방지를 위하여 나이스평가정보, 코리아크레딧뷰로를 통해서 실명 확인을 시행한다.

(3) 공동인증서 등록 절차

- 온비드에서 아이디와 비밀번호를 입력하여 로그인한 다음, <나의 온비드> → <공동인증서 관리> → <인증서 등록/삭제> 버튼을 클릭한 다음 공동인증서 암호를 입력하여 공동인증서를 등록한다.

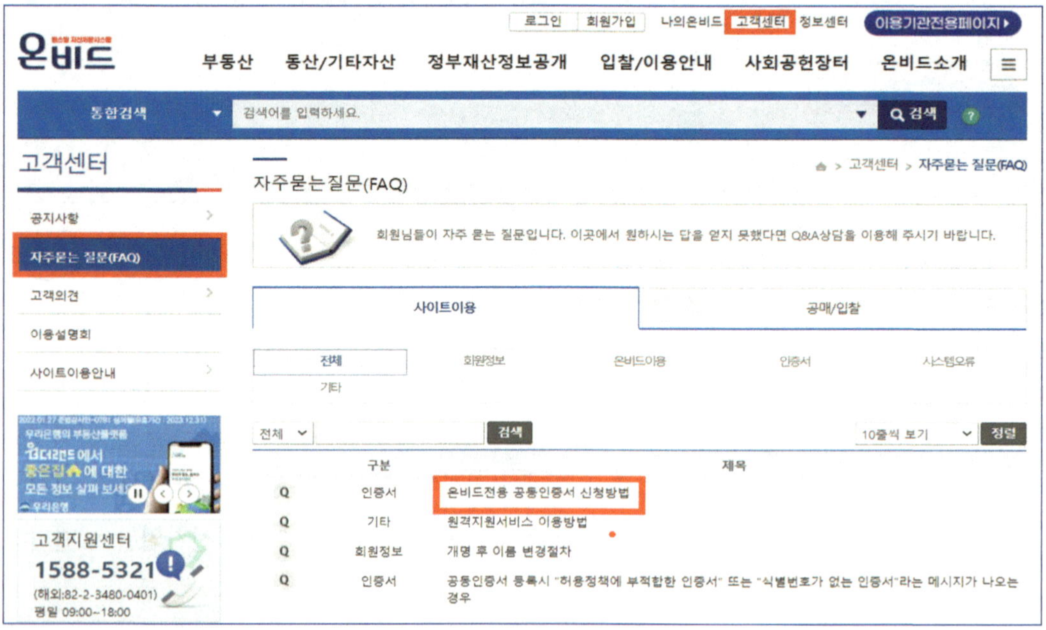

(4) 온비드 전용 공동인증서 신청 방법

온비드 입찰 참가는 금융거래에 해당되지 않아, 금융회사에서 발급해 주는 무료 공동인증서로는 본인 인증을 할 수 없으므로 사용료 4,400원(1년)의 범용인증서를 사용해야 한다. 온비드에서는 한국정보인증과 협업을 통하여 온비드에서만 이용 가능한 저렴한 인증서를 제공하고 있다.

① 대상 회원 : 개인 회원

② 대상 인증서 : 개인용 온비드 전용인증서

③ 발급 비용 : 1,100원(1년 기준)

④ 신청 방법 : 입찰/이용 안내 → 공동인증서 등록 안내 → 인증서 등록/신청 메뉴로 이동 → [인증서 신청] 버튼을 클릭하여 온비드 전용인증서 신청 사이트로 이동 후, 사이트에 기재된 인증서 신청 방법을 참고하여 발급 진행하면 된다.

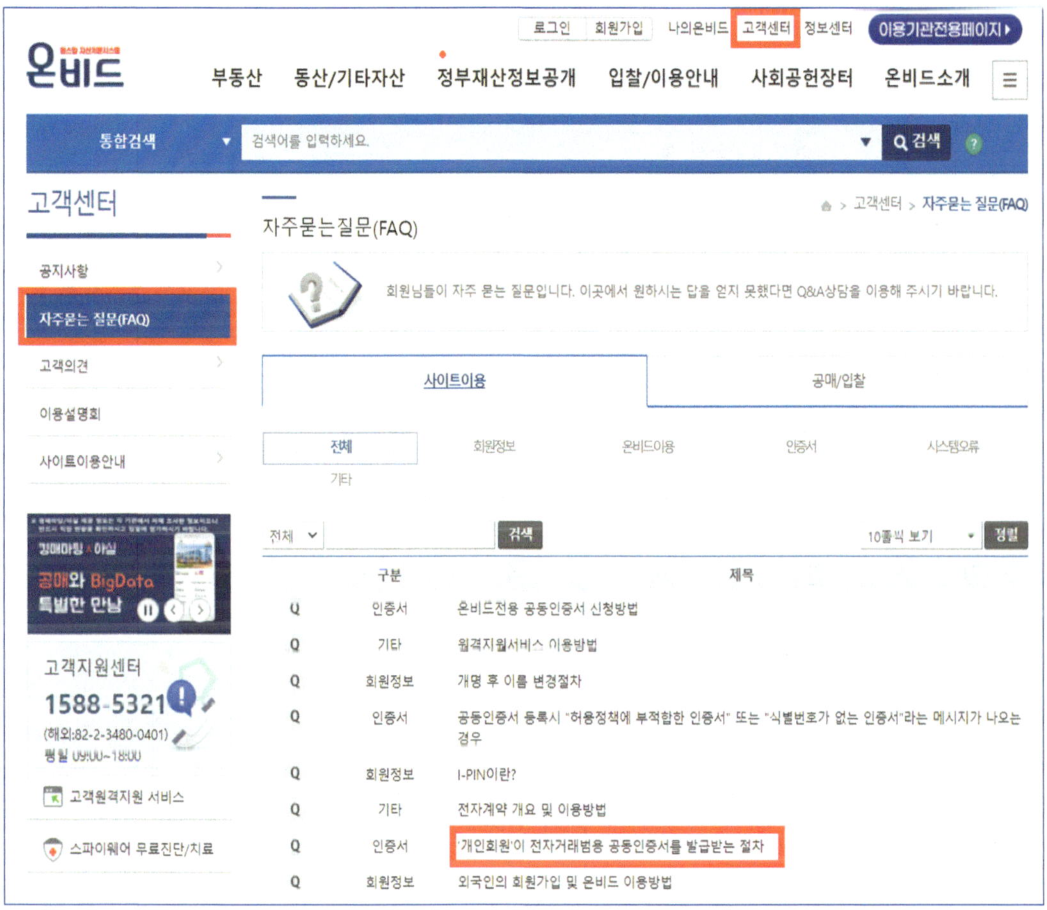

3) 공매의 매각결정기일 변경

(1) 「국세징수법」 제72조 제5항 개정으로 2023년 공고분부터 적용된다.

(2) 농지취득자격증명원 제출 기한 내용이 개정되었다.

① 개정 전 · 개정 후 비교

개정 전	개정 후	비고
개찰일 부터 3일 이내 (통상 개찰 다음 주 월요일 10시)	개찰일 부터 7일 이내* (통상 개찰 다다음 주 월요일 18시)	2023년 공고분 부터 적용

② 매각 결정 및 매각 불허가 사유 추가(예시)

공매재산 종류	사 유	결정
전체	매각 결정기일 전에 매수인 자격 조건을 갖추지 못한 사실이 서류로 확인된 경우	매각 불허
농지	매각 결정기일 전에 농지 취득에 필요한 서류가 제출된 경우 (농지취득자격증명, 농지위원회 심의 대상 확인 서류 등)	매각 결정
농지	매각 결정기일 전에 농지취득에 필요한 서류가 미제출되거나, 소유권이전 불가 확인 서류가 제출된 경우	매각 불허

가. 공유자 및 배우자 우선 매수 신청 마감

- 온비드 신청 : 매각결정기일 전일 18시(통상 개찰 다음 주 18시)
- 공사(지역본부) 방문 : 매각결정기일 18시(통상 개찰 다다음 주 월요일 18시)

나. 비교표

압류재산 입찰기일은 매주 월요일 오전 10시부터 수요일 오후 5시까지이며, 개찰은 목요일 오전 11시부터 시작한다.

일	월	화	수	목	금	토
	월요일 10:00 입찰시작 ~ 수요일 17:00 마감			10:00 개찰 시작		
	기존 매각결정기일 10:00					
	변경 후 매각결정기일 18:00					

✤ 매각결정기일이 기존과 비교해 1주일 더 길어졌다.

③ 공매 농지의 경우 농지취득자격증명 제출 시기

가. 농지를 압류재산 공매로 낙찰받아 최고가 매수신고인으로 정해지면 한국자산관리공사에서 최고가매수신청인 증명서를 발급받아 그 증명서를 가지고 농지 소재지를 관할하는 시장, 구청장, 읍장 또는 면장에게 농지취득자격증명을 발급받아 매각허가결정 전까지 한국자산관리공사에 제출해야 한다.

나. 매각허가결정 전까지 미제출 시에는 매각 불허가 결정을 한다. 이때 입찰보증금은 경매와 다르게 몰수되지 않고 매수신청인에게 반환된다.

5. 농지연금 준비 체크리스트와 최근 보도자료

1) 농지연금 준비 체크리스트

순번	체크해야 할 내용	확인 점검
1	영농경력이 5년 이상인가?	
2	신청인의 나이는 만 60세 이상인가?	
3	해당 농지를 2년 보유했는가?	
4	농지소재지(시 · 군 · 구 연접 시군구 직선거리 30km 이내) 인근에 거주하고 있는가?	
5	공부 상 지목이 농지인가?	
6	도로와 접해있는가? 농지의 형태(모양)는 어떤가?	
7	용도지역은 검토를 했는가?	
8	공시지가가 얼마이고 그 추이는 어떤가?	
9	예상 감정평가 금액은 얼마인가?	
10	예상 농지연금 수령액은 얼마인가?	

2) 최근 농지연금 보도자료

한국농어촌공사	보도자료	행복한 농어촌 함께 하는 KRC

보도일시	2023. 3. 30. (목) 11:00	배포일시	2023. 3. 30. (목) 11:00
담당부서	농지은행처 농지연금부	책임자	부 장 강수환 (061-338-5901)
		담당자	과 장 문윤정 (061-338-5906)

농지연금 제도개선으로 농업인 노후생활 보장 확대

- 3.31일부터 임대형 우대상품 도입, 기간형 수급기간(20년형) 추가 등 시행 -

한국농어촌공사(사장 이병호)는 농업인의 안정적인 노후생활 보장을 지원하고 농가 경영안정에 기여하기 위하여, 농지연금* 제도개선을 추진해왔다.

* 농업인이 소유하고 있는 농지를 담보로 생활자금을 매월 연금처럼 지급받는 상품

특히 지난해는 가입연령 기준 인하, 담보농지 지원기준 요건 완화, 중도상환 허용, 기존 가입자 상품 변경 허용 등 수요자 중심의 제도개선을 통해 더 많은 농업인이 안정적으로 혜택을 받을 수 있도록 하였다.

우선 농지연금 가입연령 기준을 만 65세에서 만 60세로 인하(′22.2월)하여 65세 이전에도 자녀교육 및 결혼 등으로 목돈이나 생활자금이 필요한 60~64세의 수요를 충족하였고, 담보가 설정된 농지에 대한 연금가입 기준완화*를 통해 그간 가입이 제한되었던 담보 비율이 높은 농지소유자도 농지연금의 혜택을 받을 수 있도록 하였다.

* 담보 비율이 농지가격의 15% 미만 → 농지가격의 30% 이내

또한, 3년에 1회씩 농지연금채무를 일부 혹은 전부 중도 상환할 수 있게 허용(′22.1월)하여 농업인들의 채무부담을 완화하였고, 기존 계약자가 상품전환을 위하여 가입 후 3년 내 1회 약정을 변경할 수 있도록 허용(′22.1월)하여 원하는 상품으로 변경하기 위한 가입자들의 중도해지를 방지하였다.

한국농어촌공사	보도자료	행복한 농어촌 함께 하는 KRC

보도일시	2023. 2. 24. (금) 11:00	배포일시	2023. 2. 24. (금) 11:00
담당부서	농지은행처 농지연금부	책임자	부장 강수환 (061-338-5901)
		담당자	과장 문윤정 (061-338-5906)

농지연금 가입연령 낮추고 상품 유형도 늘린다

- 배우자 승계형 가입연령 인하, 임대형 우대상품 도입 -

한국농어촌공사(사장 이병호)는 농업인의 안정적인 노후생활 보장을 지원하고 농가 경영안정에 기여하기 위해 배우자 승계형 가입연령 인하, 임대형 우대상품 도입 등 농지연금 제도개선을 추진한다.

먼저, 농지연금 승계형 상품에 가입이 가능한 배우자의 연령을 만 60세 이상에서 만 55세로 하향 조정한다. 지난해 농지연금 가입연령 기준이 만 65세에서 만 60세로 인하됨에 따라 가입자 사망 시 연금을 승계받을 수 있는 배우자 연령 기준도 하향 조정하여, 고령 농업인 부부 모두가 종신까지 연금을 수령하여 안정적인 노후생활을 보장받을 수 있도록 한다.

둘째, 가입자가 선택한 일정한 기간(5년, 10년, 15년) 동안 매월 일정연금을 지급받는 기간형 상품 유형에 20년형을 추가하여 가입자 선택의 폭을 확대한다.

※ 농지연금 기간형 지원방식이 가인연령 기준(농식품부 고시 2019-91호)

▸ 기긴형 가입 가능 연령은 노후생활보상이라는 연금의 입법취지 달성을 위해 기대 수명(83세, 통계청)을 감안하여 설정(예시 : 5년형 + 78세 가입 = 83세까지 보장)

기간형	5년형	10년형	15년형	+	20년형
가입연령	만 78세 이상	만 73세 이상	만 68세 이상		만 63세 이상

셋째, 농지연금 담보 농지를 농지은행에 임대하는 경우 월시급금을 5% 우대 지급하는 임대형 우대상품을 출시한다. 가입자는 더 많은 연금을 지급받고 공사는 제공받은 우량농지를 청년농 등에게 공급함으로써 농지 이용 효율성을 제고한다.

이러한 제도개선으로 '22년 농지연금 신규가입 건수는 전년대비 22%(450건) 증가한 2,530건을 달성하였으며, 중도해지 건수는 전년대비 23%(261건) 감소하여 더 많은 농업인들이 농지연금을 통해 안정적인 노후생활을 지원받게 되었다.

올해에도 농지연금사업은 작년의 추세를 이어 3월말 현재 기준 신규가입 건수가 1,138건으로 전년 동기(655건) 대비 74% 증가하였으며 월지급액도 신규가입 건 기준 평균 134만원*으로 코로나19, 농업생산비용 증가, 소비자물가 상승 등으로 인해 경제적으로 어려웠던 농가의 소득보전에 기여하고 있다.

* '20) 109만원 → '21) 115만원 → '22) 122만원 → '23.3.28) 134만원

한편, 올해 제도개선 추진 중인 배우자 연금 승계를 위한 가입연령 기준 인하(만 60세 →만 55세)는 관련 법규를 조속히 개정하여 상반기 중 시행을 목표로 하고 있으며, 임대형 우대상품* 도입, 기간형 상품 수급 기간(20년형) 추가, 중도상환 횟수 제한 폐지는 오는 31일부터 시행될 계획이다.

* 한국농어촌공사에 농지를 임대하고 농지연금에 가입하는 경우 월지급금 5% 추가 지급

향후에도 한국농어촌공사는 보다 많은 농업인의 노후생활 안정에 농지연금이 도움을 줄 수 있도록 가입기준 완화, 상품 다각화 등 제도개선을 지속적으로 추진해 나갈 예정이다.

농림축산식품부 **보도자료** 다시 도약하는 대한민국 함께 잘사는 국민의 나라

보도일시	2023. 2. 21. (화) 11:00 2. 22. (수) 조간	배포일시	2023. 2. 21. (화) 09:00
담당부서	농업정책관 농지과	책임자	과 장 이승한 (044-201-1731)
		담당자	사무관 복옥규 (044-201-1742)

농지연금 가입연령 낮추고 상품 유형도 늘린다

- 배우자 승계형 가입연령 인하, 임대형 우대상품 도입 등 -

주요내용

□농식품부는 농업인의 안정적인 노후생활 보장과 농가 경영안정을 위해 농지연금* 제도개선 추진

* 농업인이 소유하고 있는 농지를 담보로 생활자금을 매월 연금처럼 지급받는 상품

○ (가입연령 인하) 농지연금 승계형 상품*에 가입이 가능한 배우자의 연령을 만 60세 이상에서 만 55세로 하향 조정

* 농지연금 가입자가 사망 시 배우자가 연금수급권을 승계받을 수 있는 상품

○ (상품 개선) 연금상품 유형을 다양화하여 가입자 선택 폭 확대

- ① (임대형 우대상품 도입) 한국농어촌공사(이하 "공사")에 농지를 임대하고 농지연금에 가입하는 경우 월지급금 5% 추가 지급
- ② 20년형 상품 추가

  * (기존) 5년형, 10년형, 15년형 → (개선) 기존 + 20년형
- ③ 가입자가 언제든지 연금채무를 중도 상환할 수 있도록 허용

  * (기존) 3년에 1회씩 중도(부분) 상환 허용 → (개선) 언제든지 중도(부분) 상환 가능

농림축산식품부(장관 정황근, 이하 농식품부)는 농업인의 안정적인 노후생활 보장을 지원하고 농가 경영안정에 기여하기 위해 농지연금 제도개선을 추진한다.

첫째, 지난해 농지연금 가입연령 기준이 만 65세에서 만 60세로 인하됨에 따라 가입자 사망 시 연금을 승계받을 수 있는 배우자 연령 기준도 만 60세 이상에서 만 55세 이상으로 하향 조정하여, 고령 농업인 부부 모두가 종신까지 더욱 두텁게 안정적인 노후생활을 보장받을 수 있도록 한다.

둘째, 평생 연금을 받는 종신형과 달리 가입자가 선택한 일정한 기간(5년, 10년, 15년) 동안 연금을 지급받는 기간형 상품 유형에 20년형을 추가한다.

✱ 농지연금 기간형 지원방식의 가입연령 기준(농식품부 고시 2019-91호)

▸ 기간형 가입 가능 연령은 노후생활보장이라는 연금의 입법취지 달성을 위해 기대수명(83세, 통계청)을 감안하여 설정(예시 : 5년형 + 78세 가입 = 83세까지 보장)

기간형	5년형	10년형	15년형	+	20년형
가입연령	만 78세 이상	만 73세 이상	만 68세 이상		만 63세 이상

셋째, 농지은행에 농지를 임대하고 농지연금에 가입하는 경우 월지급금을 5% 추가 지급하는 임대형 우대상품을 신규 출시하여 가입자에게 더 많은 연금을 지급하고 공사는 필요한 우량농지를 제공받아 청년농 등에게 공급할 수 있도록 한다.

마지막으로 중도상환 횟수 제한을 폐지한다. 기존에는 중도상환이 3년에 1회로 제한되었지만 여유자금이 있을 경우 언제든지 채무를 중도 상환할 수 있도록 개선한다.

이번 제도개선 사항 중 배우자 연금 승계를 위한 가입연령 기준 인하는 「한국농어촌공사 및 농지관리기금법 시행규칙(입법예고(2.21.~4.2.)」 개정 절차를 조속히 추진하여 올해 상반기 중 시행을 목표로 하고 있으며, 기간형 상품 지원방식 확대, 임대형 우대상품 도입 등은 올해 3월 중 관련 고시 및 지침 개정을 완료하여 시행할 계획이다.

박수진 농식품부 농업정책관은 "이번 제도개선을 통해 농업인 개개인이 여건에 따라 다양한 상품을 선택할 수 있도록 함으로써 농지연금이 보다 많은 농업인의 노후생활 안정에 도움을 줄 수 있도록 하는 한편, 청년농 등에게 우량농지를 확보하여 제공할 수 있는 기반도 강화될 것으로 기대된다"라고 밝혔다.

6. 경 · 공매로 농지연금 준비 및 사례 분석

1) 경 · 공매로 농지연금 준비

(1) 경 · 공매 낙찰가 하향 추세

최근 경 · 공매 물건의 증가로 낙찰가율 및 낙찰가 하향 추세를 보이고 있지만 신중한 권리분석이 요구된다.

(2) 농지취득자격증명 발급 사전 준비

농지를 경 · 공매로 낙찰받을 경우 매각 허가 결정기일 전까지 농지취득자격증명을 제출하지 못하면 입찰보증금을 몰수될 수 있다.

(3) 일반인(비 농업인)의 경우 농지연금 적합 농지 선별 기준

① 개별공시지가가 높은, 개별공시지가의 오름폭이 큰 농지

② 영농경력 5년 조건을 위한 1,000㎡ 이상 농지

(4) 맹지, 개발제한구역 내 농지도 농지연금 가능

2) 용도지역의 중요성

(1) 용도지역

토지 이용의 기본적인 구분으로 크게 도시지역, 관리지역, 농림지역, 자연환경보전지역 등 4가지로 구분하며, 토지의 이용 및 건축물의 용도, 건폐율, 용적률, 높이 등을 제한함으로써 토지를 경제적, 효율적으로 이용하고 공공복리의 증진을 도모하기 위하여 서로 중복되지 않게 도시관리계획으로 결정하는 지역을 말한다.

(2) 용도지역의 중요성

① 토지의 가치를 나타내는 척도가 되기 때문이다.

② 「국토의 계획 및 이용에 관한 법률」에 따라 토지를 구분할 때 용도지역, 용도지구, 용도구역 등으로 구분하는데, 그 중에서 용도지역은 토지를 구입할 때 가장 기본 지침서가 되기 때문이다.

(3) 용도지역의 구분

① 용도지역은 크게 도시지역과 비도시지역으로 나눈다.

② 도시지역은 주거지역, 상업지역, 공업지역, 녹지지역 등 4가지로 구분된다.

③ 용도지역에 따라 건폐율(건축 넓이)과 용적률(건물 높이)이 달라진다.

④ 비도시지역은 관리지역과 농림지역, 자연환경보전지역으로 나뉜다.

용도지역

✤ 토지마다 용도를 정해 놓고 그 용도에 맞춰 이용(행위)하는 것

용도지역	구분	세분		농지취득 자격증명
도시지역	주거지역	전용 주거지역	1종 전용주거	**농취증 불필요**
			2종 전용주거	
		일반 주거지역	1종 일반주거	
			2종 일반주거	
			3종 일반주거	
		준 주거지역	주거+상업	
	상업지역	중심 상업지역	도심+부도심	
		일반 상업지역	일반적인 상업	
		유통 상업지역	유통기능 증진	
		근린 상업지역	근린 지역	
	공업지역	전용 공업지역	중화학공업, 공해성공업수용	
		일반 공업지역	환경저해 않는 공업	
		준공업지역	경공업 + 주거 + 상업 + 업무기능 보완	
	녹지지역	보전녹지	개발, 녹지공간 보전	**농취증 필요**
		생산녹지	생산 위해 개발 유보	
		자연녹지	제한적인 개발 가능 / 도시 녹지공간 확보 / 장래 도시용지 공급 / 불가피한 경우에 한하여 제한적인 개발 허용	
관리지역	보전관리	자연에 준하여 관리		
	생산관리	농림에 준하여 관리		
	계획관리	도시에 준하여 관리		
농림지역	농림업의 진흥과 산림보전			
자연환경 보전지역	보전산지 → 자연, 수자원, 해안, 생태계, 상수원, 문화재, 수산 자연보호			

(4) 지목(28개)의 종류 및 설명

지 목	부호	설 명
전	전	물을 상시적으로 이용하지 않고 곡물 · 약초 · 관상수 등의 식물을 주로 재배하는 토지
답	답	물을 상시적으로 이용하여 벼 · 면 · 미나리 · 왕골 등의 식물을 주로 재배하는 토지
과수원	과	사과 · 배 · 밤 등 과수류를 집단적으로 재배하는 토지와 이에 접속된 저장고 등
목장용지	목	축산업 및 낙농업을 하기 위하여 초지를 조성한 토지, 가축을 사육하는 축사 등의 부지
임야	임	산림 및 원야를 이루고 있는 수림지 · 죽림지 · 암석지 · 자갈땅 · 모래땅 등
광천지	광	지하에서 온수 · 약수 · 석유류 등이 용출되는 용출구와 그 유지에 사용되는 부지
염전	염	바닷물을 끌어 들어 소금을 채취하기 위하여 조성된 토지와 이에 접속된 제염장 등
대	대	주거 · 사무실 등 영구적 건축물과 이에 접속된 부속시설물, 택지조성공사가 준공된 토지
공장용지	장	제조업을 하고 있는 공장시설물의 부지, 관계법령에 의하여 공장부지 조성공사가 준공된 토지
학교용지	학	학교의 교사와 이에 접속된 체육장 등 부속시설물의 부지
주차장	차	주차에 필요한 독립적인 시설을 갖춘 부지와 주차전용 건축물 및 이에 접속된 부속시설물의 부지
주유소용지	주	석유 등의 판매를 위하여 일정한 설비를 갖춘 시설물의 부지, 저유소 및 원유저장소의 부지 등
창고용지	창	물건 등을 보관, 저장하기 위한 보관시설물의 부지와 이에 접속된 부속시설물의 부지
도로	도	교통 운수를 위하여 보행 또는 차량 운행에 이용되는 토지와 휴게소 부지 등
철도용지	철	교통 운수를 위해 이용되는 토지와 이에 접속된 역사 · 차고 · 발전시설 등 부속시설물의 부지
제방	제	조수 · 자연유수 · 모래 · 바람 등을 막기 위해 설치된 방조제 · 방사제 · 방파제 등
하천	천	자연의 유수가 있거나 있을 것으로 예상되는 토지
구거	구	인공의 수로 · 둑 및 그 부속시설물의 부지와 자연의 유수가 발생되거나 예상되는 소규모 수로부지
유지	유	댐 · 저수지 · 소류지 · 연못 등의 토지와 연 · 왕골 등이 자생하는 배수가 잘 안되는 토지

2편 농지연금

양어장	양	수산생물의 번식 또는 양식을 위한 인공시설을 갖춘 부지와 이에 속한 부속시설물의 부지
수도용지	수	물을 정수하여 공급하기 위한 취수 · 저수 및 배수시설의 부지와 이에 속한 부속시설물의 부지
공원	공	일반 공중의 보건 · 휴양을 위한 시설을 갖춘 토지로서 공원 또는 녹지로 결정 · 고시된 토지
체육용지	체	국민의 건강증진을 위한 체육시설의 토지와 이에 속한 부속시설물의 부지
유원지	원	일반 공중의 위탁 · 휴양 등에 적합한 시설의 토지와 이에 속한 부속시설물 부지
종교용지	종	일반 공중의 종교의식을 위한 교회 · 사찰 등 건축물의 부지와 이에 접속된 부속시설물의 부지
사적지	사	문화재로 지정된 역사적인 유적 · 고적 · 기념물 등을 보존하기 위하여 구획된 토지
묘지	묘	사람의 시체가 매장되어 묘지공원으로 결정 · 고시된 토지 및 이에 속한 부속시설물의 부지
잡종지	잡	다른 지목에 속하지 않는 토지, 갈대밭, 변전소, 송유시설, 도축장, 쓰레기 처리장 등

3) 농지연금 사례 분석

(1) 농지연금 우수물건 사례 1

사건번호/용도	소재지	감정가/최저가/매각가	
21-1564 창고	경상남도 창원시 마산회원구 회성동 267-1 외 1필지 [토지 11179㎡, 건물 161.03㎡]	903,129,940 151,520,000 180,111,000	매각 (17%) (20%)

○ 당초 경매 감정가 9억원에 낙찰가는 1.8억원이다.

9억원 감정가에 준하는(90% = 8.1억) 농지연금을 매달 수령할 수 있다. (60세 : 274만원)

→ 계약자(1963년생 가정) 사망시 배우자에게 해당 연금은 매달 지급된다.

♣ 과수원 : 4,978㎡(1,505평), 자연녹지지역, 개발제한구역

♣ 임야 : 6,201㎡(1,875평), 보전산지, 개발제한구역

♣ 본 물건의 주변 지역 개발 및 개발제한구역 해제 등으로 지가 상승 기대 지역으로 판단

♣ 본 건 낙찰 후 2년 경과 시점 감정평가금액 10억원 예상

♣ 농지연금 최대 300만원/월 예상 물건이며, 임야는 또 다른 용도로 활용 가능

예상 농지연금 정보 입력 ⓘ 도움말

생년월일 (소유자)* ⓘ	1963-06-01 달력	생년월일 (배우자)	1963-06-01 달력
배우자 승계* ⓘ	◉ 승계 ○ 비승계		
농지평가* ⓘ	○ 공시가 (평가율 : 100%) ◉ 감정가 (평가율 : 90%)		
농지가격*			900,000,000 원
평가금액			810,000,000 원

✓ 결과확인

ⓘ 예상 농지연금 조회 결과는 입력하신 농지가격의 백만원 단위로 절사한 금액을 기준으로 산정됩니다.
자세한 예상 농지연금은 거주지 관할 농지은행 지사로 상담 문의 바랍니다.

ⓘ 월지급금 지급 상한금액은 300만원 입니다.
단, 체결된 농지연금 지급이 있는 경우는 상한금액에서 해당 지급액이 차감 됩니다.

ⓘ 기준나이 : 만60세, 농지평가금액 : 810,000,000원

예상 농지연금 조회 결과 ⓘ 도움말

구분	종신형 ⓘ		
	종신정액형	전후후박형 (70%)	수시인출형 (30%)
월지급금	2,744,200 (저소득층:3,000,000) (장기영농인:2,881,410)	3,000,000(전) 2,558,240(후)	1,937,990 (수시인출금:198,000,000)

구분	기간형 ⓘ			
	기간정액형		경영이양형	
월지급금	5년	만78세 이상 가능	5년	3,000,000
	10년	만73세 이상 가능	10년	3,000,000
	15년	만68세 이상 가능	15년	3,000,000
	20년	만63세 이상 가능		

(2) 농지연금 우수물건 사례 ?

21-10718 농지 ★★★★★	경기도 가평군 청평면 상천리 526 [농지(전) / 토지 2245㎡ / 전 / 토지 매각]	392,875,000 94,329,000 125,720,000	매각 (24%) (32%)	2022.09.13 (10:30)

◯ 당초 경매감정가 3.9억원에 낙찰가는 125백만원이다.

4억 감정가에 준하는 농지연금을 매달 수령한다(60세 :119만원) →계약자 사망시 배우자에게 해당 연금은 매달 지급된다.

♣ 경매 농지 낙찰받고 7일 이내 농지취득자격증명을 발급받아 법원에 제출후 매각허가결정되어 1개월 후 잔금 납부, 소유권 이전

예상 농지연금 정보 입력

ⓘ 도움말

생년월일 (소유자)* ⓘ	1963-06-01	달력	생년월일 (배우자)	1958-06-02	달력
배우자 승계* ⓘ	◉ 승계 ○ 비승계				
농지평가* ⓘ	○ 공시가 (평가율 : 100%) ◉ 감정가 (평가율 : 90%)				
농지가격*				392,000,000	원
평가금액				352,800,000	원

✓ 결과확인

ⓘ 예상 농지연금 조회 결과는 입력하신 농지가격의 백만원 단위로 절사한 금액을 기준으로 산정됩니다.
자세한 예상 농지연금은 거주지 관할 농지은행 지사로 상담 문의 바랍니다.

ⓘ 월지급금 지급 상한금액은 300만원 입니다.
단, 체결된 농지연금 지급이 있는 경우는 상한금액에서 해당 지급액이 차감 됩니다.

ⓘ 기준나이 : 만60세, 농지평가금액 : 352,000,000원

예상 농지연금 조회 결과

ⓘ 도움말

구분	종신형 ⓘ		
	종신정액형	전후후박형 (70%)	수시인출형 (30%)
월지급금	1,192,540 (저소득층:1,311,790) (장기영농인:1,252,160)	1,447,100(전) 1,012,970(후)	842,190 (수시인출금:86,000,000)

구분	기간형 ⓘ			
	기간정액형		경영이양형	
월지급금	5년	만78세 이상 가능	5년	3,000,000
	10년	만73세 이상 가능	10년	3,000,000
	15년	만68세 이상 가능	15년	2,393,770
	20년	만63세 이상 가능	-	

♣ 농지대장 신청 후 농지대장 발급받았고, 향후 5년 영농경력과 60세 이상이 되면 농지연금신청 수령, 추가로 (국립농산물품질관리원) 농업경영체등록확인서 발급.

♣ 경락잔금대출 1억원(취득세 3.4%(427만원) 포함. 약 3천만원 투자)

♣ 농지연금 중 수시인출형(86,000,000원) 신청하여 대출 결제하고, 월 842,190원 농지연금 수령함.

(3) 공매(온비드) 임대 농지 낙찰 후 영농경력 5년 준비 우수 사례

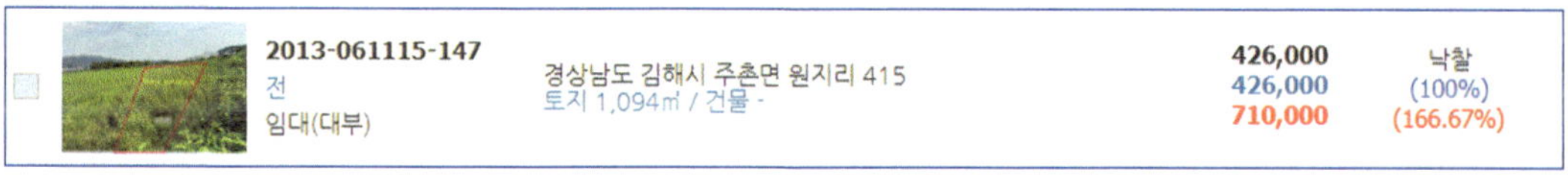

① 온비드의 '농지임대 방법'

- 검색창에서 온비드 검색 → 온비드 회원 가입 → 부동산 → 처분 방식(임대(대부)) → 입찰 기간(보통 월말 또는 익월 말) → 용도 선택(토지-전, 답, 과수원) → 소재지 선택 → 토지면적 선택(1,000m² 이상) → 검색

② 2021. 10. 27. 공매(온비드)의 임대(대부) 농지를 낙찰, 농지 소재지(김해시 주촌면) 주민센터에 농지대장 신청하여 2일 후 농지대장 발급 후 바로 농업경영체등록 신청하여 발급됨(농업경영체등록은 국립농산물 품질관리원에 배우자와 함께 신청하는데 사업자등록증이 있으면 함께 등록이 안됨)

③ 330평에 양파, 시금치, 묘종 구입비 및 인건비 지급영수증, 경작 전 · 후 사진을 첨부하여 농지대장 및 농업경영체 등록 신청함

 ⇒  ⇒ 

농지법 시행규칙 [별지 제58호 서식]

농 지 원 부

고유번호	4812313000-1-1-0443

1/2

1. 일반현황 최초작성일자 : 2021년 11월 22일

농업인 또는	성명 또는 명칭	주민(법인)등록번호	농업외겸업	농업경영 변동사항

■ 농어업경영체 육성 및 지원에 관한 법률 시행규칙[별지 제2호의4서식] (앞쪽)

농업경영체 등록(변경등록) 확인서

1. 농업경영체 등록번호	1-002-725-239					
	최초등록일자	2022-03-25		최종변경일자	2022-03-25	
2. 경영주 (법인의 경우 대표자)	성명	김		생년월일	5	
	법인명			법인등록번호		
	[√] 경영주(법인 및 대표자) 변경이력 포함 [ ]경영주(법인 및 대표자) 변경이력 미포함					
	2022.03.25 김정자▶신규등록(경영주)					
3. 경영주 외 농업인 (법인의 경우 법인 구성원)	성명		생년월일		공동경영주 여부[ ]	
	경영주외 농업인 변경이력 포함 [ ], 미포함 [√]					
4. 주소 (법인의 경우 주사무소 소재지)	(51450) 경상남도 창원시 성산구					
5. 농지 등 및 농작물 재배	필지수	농지 등 면적(㎡)				등록정보없음
		공부	실제경작	휴경	폐경	
	1	1,094.0	1,094.0	0.0	0.0	
6. 임야 및 임업경영	필지수	임야면적(㎡)				등록정보없음
		공부	실제경작	휴경	폐경	
	-	-	-	-	-	√
7. 가축 · 곤충 사육시설 및 사육규모	사육시설 소재지수	소재지 공부면적	사육시설 면적(㎡)			등록정보없음
			공부		실제	
	-	-	-		-	√
8. 정부보조 · 융자금 등 농업 관련 정보 현황	직불금 정보 있음[ ], 없음[√]		정부보조·융자금 정보 있음[ ], 없음[√]		친환경 등 인증정보 있음[ ], 없음[√]	
	교육이수 정보 있음[ ], 없음[√]		후계농업경영인 선정정보 있음[ ], 없음[√]		농업(임업)용 면세유류 배정량 있음[ ], 없음[√]	

위 농업경영체는 「농어업경영체 육성 및 지원에 관한 법률」 제4조 및 같은 법 시행규칙 제3조· 제4조에 따라 농업경영정보가 등록(변경등록) 되었음을 확인합니다.

2022년 04월 08일

국립농산물품질관리원장 국립농산물품질관리원장인

(4) 농지은행의 농지임대 사례 [60)61)]

① 농지은행의 '농지임대 방법'

검색창에서 농지은행 검색 → 농지구하기 → 지역검색 → 지역(시/도), (시, 군, 구) 선택 → 검색하기

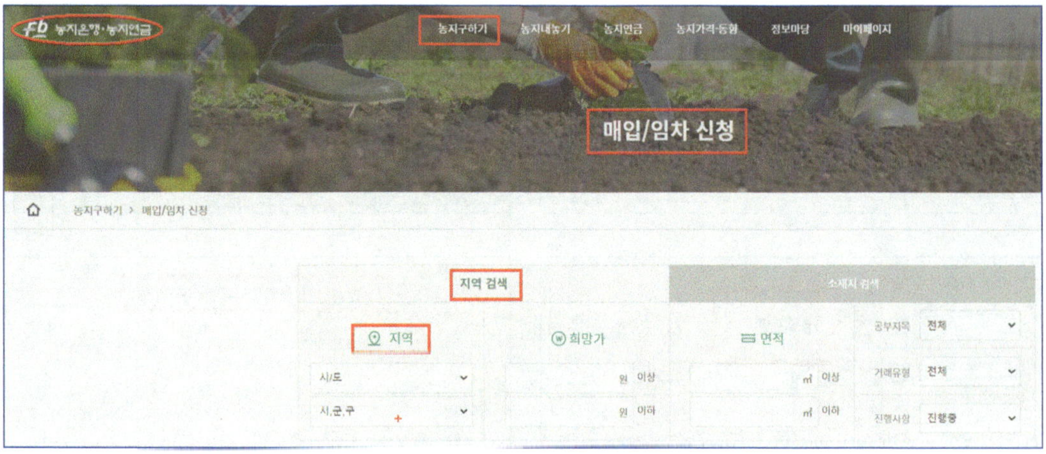

② 농지은행의 농지임대 후 농지대장 발급, 영농경력 5년 준비 중인 사례

안녕하세요 원장님!
원장님의 좋은 가르침 덕분에 날마다 노후 준비를 생각하며 생활하고 있습니다.
이번에 농지연금을 준비하기 위해서 원장님이 가르쳐 주신대로 농업인 경력5년을 만들기 위해서 농지은행을 통해 좋은 농지를 임대하게 되었답니다.

경매사이트와 온비드 공매, 그리고 농지은행 이렇게 3군데를 수개월간 계속 보고는 있었지만 마땅한 농지를 찾지 못하였는데 이번에 정말 감사하게도 집에서 20분 거리에 있는 접근성도 아주 좋은 농지를 찾게 되었어요.
그 과정은 이렇게 진행했습니다.

농지은행에서 농지구하기 -> 매입/임차화면에서 지역선택 -> 면적은 제한해서 선택을 하면 검색이 잘 안되는 것 같아서 비선택으로 해서 검색했구요. -> 농지검색하기 클릭

60) 농지은행, 『맞춤형 농지지원사업 업무지침』, 2023.

61) 농림축산식품부, 『농지업무편람』, 2023.

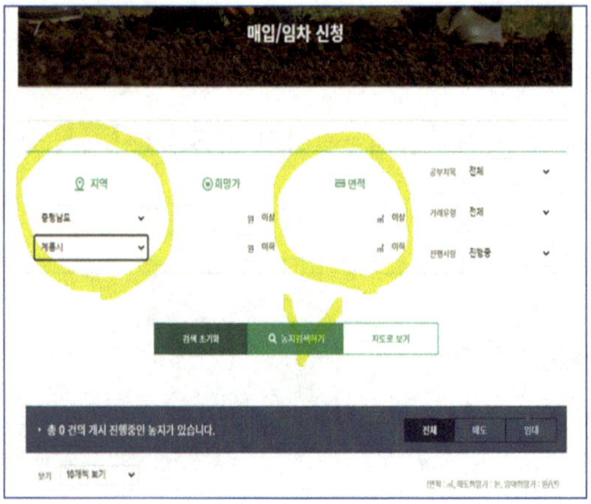

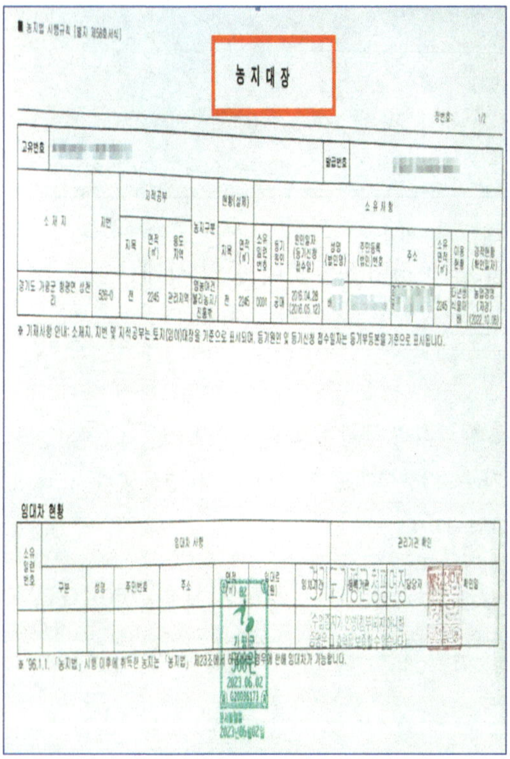

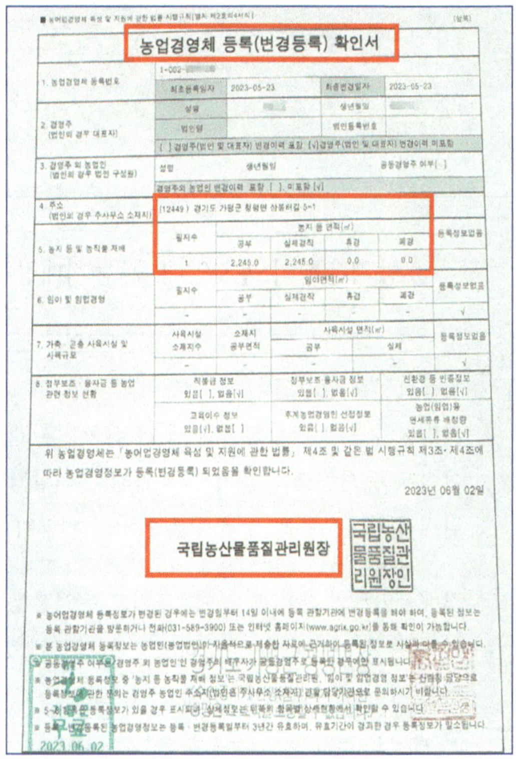

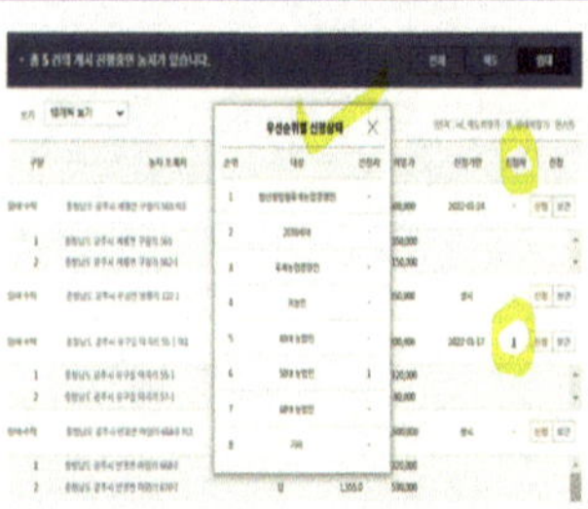

여기서 <신청자수>에 신청한 사람의 숫자가 보이는 경우 숫자를 눌러보면 이렇게 우선순위로 농지를 받을 수 있다는 걸 알 수 있어요.
저는 50대 농업인에 해당이 되었고 단독이라 농지계약이 가능했으나
만약 1순위인 <청년 창업형 후계농업 경영인>처럼 순위가 더 높은 사람이 신청을 하면 임대순위에서 밀려서 가능성이 없어요 ㅠㅠ
다행히 제가 선택한 농지는 다른 사람이 아직 신청을 안해서 제가 <온라인 신청>을 하고 농지은행 담당자에게 전화를 해서 임대의사를 밝혔습니다.

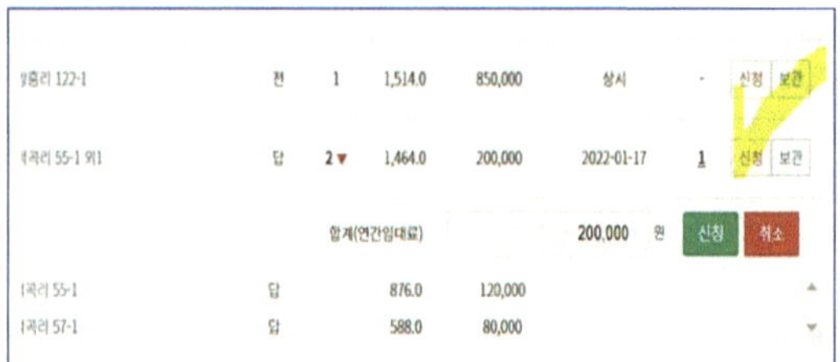

첫 화면에 있는 신청을 눌러서 바로 신청할 수도 있구요.

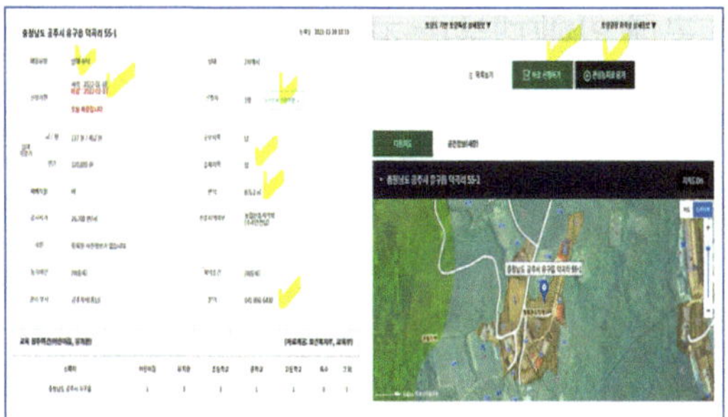

농지소재지 주소를 클릭해서 들어가서 온비드 공매처럼 더 상세한 내용과 지도위치까지 확인 가능하니 확인 후 <바로 신청하기> 눌러도 신청할 수 있습니다.

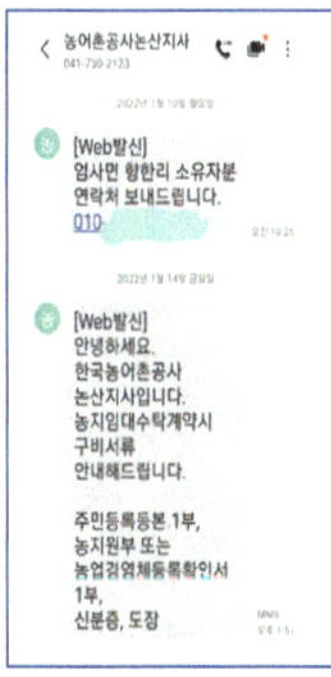

번호	유형	매물번호	총면적(㎡)	필지수	선정가격	주소
1	임차-수탁	L220111147816	2,761.0	2	210,000원	충청남도 계룡시 엄사면 향한리 88 외1
		1	1,967.0	답	490,000	충청남도 계룡시 엄사면 향한리 88
		2	794.0	답	210,000	충청남도 계룡시 엄사면 향한리 88-3

이것은 제가 임대 예약한 농지입니다.
이번주에 계약하기로 했구요.
구비서류 안내문자를 받고 담당자와 통화해서 농지원부가 아직 없다고 했더니 계약 후 만들면 된다고 하더라고요.
그래서 저희 동네 주민센타에 전화해서 임대계약할 예정인데 농지원부 바로 가능하냐고 문의했더니 평수가 되고 계약서가 있으면 된다고 하더군요. 단, 개인간의 계약서는 안된다고 합니다.
저는 농지은행 통해서 하는 계약이라 되구요 ^^

(5) 농지연금 수령 사례

① 감정가 6억 7천만원의 농지를 낙찰받아 매달 15일 284만원의 농지연금 수령

② 농지연금 신청 시 전후후박형 선택하여 66세부터 10년 동안 월 2,841,200원을 받고, 76세부터는 1,988,860원을 수령하게 되어 배우자한테 꽃다발 선물을 받음

(별지 제1호 첨부 서식 2-3)

농지연금지급산출표(고정금리 2.00 %, 전후후박형)

(2020년 08월 05일 기준)

※ 이 예시표는 상담용으로, 실제 약정시에는 담보농지가격 및 가입연령 등에 따라 달라질 수 있습니다.

구 분	성 명	생년월일	연 령
신청인	배■■	1951년 12월27일	69세
배우자	이■■	1954년 08월29일	66세

농지가격	671,829,000원	월 지 급 금	2,841,240원(전) 1,988,860원(후)
최초지급(예정)월	2020년10월	월지급금 지급일	매월 15일
지급방식	☑ 종신형	기간형 (지급기간)	☐ 5년 ☐ 10년 ☐ 15년 (년 월 일 ~ 년 월 일)

※ 월지급금은 가입시 두 분의 나이 및 배우자승계 동의 여부에 따라 귀하/배우자 연령인 66세를 기준으로 계산됩니다.
(단, 배우자가 만 60세 미만일 경우 가입자 연령기준으로 산출)

※ 이 예시표는 배우자 연령 66세, 농지가격 671,829,000원 기준입니다.

|주|가온감정평가법인 대구경북지사 지사장 이 동 재 (서명 또는 인)

감정평가액	육억칠천일백팔십이만구천원정 (₩671,829,000.-)					
의 뢰 인	한국농어촌공사 달성지사장		감정평가 목적	일반거래(농지연금사업)		
채 무 자	--		제 출 처 (채 권 기 관)	한국농어촌공사 달성지사		
소유자또는 대상업체명	배○자		기 준 가 치	시장가치		
			감정평가조건	--		
물건목록 표시근거	귀 의뢰목록 [달성농지-2644(2020.08.31)]		기 준 시 점	조 사 기 간	작 성 일	
			2020.09.08	2020.09.08	2020.09.11	

감정	공부(公簿)(의뢰)		사 정		감 정 평 가 액	
	종 류	면적 또는 수량(㎡)	종 류	면적 또는 수량(㎡)	단 가	금 액
	토지	6,150	토지	6,079	--	671,829,000

<종신형 월지급금표>

(단위 : 천원)

농지가격 / 연령	1억원	2억원	3억원	4억원	5억원	6억원
65세	364	728	1,092	1,456	1,820	2,184
70세	412	824	1,204	1,605	2,007	2,408
75세	472	945	1,417	1,890	2,362	2,835
80세	553	1,107	1,660	2,214	2,767	3,320
85세	674	1,348	2,021	2,695	3,369	4,043
90세	903	1,806	2,709	3,612	4,515	5,418

(6) 농지취득자격증명 없이 농지대장 발급 공매 임대(대부)농지

사진	물건정보	남은시간	가격	상태	조회수	이동
캠코 / 지도보기	2012-061383-945 경기도 포천시 신북면 심곡리 62-1 [토지 / 답] [토지 2,860m²] 임대(대부) 일반경쟁	남은시간 : 4일3시간 2023-07-17 10:00 ~ 2023-07-19 17:00	855,000 950,000 (90%)	입찰준비중 유찰 4 회	104	공고이동 상세이동
캠코 / 지도보기	2018-110708-502 경상남도 사천시 향촌동 845-9, 754-1, 754-5, 821-2, 843-8, 843-9, 843-10 등 8건 [토지 / 답] [토지 1,128m²] 임대(대부) 일반경쟁	남은시간 : 4일3시간 2023-07-17 10:00 ~ 2023-07-19 17:00	467,000 467,000 (100%)	입찰준비중 유찰 0 회	224	공고이동 상세이동
캠코 / 지도보기	2010-092892-880 경상남도 진주시 대평면 대평리 253 [토지 / 답] [토지 1,514m²] 임대(대부) 일반경쟁	남은시간 : 4일3시간 2023-07-17 10:00 ~ 2023-07-19 17:00	262,000 262,000 (100%)	입찰준비중 유찰 2 회	255	공고이동 상세이동
캠코 / 지도보기	2008-103031-996 울산광역시 울주군 서생면 화산리 4-1 [토지 / 답] [토지 1,114m²] 임대(대부) 일반경쟁	남은시간 : 4일3시간 2023-07-17 10:00 ~ 2023-07-19 17:00	461,000 461,000 (100%)	입찰준비중 유찰 0 회	299	공고이동 상세이동

4) 자주 묻는 질문[한국농어촌공사]

(1) 농지연금이란?[62)]

① 농지연금은 농업소득 외에 별도의 소득이 없는 고령 농업인의 안정적인 노후 생활을 보장하기 위하여 도입된 세계 최초의 농지 담보형 역모기지론입니다.

② "농지연금"이란 만 60세 이상 농업인이 소유한 농지를 담보로 제공하고 노후 생활안정자금을 매월 연금 방식으로 지급받는 제도입니다.

③ 가입자는 농지연금을 받으면서 담보농지를 자경 또는 임대할 수 있으며, 승계 조건으로 가입한 후 가입자가 사망한 경우 승계 절차를 거쳐 배우자가 계속해서 연금을 받을 수 있습니다.

④ 가입자(배우자)가 사망한 경우에는 상속인이 그동안 지급받은 연금채무를 상환하고 담보권을 해지하거나, 공사가 담보권 실행으로 농지를 처분하여 연금 채권을 회수합니다.

62) 농지은행처. 『농지연금 업무처리요령』, 2023년.

(2) 농지연금 제도를 도입한 이유?

① 우리나라 농촌의 고령화는 세계에서 유래를 찾기 어려울 만큼 빠른 속도로 진행되고, 고령화에 따른 생산력 저하 및 한 · 미 FTA 등의 농업 개방 정책으로 경쟁력이 감소하고 있습니다.

② 농촌은 국민연금 등 각종 연금제도의 사각지대로 사회 안전망이 취약하며, 고령 농가의 46%가 연금 미수급 상태에 이고, 농가 고정 자산 중 농지 비중이 72%를 차지하는 자산 구조 특성으로 농지를 대상으로 한 연금 상품을 도입하게 되었습니다.

(3) 농지연금 가입 후 농지를 추가로 신청할 수 있나요?

농지연금에 가입한 후라도 담보농지 요건에 적합한 농지를 추가로 가입하실 수 있습니다.

(4) 공부상 지목이 임야인 사실상 농지도 가입이 가능한가요 ?

농지연금 가입대상농지는 공부상 지목이 전, 답, 과수원으로서 실제 영농에 이용되고 있는 농지이어야 합니다. 다만, 사실상 농지이나 지목이 전, 답, 과수원이 아닌 경우는 부득이 지목을 변경하여야 합니다.

(5) 도시지역 내 주거 · 상업 · 공업지역의 농지는 가입이 가능한가요?

「국토의 계획 및 이용에 관한 법률」 제36조에 따른 주거 · 상업 · 공업지역 내 농지라도 연금가입이 가능합니다. 다만, 해당 농지가 공공사업 등으로 인하여 개발지역으로 편입될 경우는 해당 편입농지에 대한 연금지급은 정지되고 농지연금채권은 회수됩니다. 나머지 담보농지 부분에 대하여 농지연금은 지급이 가능합니다.

(6) 농업용 목적이 아닌 시설 및 불법건축물이 있는 경우는?

농지연금 가입대상농지는 공부상 지목이 전, 답, 과수원으로서 실제 영농에 이용되고 있는 농지이어야 합니다. 따라서 농업용 목적이 아닌 시설 및 불법건축물이 있는 농지는 가입이 제한됩니다.

(7) 자녀에게 미리 증여한 농지도 가입이 가능한가요?

농지연금은 가입자가 소유하고 있는 농지를 대상으로 합니다. 농지의 소유권을 자녀에게 증여했다면 가입이 불가능합니다.

(8) 농지연금 신청 후 언제부터 월지급금을 받을 수 있나요?

농지연금 상담 후 신청서 접수, 대상자 결정을 거쳐 약정이 체결((근)저당권 설정)

되면 월지급금이 지급됩니다. 최초 월지급금은 약정 체결((근)저당권 설정) 완료 후 도래하는 지급일(매월 15일)에 연금수령 예금 계좌로 입금됩니다. 다만, 약정 체결((근)저당권 설정)이 11일 이후인 경우는 다음 월 지급됩니다. 약정 체결일이 전월 11일부터 당월 10일까지일 경우 당월 15일 지급한다.

(9) 100세를 넘게 살아도 월지급금을 받을 수 있나요?

① 100세를 초과하여 오랫동안 살아도 월지급금은 계속하여 지급받을 수 있습니다.

② 종신형 농지연금은 가입자가 생존하는 동안 계속하여 지급함으로써 안정된 노후생활을 보장합니다. 다만, 기간형 농지연금은 약정된 지급 기간 만료 후에는 월지급금이 지급되지 않습니다.

(10) 농지의 공시지가가 오르면 월지급금도 따라서 증액되나요?

① 농지연금은 가입 당시의 담보농지가격을 기준으로 농지가격 상승률(2.85%)을 적용하여 월지급금이 산정됩니다. 따라서 농지의 공시지가가 상승하여도 월지급금은 재산정되지 않습니다.

② 반대로, 담보농지의 공시지가가 낮아지더라도 월지급금은 감액되지 않습니다.

(11) 가입자 사망 시 배우자가 연금을 계속 받으려면 어떻게 하나요?

농지연금은 부부 모두 평생지급을 보장하도록 설계되어 가입자가 사망하더라도 배우자는 사망할 때까지 계속하여 동일한 금액의 월지급금을 지급받을 수 있습니다. 다만, 가입자 사망일로부터 6개월 이내에 배우자 명의로 담보농지의 소유권을 전부 이전하고 농지연금 채무 인수를 완료하여야 합니다.

(12) 농지연금이 지급정지(약정 해지)되는 사유는 무엇인가요?

농지연금은 원칙적으로 가입자와 배우자가 생존하는 동안은 농지연금 채무를 상환하지 않아도 됩니다. 그러나 다음과 같은 사유에 해당하는 경우에는 농지연금지급이 정지되고 농지연금 수급자나 상속자는 농지연금 채무를 상환해야 합니다.

① 가입자가 사망한 경우로서 배우자가 없는 경우

② 가입자가 사망한 경우로서 배우자가 있는 경우에는 사망한 후 6개월 이내에 배우자 앞으로 담보농지 전부에 대한 소유권 이전등기 및 농지연금 채무 인수를 거절하거나 마치지 아니한 경우

③ 가입자가 사망한 날부터 6개월 이내에 담보농지의 소유권 이전등기 및 농지연금 채무 인수를 마친 배우자가 사망한 경우

④ 담보농지의 소유권을 상실한 경우

⑤ 농지연금채권이 (근)저당권의 채권최고액을 초과할 것으로 예상되는 경우로서 공사의 채권최고액 변경요구에 응하지 아니한 경우

⑥ 담보농지에 제한 물권을 설정하거나 공사의 동의 없이 (근)저당권 등 담보 물권을 설정한 경우

⑦ 담보농지가 전용 등으로 더 이상 농지로 이용될 수 없게 된 경우

⑧ 농지 훼손 또는 농지를 영농에 이용하지 않고 방치한 경우(기한 내 시정되지 않을 경우)

(13) 농지연금 채무는 언제, 어떻게 갚아야 하나요?

농지연금 채무는 가입자의 사망 등으로 지급정지 사유 발생 시 아래와 같이 상환합니다.

① 수급자의 사망 후 상속인이 연금 채무를 전액 상환 혹은 분할 상환하고 (근)저당권을 말소할 수 있습니다. 분할 상환은 60일 이내에 채무의 40% 이상 상환하고 남은 잔액은 2년 동안 2회 이내로 상환하시면 됩니다.

② 수급자 사망 후 상속인의 의사에 따라 담보권을 실행했을 경우 농지연금 채권을 회수하고 잔액이 있을 경우 상속자에게 돌려 드립니다.

③ 수급자가 농지연금 수급 중에 약정 해지를 위하여 채무를 상환하고자 할 경우 농지연금채무 전액을 상환해야 하며, 상환하지 않을 경우는 경매 실행을 통하여 상환받게 됩니다.

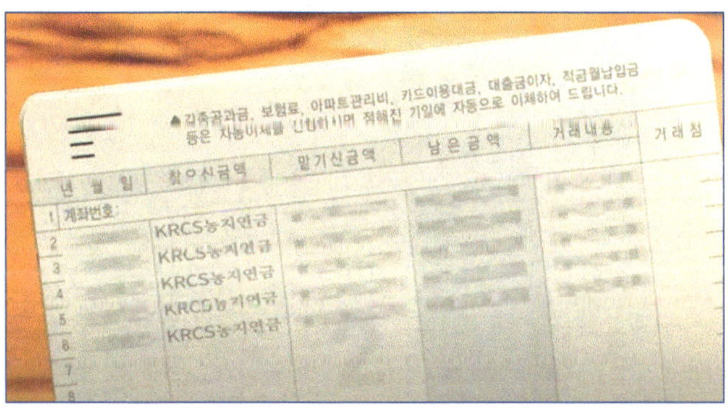

✤농지연금 수급자는 언제든지 채무를 상환하고 약정을 해지할 수 있다.

제보 ON AIR 재난포털 KBS NEWS

분야별 뉴스9 TV뉴스 프리미엄K 스포츠 시사 지역 주말엔 단독

소·돼지·양 등 우제류 구제역 감염 우려

농지연금 가입 급증…고령화 속 노후대책으로 자리잡나?

입력 2023.03.27 (21:47) | 수정 2023.03.27 (22:05) 뉴스9(전주)

0 0

가

고화질 표준화질 자동재생 OFF 키보드 컨트롤 안내

7. 소유농지 한국농어촌공사에 매도하기[63)]

1) 매입 대상자 및 대상농지 선정

신청 서류, 현지 조사 결과를 검토하여 매입 대상자, 대상농지 및 매입 가격에 대하여 지사심의회의 심의를 거쳐 매입 대상자 선정

2) 매매 협의 및 매입가격 결정

(1) 매매 협의

매매가격, 계약체결전 이행사항, 계약조건 등에 대하여 매도자와 사전매매 협의

(2) 매입 가격 결정

① 현지 조사를 통해 이장, 인근 주민 등으로부터 실제 거래가격을 확인(확인자, 거래 시기 등을 반드시 기재)

② 매입 가격은 공시지가와 인근 지역의 실제 거래가격 및 현지 조사 가격 등을 고려하여 적정성 여부에 대해 지사심의회 심의를 거쳐 농지소유자와 합의 결정하되 총금액은 만원 단위 이상으로 계약 체결. 다만, 다음 각호의 경우는 지사 심의회 심의를 생략하고 감정평가업자의 감정평가금액 이내에서 농지 소유자와 합의 결정

가. 최근 3년 이내에 농지 소재지와 같은 리 · 동이나 연접한 리 · 동의 실거래 가격 자료가 없는 경우

나. 같은 리 · 동이나 연접한 리 · 동의 실거래 가격이 지원 상한 금액 미만인 경우(단, 경지 정리된 답(畓)은 제외)

다. 감정평가 비용은 농지 소유자가 부담

(3) 농지매매용 농지 매입

① 매입 대상자

가. 비농업인 및 비농업법인

나. 직업 전환(轉業), 이농하고자 소유 농지 전부를 매도 또는 임대하려는 농업인

- 자가소비량 생산 목적으로 3,000㎡ 이하의 소유 농지는 계속 경작 가능

63) 농지은행, 『맞춤형 농지지원사업 업무지침』.

다. 고령 또는 질병 등으로 은퇴하고자 소유 농지 전부를 매도 또는 임대하려는 농업인

- 경영 이양 직접 지불사업 대상자로 확정된 농업인을 우선 하며, 자가소비량 생산 목적으로 3,000㎡ 이하의 소유농지는 계속 경작 가능
- 전부 매도 또는 임대 기준 : 매도신청 당시에 공사에 매도, 임대, 또는 임대위탁을 하거나, 개인간 매도 · 임대한 경우에는 농지원부, 농어업경영체 등록확인서 또는 계약서로 확인

② 매입 대상농지

가. 농업진흥지역 안의 논. 다만, 영농 규모 확대 및 집단화를 위하여 불가피한 경우에는 농업진흥지역 밖의 다음 논도 매입 가능

- 공부상 지목이 아닌 실제 이용 현황(사실상 답 · 전)을 기준으로 매입하고 공부상 지목이 전 · 답 · 과수원이 아닌 경우에는 지목변경 후 매입

	21-7081(1) 농지	경상남도 창원시 의창구 북면 무곡리 16-1 [농지(답) / 토지 2574㎡ / 답 / 토지 매각]	481,338,000 197,156,000 231,800,000	매각 (41%) (48%)	2022.12.20 (10:00)
	21-7081(2) 농지	경상남도 창원시 의창구 북면 무곡리 16-2 [농지(답) / 토지 2101㎡ / 답 / 토지 매각]	392,887,000 160,926,000 182,500,000	매각 (41%) (46%)	2022.12.20 (10:00)

< 농업진흥지역 밖의 "경지정리 된 논"(아래 모든 요건 갖춘 논) >

- ✤ 토지대장에 구획정리 완료가 표기되었거나 또는 구획이 3,000㎡, 4,000㎡ 또는 10,000㎡ 단위 등으로 정형화되어 있을 것
- ✤ 농업 용수의 공급이나 배수가 원활하며 대형 농기계의 출입 등이 편리할 것
- ✤ 경지정리된 면적이 3.0ha 이상 규모화 · 집단화되어 있을 것

나. 농업진흥지역 안의 밭. 다만, 농지 규모 확대 및 집단화를 위하여 불가피한 경우에는 농업진흥지역 밖의 다음 밭도 매입 가능

- 밭 기반 정비사업이 완료된 밭 여부는 공사 지사 · 지역본부 및 시 · 군 · 구청 사업시행 부서에 확인(발급자가 확인한 사업 시행 대장 등)

③ 매입 우선 순위

가. 상기 매입 대상농지 중 「가. 매입대상자」 우선 순위에 해당하는 자가 소유하고

있는 논 · 밭

나. 우선 순위가 같을 경우에는 전업농육성 대상자의 소유 논 · 밭과 연접되어 규모화 · 집단화가 필요한 농지, 필지 규모가 큰 농지 순위로 우선 매입

다. 농업진흥지역 밖의 농지나 공부상 지목과 실제 이용 현황이 다른 사실상 농지는 후순위로 매입

< 소유 논의 범위 및 연접의 조건 >

- 소유 논은 농지대장부 또는 농어업경영체 등록확인서에 등재된 농가세대원의 소유 논도 포함
- 연접은 소유 논과 이어 맞닿는 것으로서 농지(필지) 사이에 농로나 용배수로 등 농업용 시설이 있는 경우는 연접으로 간주

④ 매입 제외농지

가. 맞춤형농지지원사업(농협 구입자금 포함)으로 지원한 농지 및 지원받은 농업인 또는 농업법인이 소유하고 있는 농지. 다만, 다음의 경우에 한하여 매입 가능

- 65세 이상 또는 질병 등으로 소유농지 전부를 매도 · 임대하고자 하는 경우
- 매도대상자 이외의 자에게 소유권이 이전되어 1년이 경과한 경우
- 채권확보를 위해 「농지법」 제13조에 따라 담보농지를 취득하는 경우

나. 1,000㎡ 미만의 농지. 다만 지원 대상자의 소유농지와 연접한 농지는 해당 필지를 합산한 면적 <개정 2019.9.11.>

다. 「농어촌정비법」에 따른 농업기반정비사업 시행으로 조성된 간척지를 분양 받은 농지와 장기 임대차 간척 농지 매매사업으로 지원한 농지. 다만, 8년 이상 경작하고 융자금 상환이 완료된 농지는 매입 가능

라. 각종 개별법에 의한 개발계획구역 및 예정지 내의 농지 등 「별표[3] 농시매매, 임대용 농지임차 · 임차농지임대, 교환 · 분합사업 제외농지」에 해당하는 농지

마. 「토양환경보전법」 제5조에 따라 토양오염도 측정 결과 오염 토양으로 판명된 농지로서 복구되지 않은 농지

바. 소유권 이외의 권리나 처분의 제한이 있는 농지. 다만, 국가기간 시설로 인한 지상권 · 지역권이 설정되어 있으나 매입 예정자가 인정(인정서 징구)하고 공사의 채권 확보에 지장 없는 경우에는 매입 가능(필요 시 추가 담보설정)

사. 2인 이상의 공유토지로서 일부 소유자가 자기 지분만 매도하고자 하는 농지. 다만, 다른 공유자 1인에게 잔여 지분 전부를 매도하고자 하는 경우에는 가능

⑤ 매도 신청(신청 서류 등 생략)

⑥ 현지조사

가. 매도 농지조사

나. 농지 가격조사

다. 농지 매도자 요건조사

- 매도자 요건 : 비농가 · 비농업법인, 직업전환(轉業) · 은퇴하고자 하는 농가의 경영 이양 여부, 일반농가, 처분명령 받은 자 및 공사 지원 농가 여부
- 겸업 농가의 겸업 내용
- 허위 · 담합 등 위장 거래 여부
- 당해 농지 매입 예정자와의 관계 및 동일인 매입 · 매도 여부
- 농자재 구입, 영농자금, 쌀 소득 보전 직불 신청 또는 수혜 여부

라. 공부 열람

마. 의견 수렴 및 확인 <삭제 2021.00.00>

바. 현지 조사서 작성

사. 현지 조사 방법

- 농지 매도 예정 가격이 국토교통부 실거래 가격 대비 120% 초과 농지는 지사 농지은행부장 또는 파트장이 현지조사 참여

8. 농업인의 혜택 18가지

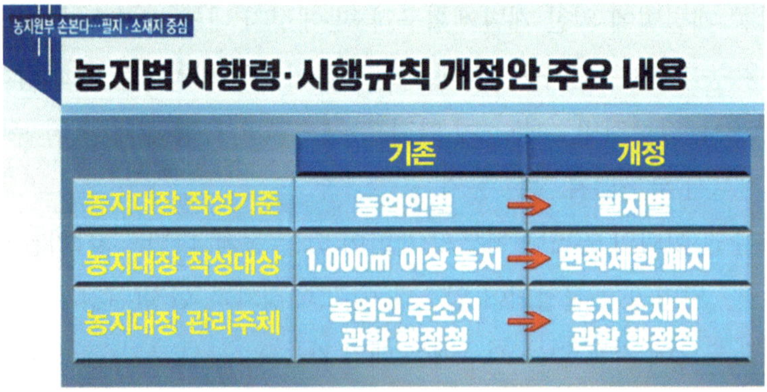
농지원부 손본다…필지·소재지 중심

농지법 시행령·시행규칙 개정안 주요 내용

	기존	개정
농지대장 작성기준	농업인별	필지별
농지대장 작성대상	1,000㎡ 이상 농지	면적제한 폐지
농지대장 관리주체	농업인 주소지 관할 행정청	농지 소재지 관할 행정청

출처 : 농림축산식품부

1 농지연금 신청하고 수령

<종신형 월지급금표>

(단위 : 천원)

농지가격 / 연령	1억원	2억원	3억원	4억원	5억원	6억원
65세	364	728	1,092	1,456	1,820	2,184
70세	412	824	1,204	1,605	2,007	2,408
75세	472	945	1,417	1,890	2,362	2,835
80세	553	1,107	1,660	2,214	2,767	3,320
85세	674	1,348	2,021	2,695	3,369	4,043
90세	903	1,806	2,709	3,612	4,515	5,418

Q 월 지급금 예시 공시지가 기준(감정가의 경우 공시지가 월 지급금의 90%지급)

종신(정액)형

나이	농지가격 1억원	2억원	3억원	4억원	5억원	6억원
60세	34만원	68만원	102만원	136만원	170만원	204만원
65세	38만원	75만원	113만원	151만원	189만원	226만원
70세	42만원	85만원	127만원	170만원	212만원	254만원

종신(수시인출)형

나이		농지가격 1억원	2억원	3억원	4억원	5억원	6억원
60세	수시인출	2,400만원	4,900만원	7,300만원	9,600만원	1억 2,200만원	1억 4,700만원
	종신연금(월)	24만원	48만원	72만원	96만원	120만원	144만원
65세	수시인출	2,500만원	5,100만원	7,700만원	1억 300만원	1억 2,900만원	1억 5,500만원
	종신연금(월)	27만원	53만원	80만원	106만원	133만원	160만원
70세	수시인출	2,700만원	5,400만원	8,100만원	1억 800만원	1억 3,500만원	1억 6,200만원
	종신연금(월)	30만원	60만원	90만원	120만원	150만원	180만원

• 수시 인출 : 목돈이 필요한 경우 수시로 인출 할 수 있는 일시인출 한도

만, 60세 이상, 영농경력 5년 이상(아래 주택연금보다 농지연금 수령액이 높다)

(별지 제7호 서식)

농지연금 지원 약정서

1. 농지 등의 표시

농지소재지	지번	지목	면적(m^2)	담보농지지가[1] (원 / m^2) 공시지가	강정평가	농지가격2 (원》 《면적 X지가)
대구광역시 달성군 가창면 옥분리	168-3	전	4.596.00		91,000	418,236,000
대구광역시 달성군 가창면 옥분리	171	답	981.00		171,000	167,751.000
대구광역시 달성군 가창면 옥분리	172	답	502.00		171,000	85,842,000
계			6.079.00			671,829.000

* 지가[1] : 공시지가와 감정평가방법중 가입자가 선택한 방법에 의한 가격
* 농지면적[2] : 농지면적에 담보농지 지가를 곱하여 산출한 금액으로 월지급금 산출을 위한 기초금액《월지급금은 농지가격에 담보농지 평가율을 적용하여 산출》

『한국농어촌공사 및 농지관리기금법』 제24조의5 규정에 따라 고령농업인의 노후생활안정지원사업으로 위 표시농지를 담보로 제공하고 농지연금지원약정을 체결함에 있어 한국농어촌공사(채권자)를 "갑"이라 하고 농지연금수급자(채무자)를 "을"이라 하여 신의성실의 원칙을 바탕으로 아래와 같이 약정한다.

2. 약정사항

제1조(약정조건) 약정조건은 다음과 같다.

	다음에서 정한 방법에 따라 "갑"(채권자)은 매월 연금 방식으로 농지연금을 "을"(채무자)에게 지급한다.《이하 "월지급금"이라 한다) 다만, 지급 기간 중 농지연금채무액을 상환하는 경우에는 향후 월지급금 지급이 중단된다. 1. "갑"은 다음 조건에 따라 농지연금채권 중 제2조제1호의 월지급금을 지급일에 "을" 명의의 아래 예금주 은행 예금계좌에 입금한다.

(별지 제1호 첨부 서식 2-3)

농지연금지급산출표 (고정금리 2.00%, 전후후박형)

(2020년 08월 05일 기준)

※ 이 예시표는 상담용으로, 실제 약정시에는 담보농지가격 및 가입연령 등에 따라 달라질 수 있습니다.

구 분	성 명	생년월일	연 령
신청인	배OO	1951년 12월O일	69세
배우자	이OO	1954년 08월O일	66세

농지가격	671,829,000원	월지급금	2,841,240(전) / 1,988,860(후)
최초지급(예정)월	2020년 10월	월지급금 지급일	매월 15일
지급방식	☑ 종신형	기간형 ☐ 5년 ☐ 10년 ☐ 15년 (지급기간) (년 월 일 ~ 년 월 입)	

※ 월 지급금은 가입시 두 분의 나이 및 배우자승계 동의 여부에 따라 귀하 / 배우자 연령인 66세를 기준으로 계산됩니다.
(단, 배우자가 만 60세 미만일 경우 가입자 연령기준으로 산출)

※ 이 예시표는 배우자 연령 66세, 농지가격 671,829,000원 기준입니다.

▸ 88세(기대여명) 때 농지연금채무액은 867백만원이며 예상농지가격은 1,130백만원입니다. 농지매도 후 채무액보다 농지매도가격이 높으면 차액을 돌려받을 수 있습니다.
* 연금 이외에 담보농지를 자경 또는 임대하여 추가소득을 얻으실 수 있습니다.

(사업 목적) 고령 농업인의 안정적인 노후 생활을 보장하기 위해 소유 농지를 담보로 생활자금을 매월 연금처럼 지급('11년 ~)

❍ 가입조건 : 만 60세 이상, 영농경력 5년 이상

○ 지급방식 : 종신형(생존하는 동안 매월 지급), 기간형(일정한 기간 매월 지급 : 5, 10, 15년형), 전후후박형(가입 초기 10년 동안 더 많은 월지급금 지급), 일시인출형(대출 한도액의 30%까지 인출 가능), 경영이양형(지급기간 만료 후 담보농지를 공사에 매도할 것을 약정하고 일반형보다 최고 약 27% 더 많은 월지급금 수령)

○ 월지급금 : 상한액 3백만원/월(주택연금보다 약 30% 많음)

○ 담보물 평가율 : 개별 공시지가 100% 또는 감정평가 90%(2019년부터)

○ 연금 해지 : 언제든지 채무 상환 후 약정 해지 가능

○ 기타 : 가입자 사망 시 배우자 연금 승계 가능

* 직접 경작 또는 임대를 통해 연금 이외 추가적인 소득 창출 가능

☞ 지원 근거 : 「한국농어촌공사 및 농지관리기금법」 제10조 및 제24조의5

2 1,000㎡ 이상 토지(농지 등) 수용될 경우 아파트 입주권 자격 취득 (특별공급 아파트 시세 차익까지 획득)

국토교통부가 공공사업으로 1,000㎡ 이상 토지가 수용될 경우 토지주에게 아파트 입주권을 지급할 수 있었던 제도이다.

보상 수익을 극대화하는 지분 쪼개기(한 땅에 여러 명이 투자해 지분을 나눠 갖는 방식. 직장인 등 소액투자자들이 시세 차익이나 개발 이익을 노리고 투자할 때 주로 활용한다)를 하면 토지 보상비에다가 수 억원에 달하는 특별공급 아파트 시세 차익까지 챙길 수 있었다.

www.ytn.co.kr › 0102_202103091808423738

[경제]"1,000㎡ 지분 쪼갠 이유는 아파트 입주권 때문" | YTN

[앵커]LH 직원들이 신도시 땅을 1,000㎡씩 사들인 이유가 아파트 입주권을 노렸기 때문이란 의혹이 일고 있습니다.누구보다 LH 보상 정보에 빨랐기 때문에, 치밀한 지분 쪼...

news.kbs.co.kr › news

신도시 토지 보상 기준 바꾼다...기준은 '미정' - KBS 뉴스 홈페이지

수도권에서 1,000㎡ 이상의 땅을 갖고 있다 LH와 합의해 수용되면 새로운 토지로 보상받는다는 규정을 노린 것으로 해석됩니다. 특히 지난해부터 땅 대신 아파트 입주권을 선택할 수 있게 되면서 투기 세력의 개입 우려는 더 커졌습니다 [이창무/한양대 도시공학과 교수 : "상당한 시세차익을 노릴 수 있는 상황이 되겠죠. 분양 시점...

blog.naver.com › ganseum1

(종합) 토지, 농지 투자 기술! 대토에서 아파트 입주권까지 총망라

대토, 입주권까지 받을 수 있는 집약된 기술입니다 종합적인 내용은 다음과 같습니다. 토지수용을 두려워하지 말고... 한 필지에 대해서 하나밖에 안 나오니까 1,000㎡가 넘게, 1,020㎡, 이런 식으로 1,000㎡ 넘게 쪼개면 여러 개의 대토권이나 아파트 입주권이 나온다. 농업인이 아닌 자가 농지를 매입하려면 농지취득 자격 증명을 ...

2021.03.17.

LH 직원들의 최근 3기 신도시(시흥시 과림동, 무지내동, 정왕동, 광명시 옥길동, 남양주시 진전읍, 왕숙 이패동, 하남시 교신동, 교산 상사창동, 인천광역시 귤현동, 계양구 상야동 등) 발표를 앞두고 급증한 토지 쪼개기 거래 비율이 높은 이유가 되었다.

○ 「공익사업을 위한 토지 등의 취득 및 보상에 관한 법률(약칭: 토지보상법)」에 따른 아파트 분양권이 아니다.

○ 아래 한국토지공사 이주 대책(아래 2) 주택특별공급 대상자를 보면 : 이주자 택지공급 대상자 중 이주자택지 공급받을 권리를 포기하고 주택특별공급을 요청한 분 또는 택지개발예정지구 지정 공람공고 이전부터 보상 계약 체결일 또는 수용 재결일까지 계속하여 가옥을 소유하면서 거주한 분으로 한국토지주택공사로부터 그 가옥에 대한 보상을 받고 본 사업 시행으로 인하여 이주하는 분(단, 무허가 건물소유자 및 법인, 단체는 제외)에 해당되면 아파트 특별공급 대상이 되었다.

3 농지 취득 시 취득세 50% 감면(3% → 1.5%)

농어촌특별세, 지방교육세 추가하면(즉, 3.4% ⇒ 농지대장 보유시 1.6%)

농지 취득세	합 계	취득세(본세)	농어촌특별세	지방교육세
농지 낙찰	3.4%	3%	0.2%	0.2%
농지대장 보유 (2년 이상 자경)	1.6%	1.5%	비과세	0.1%
상속	2.56%	2.3%	0.2%	0.06%

(단, 종합소득금액 3,700만원 이상인 농업인이 농지를 취득할 때 취득세 감면 대상이 아님)

농업법인 설립 등기일부터 2년 이내에 영농 목적으로 농지를 취득할 때 취득세 75% 감면하고 주소지가 토지 소재지 및 연접 지역에 2년간 거주 시 농지 소유권 이전등기 시 취득세 50% 감면 및 국민주택채권 매입 시 세금 면제, 합계 3ha(9,075평 이내) 추가 농지 구입 시 해당된다. 그리고 자경 농민의 농지 등에 대한 취득세 50% 감면된다.

☞ 「지방세특례제한법」 제6조(자경 농민의 농지 등에 대한 감면)

○ 감면 요건

농업을 주업으로 하는 사람으로서 2년 이상 영농에 종사한 사람과 후계 농업경영인(직전 연도 농업 외의 종합 소득금액이 3,700만원 미만일 것), 그리고 농촌 지역으로 이주하는 귀농인이 직접 경작할 목적으로 귀농일로부터 3년 이내에 취득하는 농지

○ 취득자의 주소지가 농지 및 임야 소재지(주거지역 · 상업지역 · 공업지역은 감면 대상에서 제외)로부터 20km 이내의 지역일 것

○ 감면 비율 : 취득세의 100분의 50(「지방세특례제한법」 제11조, 제12조)

① 농업 법인(영농조합법인, 농업회사법인)이 영농에 사용하기 위하여 법인 설립 등기일부터 2년 이내에 취득하는 부동산에 대하여는 취득세 면제

② 농업 법인이 영농 · 유통 · 가공에 직접 사용하기 위하여 취득하는 부동산에 대하여는 취득세의 100분의 50 면제

③ 농지 면적 30,000㎡ 미만에 한정하고, 2년 안에 매도 시 취득세 반환

④「산지관리법」에 따른 보전산지 취득 시 취득세 50% 감면(2023. 12. 31.까지)

4 4년 이상 자경 농지의 대토 시 양도소득세 감면?

농지 면적의 2/3, 금액의 1/2 이상

○ 농지 대토(거주자가 직접 경작하든 농지를 매도하고 새로운 농지를 취득하는 과정)에 따른 양도소득세 100분의 100에 상당하는 세액을 감면

→ 4년 이상 재촌 · 자경 후 양도하고 1년 이내 대체 농지 구입 시 양도소득세 감면(연간 1억원 / 5년간 누적 1억원 한도) : 양도 차익 3억에 유리: 매입가 1억에서 매도가 4억인 경우 : 양도 차익 3억 × 35% = 114,000,000 - 누진 공제 19,400,000 = 양도세 94,600,000원

< 감면 부인 사례 >

✤ 농지대장과 농업경영체등록 없이 자경 농지세금 감면 신고를 부인한 사례 : 비료 등 매입하고 사업소득 3,700만원 미만 신고 등 요건 갖추었으나 세무서에서 불인정(사유: 거주지는 대구 수성구, 농지 소재지(연접 경산시)에서 사용한 카드 내역 8년치 발급받아 증거 자료로 제출, 1년 중 90일 이상은 경작하고, 경산시 카드 사용 내역 있어야 가능)

농자재 판매확인서, 농약 비료대금 등 농비 부담 영수증, 종자구입 및 수확물 판매 관련 증빙자료, 농작물 작황 상황, 인우보증서 등 필요하다.

☞「조세특례제한법」 제70조(농지 대토에 대한 양도소득세 감면) 및 같은 법 시행령 제67조 참조

- 다음 요건에 적합한 경우 감면 대상이 된다.

① 종전 토지 및 새로 취득하는 토지가 농지일 것

② 농지 대토일 현재 국내에 주소를 두거나 1년 이상의 거소를 둔 개인일 것(비거주자가 된 날로부터 2년 이내인 자를 포함)

③ 4년 이상 종전의 농지 소재지에서(연접 또는 30㎞ 이내) 거주(재촌)하면서 직접 경작(자경)한 농지일 것

④ 농지 양도일부터 1년 내 새로운 농지를 취득할 것

⑤ 농지 취득일로부터 1년 내에 새로운 농지 소재지에 거주하면서 경작을 개시할 것(새로 취득하는 농지의 면적이 양도하는 농지의 면적의 2/3(67%) 이상일 것 또는 새로 취득하는 농지의 가액이 양도하는 농지의 가액의 1/2 이상일 것)

⑥ 취득 후 합산한 경작 기간이 8년 미만인 경우

⑦ 농지 취득 후 4년 이내에 수용되는 경우

⑧ 농지 소유자 사망 후 상속인이 계속 경작한 경우(상속인 경작 기간 통산)

⑨ 사업소득 금액과 근로소득 금액이 3,700만원 이상인 기간은 경작 기간에서 제외(본인 소득만 해당되고 배우자 소득은 무관)

< 감면 제외농지란 >

✤ 양도일 현재 특별시, 광역시, 시 지역에 있는 농지 중 주거 · 상업 · 공업지역 안의 농지로서 이들 지역에 편입된 날로부터 3년이 지난 농지는 제외(대상 지역은 녹지지역, 관리지역, 농림지역, 자연환경보전지역)

✤ 매입한 농지는 4년 동안 경작 의무 있는데, 4년 안에 매도하면 감면된 양도소득세를 반환

< 감면 세액 >

✤ 5개 과세기간의 감면받을 양도소득세액의 합계액이 1억원 한도 내에서 감면(8년 자경농지 감면과 합산하여 5개 과세기간의 감면받을 양도소득세액의 합계액이 2억원 한도 내에서 감면)

☞ 김영남, 『농지 · 산지114』, 부연사, 2019년 개정9판, 98-100P 참조.

5 농업인의 재촌 · 자경 8년 이상 양도소득세 2억원 한도로 감면(연간 1억원, 5년간 누적 2억원 한도)

❍ 8년 자경 농지 감면

농지 소재지에 거주하는 거주자가 취득일부터 양도일 사이에 8년 이상 직접 경작한 토지를 양도하는 때에는 양도일 현재 농지인 경우, 연간 1억원 또는 5년간 2억원을 한도로 양도소득세의 100%를 감면

❍ 감면 요건의 세분화

① 거주 요건 : 농지 소재지에 거주(농지소재지 또는 연접 시 · 군 · 구에 주민등록 및 거주하거나 농지 소재지로부터 직선거리 30km 이내 거주)

② 자경 요건 : 8년 이상 자경(총급여 및 사업소득이 3,700만원 이상인 경우 그 기간만 제외한다. 그러나 본인의 이자소득, 배당소득, 부동산 임대소득, 연금소득, 배우자 소득은 해당없음), 농작업에 상시 종사하거나 2분의 1 이상을 자기 노동력과 자기 노동 시간으로 경작 또는 재배하는 경우

③ 부모가 8년 자경한 농지의 상속은 상속 후 1년만 위 조건을 갖춰야 함(단, 증여는 8년)

④ 농지 요건 : 사실상의 농지

6 농지 전용 시 농지 전용 부담금 면제

농업용 시설 설치 시 농지 보전부담금 100% 감면되고 일반인은 공시지가의 30% (최대 50,000원/m², 즉 165,000원/평당까지 상한 부담)

7 국민연금 지원

본인이 부담할 연금보험료의 1/2를 초과하지 않는 범위 내에서 최고 43,650원 지원, 농지 대장이 있고 농업경영체 등록되어야 사격. 다만, 종합소득금액(이자, 근로, 사업, 근로소득 등)과 재산세 과세표준 금액에 따라 지원 제외 가능.

8 건강보험 지원

원래 부과되는 건강보험의 최대 28%까지 지원. 다만, 농업외 소득(금융, 사업, 기타소득)과 보유한 재산에 따라 변동.

9 공익직불금 신청

- 신청 자격 : 직전 3년 동안 1년 이상 공익직불금 대상농지 1,000㎡를 1년 이상 경작(농업경영체 등록)
- 신청 기관 : 읍 · 면 · 동(동네 이장 일괄 신청)과 농산물품질관리원에 매년 4/20까지 신청
- 지급금액 : 농업경영체 등록 후 다음 해부터 지급
- 소농 직불금 : 일괄 120만원/년

10 농기계용 면세유 구입

농업경영체 면세유카드 보유(미소지 시 노엽 주유소 확인 후 지역농협에서 발급). 휘발유 포함. 농자재, 종자, 비료, 농기구 구입 시 부가세, 개별소비세, 교통 · 에너지 환경세 등 면제

11 자녀 대학장학금 우선 지원 대상자로 지원 가능

고등학생은 학자금 면제, 대학생은 무이자 등록금 융자 및 장학금 우선 지원

12 농지 대출 (근)저당권 설정 시 등록세와 국민주택채권매입을 면제

(근)저당권 설정 시 등록세와 국민주택채권 매입을 면제. 대지면적 : 660㎡ 이내, 건축면적 : 150㎡ 이내(100㎡ 이내 시 저리 대출 용이)

13 단위농협의 조합원에 가입

출자를 하고 배당을 받을 수 있으며, 저리의 대출금 수혜

14 토지거래허가구역 내 추가 농지 취득

토지거래허가구역 내 추가 농지 취득이 가능함

15 5세 이하의 영유아 보육원 보조금 지원

영유아가 있는 여성 농업인의 경우 일정 금액의 육아 지원금

16 농기계 임대, 비닐하우스 설치 시

경형 · 소형화물자동차(1톤) 1대로 한정(픽업트럭은 제외), 트렉트는 2대 이상도 가능하며, 지역의 농기계 임대사업소에 문의(현장 배달서비스 시행)

- ❍ 자격 : 농지대장 또는 농업경영체 등록
- ❍ 농업인 NH보험 안전보험 가입 후 확인서 제출
- ❍ 농기계 교육

17 농가주택 신축 시 혜택

관리지역 60평, 농림지역 30평 한도 내에서 농가주택을 건축할 때 신고제로 건축 가능하며, 해당 시 · 군 · 구를 통해 2천만원 한도 내에서 농가주택 신축자금을 저리로 융자 가능

18 여성 농업인 행복바우처카드 사용

자기 부담액 3만원으로 15만원 사용 가능(1월에 신청 가능), 안경점, 영화관,수영장, 미용실, 팬션, 사진관, 놀이공원 등 30여개 업종 이용 시

[출처 : 황경진 경매전문학원]

제4장 농어촌주택·고향 주택 양도소득세 과세 특례

거주자 및 그 배우자가 구성하는 1세대가 2003. 8. 1. (고향주택은 2009. 1. 1.) ~ 2025. 12. 31.까지의 기간 중에 농어촌주택(수도권(단, 경기도 연천군, 인천시 강화군 · 옹진군은 제외) 밖의 읍 · 면 또는 동(2016. 1. 1. 이후 : 인구 20만명 이하의 시(市)지역에 속한 동에 지역) 또는 고향주택(수도권 밖의 인구 20만명 이하의 시)의 어느 하나에 해당하는 1채의 주택을 취득하여 3년 이상 보유하고 그 농어촌주택 취득 전에 보유하던 일반 주택을 양도하는 경우에는 그 농어촌주택 등을 해당 1세대의 소유 주택이 아닌 것으로 보아 1세대 1주택의 비과세 여부를 판정한다.

그동안 농어촌주택의 범위를 대지면적은 660㎡ 이내이고 주택 연면적은 150㎡(공동주택의 전용 면적은 116㎡) 이내로 적용하였으나, 2017. 1. 1. 이후부터는 주택 연면적 기준을 폐지하여 농어촌주택 등 취득자에 대한 1세대 1주택 과세특례 요건을 완화하였다. 또한 대지 면적 660㎡ 이내의 기준 면적도 2021. 1. 1. 이후 양도분부터는 폐지하여 합리화하였다.

1. 적용 대상

거주자 및 그 배우자가 구성하는 1세대가 2003. 8. 1. ("고향주택"은 2009. 1. 1.)부터 2025. 12. 31.까지의 농어촌주택 등 취득 기간 중에 1채의 농어촌주택을 취득(자기가 건설하여 취득한 경우를 포함한다)하여 3년 이상 보유하고 그 농어촌주택 등 취득 전(前)에 보유하던 다른 주택(일반주택)을 양도하는 경우에는 그 농어촌주택 등을 해당 1세대의 소유주택이 아닌 것으로 보아 소득세법 제89조(비과세 양도소득) 제1항 제3호(1세대 1주택의 비과세)를 적용한다.

2. 농어촌주택 지역의 범위

취득 당시 다음에 해당하는 지역을 제외한 지역으로서 「지방자치법」 제3조 제3항 및 제4

항에 따른 읍 · 면 또는 인구 규모 등을 고려하여 일반주택이 소재하는 동(洞)과 같거나 연접하지 아니하는 동(洞)에 소재할 것.[64)]

- 2003. 8. 1. 이후 : 수도권 밖의 읍 또는 면
- 2016. 1. 1. 이후 : 인구 20만명 이하의 시(市) 지역에 속한 동(洞)을 추가.

1) (지방자치법 제3조 제3항, 제4항의 규정) 읍(도시지역 안의 지역은 제외), 면에 소재 또는 고향주택[65)](제천시, 당진시, 속초시, 동해시, 사천시, 통영시 등)
2) 수도권(강화군, 옹진군, 연천군은 제외한다), 광역시, 투기지역, 도시지역(주거, 상업, 공업, 녹지지역), 토지거래 허가구역, 관광단지 등은 제외.
3) 행정구역 상 종전주택과 동일, 연접한 읍 · 면 소재 주택은 제외.

3. 가액기준[66)]

1) 해당 읍 · 면 소재 주택의 주택가격과 토지가격의 합계가 취득 당시 기준시가 3억원 (2023. 1. 1. 이후 취득 시) 이하
2) 한옥67)은 취득 당시 기준시가 4억원(2014. 1. 1. 이후 취득 분부터)이하
3) 농어촌주택 매수 이후 주택가격의 상승은 관계없다.

64) 예로, 창원시에 아파트 한 채를 보유중인 경우에① 7개 연접지역(고성군, 진주시, 함안군, 창녕군, 밀양시, 김해시, 거제시는 해안으로 연접됨) 농어촌주택 매입하면 안되고, 연접 아닌 9개 지역(통영시, 사천시, 의령군, 함양군, 산청군, 합천군, 거창군, 하동군, 남해군 읍면지역은 해당됨) 등. 여기서 연접은 시(市)와 시(市)가 아니고 2014.12.23. 개정하여 시(市)는 삭제되었고, 좁게 읍 · 면 연접이 아니라면 농어촌주택의 양도세 특례 대상이 된다(조세특례제한법 제99조의4 제3항 참조).② 예로, 경남 창원시의 경우 의창구 북면과 마산합포구 진전면은 연접으로 보지 않는다. 세분하면 창원시 마산합포구 구산면과 진동면은 연접이지만 진전면 · 진북면은 연접으로 보지 않는다.

65)「조세특례제한법 시행령」[별표 12] 고향주택 소재 지역 범위(제99조의4 제2항 관련)

66) 2003.8.1 이후 취득분 : 취득당시 7천만원 이하, 2008.1.1 이후 취득분 · 취득 당시 1억 5천만원 이하 2009.1.1 이후 취득분 : 취득 당시 2억원 이하이며, 2023.1.1 이후 취득분 : 취득 당시 3억원 이하 (※ 2014.1.1 이후 → 한옥은 4억원 이하)이다.

67)「건축법 시행령」제2조 제16호에 따른 한옥으로서 지방자치단체의 조례에 따라 건축비 · 수선비지원, 보존 의무 등의 대상으로 해당 지방자치단체의 장에게 등록된 한옥을 말한다.

4. 보유기간

1) 농어촌주택은 취득 후 3년 이상 보유해야 한다.
2) 2년 이상 보유한 종전 주택(아파트 등 일반주택)을 양도하는 경우, 농어촌주택은 없는 것으로 보고 1세대 1주택 비과세한다.

5. 추가 사항

농어촌주택 · 고향주택 취득 전에 보유하던 일반주택을 양도하는 경우에는 그 농어촌주택을 해당 1세대의 소유주택이 아닌 것으로 보아 1세대 1주택의 비과세 여부를 판정한다. 반대로 농어촌주택 · 고향주택을 먼저 구입하고 일반주택을 구입하면 안되며, 농어촌주택은 3년 이상 등기사항 증명서에 소유자로 보유하여야 한다.

6. 경매 사례 물건

	사건번호	소재지	감정가/최저가/매각가	결과	매각기일
	12-9425(1) 주택	경상남도 통영시 한산면 염호리 504-2 [토지 191㎡, 건물 70.2㎡]	19,285,280 19,285,280 25,690,000	매각 (100%) (133%)	2013.01.31 (10:00)
	21-599 주택	경상북도 영주시 봉현면 대촌리 181-6 외 1필지 [토지 464.3㎡, 건물 134.49㎡ / 건물전부, 토지지분]	265,731,170 91,146,000 137,999,999	매각 (34%) (52%)	2023.05.22 (10:00)
	21-10529(1) 주택	경상북도 청송군 주왕산면 주산지리 1505-2 [토지 658㎡, 건물 275.16㎡]	116,400,400 39,925,000	유찰 3회 (34%)	2023.07.19 (10:00) 입찰 23일전
	22-38975 주택	전라북도 진안군 용담면 송풍리 113-4 [토지 364㎡, 건물 177.98㎡]	112,558,640 38,608,000	유찰 3회 (34%)	2023.07.24 (10:00) 입찰 28일전
	21-3686(3) 주택	경상북도 김천시 감천면 광기리 667-2 외 1필지 [토지 428㎡, 건물 100.74㎡]	208,364,160 71,469,000	유찰 3회 (34%)	2023.07.20 (10:00) 입찰 24일전
	21-5326 주택	경상남도 거제시 거제면 서정리 619 외 2필지 [토지 347㎡, 건물 101.77㎡ / 법정지상권]	235,948,000 92,492,000	유찰 3회 (39%)	2023.06.26 (10:00) 오늘입찰

	22-33868 주택	경상남도 남해군 삼동면 물건리 567-5 [토지 166㎡, 건물 149.74㎡]	269,620,640 138,046,000	유찰 3회 (51%)	2023.07.13 (10:00) 입찰 17일전

2022타경33868 • 창원지방법원 진주지원 • 매각기일 : 2023.07.13(木) (10:00) • 경매 4계(전화:055-760-3254)

소 재 지	경상남도 남해군 삼동면 물건리 567-5 도로명검색 지도 지도 주소 복사				
물건종별	주택	감 정 가	269,620,640원	오늘조회: 3 2주누적: 515 2주평균: 37 조회동향	
토지면적	166㎡(50.22평)	최 저 가	(51%) 138,046,000원		
건물면적	149.74㎡(45.3평)	보 증 금	(10%) 13,804,600원		
매각물건	토지·건물 일괄매각	소 유 자	박■■		
개시결정	2022-07-13	채 무 자	박■■		
사 건 명	강제경매	채 권 자	이■■		

구분	매각기일	최저매각가격	결과
1차	2023-03-30	269,620,640원	유찰
2차	2023-05-04	215,697,000원	유찰
3차	2023-06-08	172,558,000원	유찰
4차	2023-07-13	**138,046,000원**	

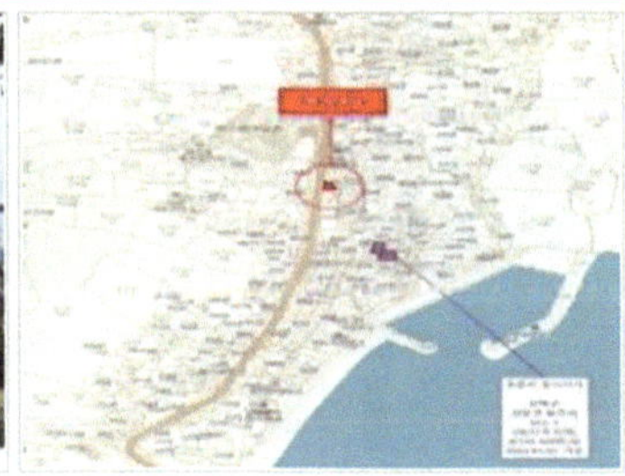

사진 펼쳐보기

사진 | 토지등기 | 건물등기 | 감정평가서 | 현황조사서 | 건축물대장 | 매각물건명세서 | 세대열람내역서 | 부동산표시목록
기일내역 | 문건/송달내역 | 사건내역 | 전자지도 | 전자지적도 | 로드뷰 | 씨리얼지도+ | 도시계획지도+

• 매각토지.건물현황 (감정원 : 진산감정평가 / 가격시점 : 2022.07.22 / 보존등기일 : 2017.12.27)

목록		지번	용도/구조/면적/토지이용계획			㎡당 단가 (공시지가)	감정가	비고
토지		물건리 567-5	계획관리지역,하수처리구역,가축사육제한구역,자연취락지구		대 166㎡ (50.22평)	461,000원 (117,000원)	76,526,000원	
건물	1	동부대로960번길 23-1 [물건리 567-5 제1동호] 철근콘크리트구조 (철근)콘크리트지붕	1층	단독주택(부속창고)	65.02㎡(19.67평)	1,196,000원	77,763,920원	* 사용승인:2017.12.19
	2		2층	단독주택	65.02㎡(19.67평)	1,656,000원	107,673,120원	* 사용승인:2017.12.19
			면적소계 130.04㎡(39.34평)				소계 185,437,040원	
제시외건물및기타	1	물건리 567-5 철파이프조 폴리카보네이트지붕 등	단층	가축	9.8㎡(2.96평)	86,000원	842,800원	매각포함
	2		단층	차고	9.9㎡(2.99평)	52,000원	514,800원	매각포함
	3			철재계단 - 1식			2,200,000원	매각포함
	4			양광설비 - 1식			4,100,000원	매각포함
		제시외건물및기타 일부 매각제외	면적소계 19.7㎡(5.96평)				소계 7,657,600원	
감정가		토지:166㎡(50.22평) / 건물:149.74㎡(45.3평)				합계	269,620,640원	일괄매각

* 본건은 경상남도 남해군 삼동면 물건리 소재 "해오름예술촌" 남동측 인근에 위치하고, 주위는 근린생활시설, 마을 내 주택, 마을주변 농경지, 임야 등으로 형성되어 있으며, 제반 주위환경은 보통시됨.

제5장 농지연금 유튜브 동영상 핵심 10강좌

농지연금 전문가 되려면(필수 10강좌) 유튜브 '법학박사 황경진경매TV'에서 구독하며, 유튜브 또는 네이버에서 '황경진 1167강' 1078강, 1061강, 1038강, 1312강, 1270강, 1245강, 1218강, 1172강을 시청한다.

황경진TV(유튜브) 농지연금 QR 모음

황경진TV 1352강	황경진TV 1312강	황경진TV 1299강
황경진TV 1352강	황경진TV 1312강	황경진TV 1299강
농지연금 풀영상 240분	농지연금 바로 알기	2천만원으로 배우자 사망시까지 월3백만원
황경진TV 1270강	**황경진TV 1218강**	**황경진TV 1172강**
황경진TV 1270강	황경진TV 1218강	황경진TV 1172강
농지연금은 감정가의 90% 지급	2022.02.18.부터 만60세 이상 농지연금 가입	농지연금 받고 싶다면 배워야
황경진TV 1167강	**황경진TV 1078강**	**황경진TV 1061강**
황경진TV 1167강	황경진TV 1078강	황경진TV 1061강
농지연금도 모르면 노후가 불안하다	취득세, 보유세, 양도세가 없는 농지연금	농지연금 받으려면 사전 필수조건?

OBS 뉴스

홈 뉴스O 경인PICK 뉴스 브런치 분야별 다시보기

실시간 뉴스 한미일, 북중러 공동 대응…"규칙 기반한 국제질서"

홈 경제 산업/기업

산림청, 563억 원 투입 사유림 매수

유상훈 | 입력 2023.01.20 10:12

"규제에 꽁꽁 묶인 산(山) 팔아 10년 동안 연금 받자"

- 산지연금형 사유림 매수 추진 "산림청"-

'산' 팔고 10년 동안 연금 받는 방법은

김흥중 기자 funkim92@newsfarm.co.kr | 승인 2022.11.07 20:49 | 댓글 0

| 산림청, 산지연금형 사유림매수 추진

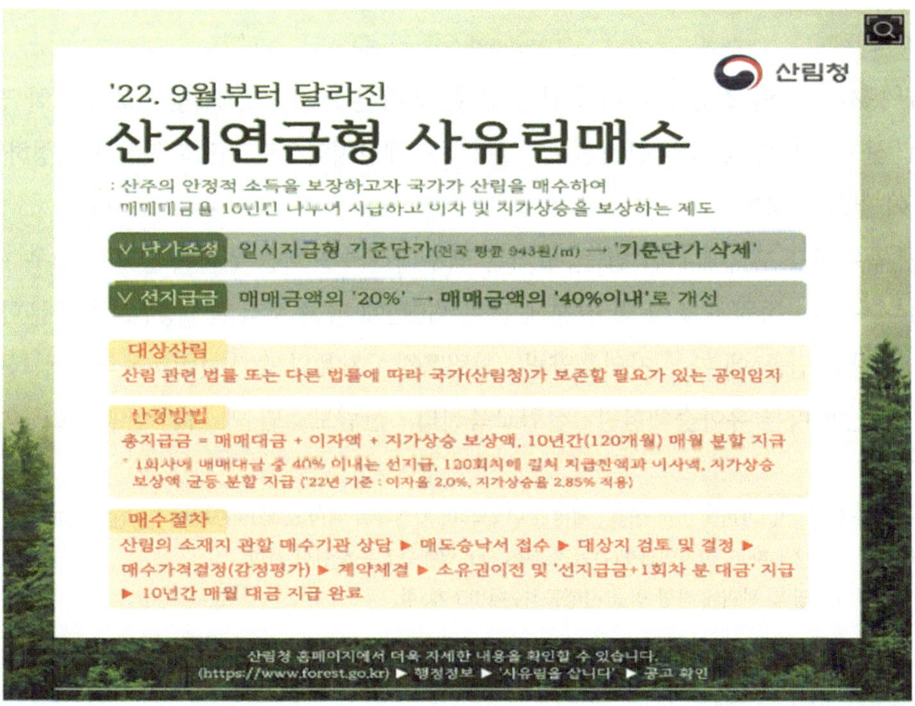

제1장 산지연금의 개념 및 지급조건

1. 산지연금[68)]

1) 산지연금은 산지를 국가(산림청)에 매각하고 매매대금을 10년(120개월)간 매월 연금처럼 나누어 받는 제도를 말한다. 이 제도는 사유림매수사업의 일환으로 '산지연금형 사유림매수제도'라는 이름으로 2021년 처음 도입되었다.

2) 도입 배경
   (1) 국유림의 공익기능 증진 및 경영관리 효율성 증진을 위한 국유림 확대 · 집단화
   (2) 생활림, 공익림 위주의 사유림매수를 통해 산림분야 탄소중립 실행의 기반마련
   (3) 사유림을 매도하는 산림소유자에게 10년간 매월 안정적인 생활자금 지급

2. 산지연금 매수대상지

매수대상지는 다음의 각 호의 하나에 해당하는 경우로 한다.[69)]

1) 「도시숲 등의 조성 및 관리에 관한 법률」에 따른 도시숲 · 생활숲으로 필요한 경우
2) 「산지관리법」에 따른 산지전용 · 일시사용 제한지역으로 지정되었거나 지정하기 위하여 필요한 경우
3) 「백두대간 보호에 관한 법률」에 따른 백두대간의 보호를 위하여 필요한 경우
4) 「수목원 · 정원의 조성 및 진흥에 관한 법률」에 따른 수목원 · 정원, 「산림문화 · 휴양에 관한 법률」에 따른 자연휴양림 · 산림욕장 · 치유의 숲, 「산림교육의 활성화에 관한 법률」에 따른 유아숲체험원 · 산림교육센터, 「산림보호법」에 따른 산림보호구역 · 생태

68) 「국유림의 경영 및 관리에 관한 법률」 제18조 및 같은법 시행규칙 제19조, 제19조의2와 「산림청 소관 국유재산관리규정 제17조의2에 따른 '산지연금형(분할지급형) 사유림매수업무에 관한 사항.

69) 「국유림의 경영 및 관리에 관한 법률 시행규칙」 제19조제5항.

숲(산림생태원을 포함한다) 또는 「사방사업법」에 따른 사방지로 필요한 경우

5) 다른 법률에 따라 구역 · 지역 등으로 지정된 산림으로서 국가가 보존할 필요가 있다고 인정되는 경우

< 매수하는 산림 >

- 공익 기능이 높은 산림을 우선적으로 매수
- 도시숲, 생활숲, 휴양림, 수목원 등 국가가 산림사업 목적상 필요한 산림
- 백두대간 보호구역, 수원 함양 보호구역 등 산림으로 보존하고 자 하는 산림

3. 산지연금 매수제한지

1) 저당권 및 지상권 등 사권이 설정되어 있는 산림

2) 「입목에 관한 법률」에 따른 입목등록 또는 입목등기가 되어 있는 산림

3) 지적공부와 등기부 상의 면적이 서로 다르거나 지적공부에 표시된 위치가 서로 다른 산림

4) 5인 이상 공유의 토지(다만, 일단의 면적이 30ha 이상인 경우 매수기관의 예산상황, 매수 타당성 등을 고려하여 매수할 수 있음)

5) 1건의 지번 토지 또는 임야를 지분으로 매도하는 산림(다만, 잔여 지분을 일시지급형 등의 방법으로 매매계약을 체결하여 일시에 소유권이전을 추진할 경우 매수 가능)

6) 소유권 및 저당권 등을 대상으로 소송 절차가 진행 중인 산림

7) 다른 법률에 따라 개발 절차가 진행 중이거나 진행될 것으로 예상되는 산림

8) 최근 1년 이내에 소유권이전 등 변동이 있는 산림(다만, 상속이나 증여에 따라 소유권이 변경된 경우 예외)

9) 국립공원 등 산림사업의 행위가 제한되는 산림(다만, 허가 · 협의 · 신고 · 승인 등의 절차를 통해 산림사업을 추진할 수 있는 곳은 매수할 수 있음. 「자연공원법」에 따른 '공원구역'은 환경부 매수정책과 중복성 우려로 매수 지양)

10) 그 밖에 예산상황 및 매수계획을 고려하여 지방산림청에서 정한 당해연도 매수기준에 저촉되는 산림

4. 산지연금 안내 및 상담

1) 산지연금 공고 안내

매수인은 산림의 매수를 위하여 해당 산림소유자에게 "산지연금형 사유림매수" 제도를 안내하는 등 매수제도의 원활한 추진을 위하여 안내를 한다.[70]

2023년도 공 · 사유림 매수 계획 공고(안)

산림청에서는 산림생태계보전, 재해방지, 산림복지서비스 증진 및 산림 자원의 육성 등을 위하여 공 · 사유림을 매수하고 있습니다. 따라서 공 · 사유림을 국가에 팔고자 하는 소유자께서는 해당 임야의 소재지 관할 매수기관(붙임 1)에 매도 신청하여 주시기 바랍니다.

I. 2023년 공 · 사유림 매수계획

구분	계	북부지방 산림청	동부지방 산림청	남부지방 산림청	중부지방 산림청	서부지방 산림청	국립 수목원	제주특별 자치도
면적	4,146.0 (580.0)	285.0 (130.0)	213.5 (60.0)	1,022.5 (130.0)	802.0 (130.0)	1,772.5 (130.0)	0.5	50
예산	54,834 (7,139)	5,398 (2,291)	1,954 (478)	9,492 (1,065)	12,361 (2,095)	19,053 (1,210)	1,576	5,000
비고 (우선순위)		산림관련 법률에 따른 법정제한림 등 공익임지(산지연금형 포함) 및 산림경영임지					광릉숲 완충구역	곶자왈 보전림

* ( )는 산지연금형 사유림매수 사업량 및 예산내역임(기계약분 지급액 포함)

2) 산지연금 상담

(1) 매수인은 "산지연금형 사유림매수"제도를 통해 사유림을 매도하고자 하는 자에게 사업설명을 하여야 하며, 매도하고자 하는 자로부터 설명을 듣고 이해하였음을 서명 징구의 방법으로 확인받아야 한다. 다만, 매도의사가 없는 경우 확인 절차는 생략할 수 있다.

(2) 매수인은 제1항에 따라 상담을 실시한 경우 산지연금형 사유림매도 상담서 등을 작성하여 보관한다. (산림청 국유림경영과, 1588-3249)

---

70)「국유림의 경영 및 관리에 관한 법률」제4조제1항.

5. 매수대상 검토, 감정평가 실시

1) 매수인은 매도 신청 임야에 대하여 매수대상 여부를 결정한다.

2) 매수인은 결정사항을 매도승낙일로부터 30일 이내에 매도 신청자에게 통보하여야 한다.

3) 감정평가업자 2인(토지거래계약 허가구역 경우에는 3인)의 감정평가액을 산술평균한 금액으로 결정한다.[71)]

6. 지급액의 산정기준[72)] 및 계약 체결

1) 매도인에게 지급되는 지급액

(1) 매매대금(감정평가액)

(2) 이자액(매매대금에 이자율을 반영 산정)

(3) 지가상승보상액(매매대금에 지가상승률을 반영 산정)

(4) "(1)" 내지 "(3)"에 따른 각각의 금액 및 총 지급액은 별도로 배포되는 "산지연금형 사유림매수 금액산정프로그램"에 의해 산정한다. 이 경우 회계처리상 "자산" 및 "비용" 처리 기준은 다음과 같다. (회계부서 의견을 반영한 사항임)

① 총지급액은 "산지연금형 사유림매수 금액산정 프로그램"에서 산출된 "총보상금액(지가상승보상금액)"으로 함.

② 매매대금에 해당하는 선지급금(40% 이내), 각 회차분 매매대금은 "자산" 처리하며 수기 산출 후 "원" 단위 절사함.

③ 이자액 및 지가상승보상액은 "비용"처리하며, 이자액은 "산지연금형 사유림매수 금액산정프로그램"의 "월지급금(지가보상포함)"으로 산출된 금액 중 이자액분에 대해 산출 후 "원"단위 절사하고, 지가상승보상액은 같은 프로그램으로 산출된 금액으로 함.

④ 마지막 회차인 120회차 분 지급 시 "총지급액"과 기 지급한 금액과의 차액을 정산하여 지급함.

71) 「국유림의 경영 및 관리에 관한 법률 시행령」 제13조 제1항.

72) 『산지연금형(분할지급형) 사유림매수 업무처리요령』 제14조.

남부지방산림청
정부혁신 보다 나은 정부
분할지급형 사유림매수 신청하세요~
내 산 팔고, 10년 연금 수령하자!
분할지급형 사유림매수란?
산주의 안정적 소득을 보장하고자
국가가 산림을 매수하여
매매대금을 10년간 나누어 지급하고
이자 및 지가상승을 보상하는 제도
매수 대상 산림
도시숲,생활숲 및 산림보호구역
산림 관련 법률 또는 다른 법률에 따라
국가(산림청)가 보존할 필요가 있는 공익임지
*저당권, 지상권 등 사권 설정 재산, 두 사람 이상 공유재산 또는
소송 절차 진행중인 재산 등은 매수 제한
매매대금 및 총 지급금 산정 방법
*22년 기준 : 이자율 2.0%, 지가상승율 2.85% 적용
총지급금 = 매매대금 + 이자액 + 지가상승 보상액
총지급금 10년간(120개월) 매월 분할 지급
• 1회차에 매매대금 중 20%는 선지급
10년간(120회차)에 걸쳐 매매대금 80%와 이자액, 지가상승 보상액 균등 분할 지급
분할지급형 사유림매수 절차
상담
매도승낙서 접수
대상지 검토 및 결정
매수 가격 결정(감정평가)
계약 체결
소유권 이전 및 1회차 분 대금 지급
2~120회차 분 대금 지급 완료
매도문의 및 접수방법
매도 희망 산림의 소재지를 관할하는 국유림관리소에 유선 또는 직접 방문하여
사전 상담받고 매도승낙서 제출(우편·FAX·방문)
영주국유림관리소
054-630-4020~4
경북 안동시·영주시·문경시·의성군·예천군·봉화군
영덕국유림관리소
054-730-8120~4
경북 포항시·경주시·영천시·청송군·영양군·영덕군
구미국유림관리소
054-712-4110~3
대구광역시, 경북 경산시·구미시·김천시·상주시·고령군
군위군·성주군·청도군·칠곡군
울진국유림관리소
054-780-3920~2
경북 울진군
양산국유림관리소
055-370-2740~4
부산광역시, 울산광역시, 경남 김해시·
창원시(창원·마산·진해)·밀양시·양산시·창녕군·함안군
남부지방산림청 홈페이지에서 더욱 자세한 내용을 확인할 수 있습니다.
(https://north.forest.go.kr) ▷ 남부지방청 소식 ▷ 공고 ▷ '사유림'검색 ▷ 공고 확인

2) 계약 체결

(1) 매수가 결정된 때에는 매매계약서를 작성하고, 계약서에는 약정서를 첨부한다.

(2) 약정서에는 다음의 내용을 포함하여야 한다.

① 월지급금 및 지급 방법

② 지급금 총액

③ 지급기간

④ 적용되는 이자율 및 지가상승률

⑤ 매도인 사망시 채권의 수령 권한의 양도 여부 및 양도시 양수인

⑥ 월지급금의 지급정지 등에 관한 사항

(3) 매도인은 매도인 사망시 채권 수령권을 제3자에게 양도하고자 할 경우에는 양수자와 채권양도계약서를 체결하고 매매계약서에 첨부하여야 한다.

(4) 채권 수령권을 양도하고자 하는 경우, 채권의 양수인은 매수인(국유림관리소장 등)과 채권양수 약정서를 작성하여야 한다. 이 경우, 채권을 양수받는 자는 매도인 사망시 지체없이 매수인에게 그 사망을 증명하는 서류를 첨부하여 그 사실을 알리도록 지급약정서에 명기하여야 한다.

7. 월지급금 지급 및 지급정지

1) 월지급금은 매매대금에서 선지급금을 제외한 잔여금액과 이자액을 합산한 금액을 120회로 나누어 산정한 금액에 월별 산출한 지가상승보상액을 합산한 금액으로 한다.

2) 첫 회 지급시에는 월지급금에 선지급금(매매대금의 40% 이내)을 추가하여 지급한다.

매도승낙서 접수 (매도자 → 관리소)	→	승낙서 등 서류검토 (매수기관)	→	현지 확인 (매수기관)	→	매수여부결정 및 통보 (매수기관 → 매도자)
→	매매 협의 (매수기관 ↔ 매도자)	→	감정평가 의뢰 (매수기관 → 평가업자)	→	매수 가격 결정 (매수기관)	
→	매매 계약(약정)체결 (매수기관 ↔ 매도자)	→	소유권이전 및 1회차분 대금 지급 (계좌입금) (매수기관 ↔ 매도자)	→	2회 120회차분 대금 지급 (계좌입금) (매수기관 → 매도자)	

3) 월지급금 세부 금액 기준은 다음과 같다.

(1) 잔여 금액 : 매매대금에서 첫 회 우선 지급금(40% 이내)을 제외한 60% 이상에 해당하는 금액

(2) 잔여 금액 지급방식 : 1개월 단위의 원금균등상환 방식으로 산출

(3) 이자액 : 매매대금 지급 잔액에 대해 월 단위로 이자율을 적용하여 산정한 금액(이자율 2% 적용)

(4) 지가상승보상액 : 전월의 매매대금 잔액(지가상승 금액 포함)에 지가상승을 (2.85%) 적용하여 산정한 월 단위 금액. 다만, 산정한 금액이 "0원"이하일 경우 산정금액은 "0원"으로 한다.

(5) 월지급금은 별도로 배포되는 "산지연금형 사유림매수 금액산정프로그램"에 의해 산정한다.

(6) 월지급금 지급정지 사유가 발생하였을 경우에는 지급정지 시점 이후의 이자액 및 지가상승보상액은 지급하지 아니한다. [73)]

(7) 채권을 지급받는 자는 입금동의서를 매수인에게 제출하여야 한다.

---

73) 『산지연금형(분할지급형) 사유림매수 업무처리요령』 제19조.

4) 월지급금 지급정지

(1) 매도인이 제3자 채권 양수인을 지정하지 아니하고 사망하였거나, 매도인이 지정한 채권 양수인이 사망하였을 경우 월지급금의 지급을 중지한다.

(2) (1)에 따라 월지급금의 지급을 중지한 경우, 필요 시 공탁 등의 조치를 취하여야 한다.

(3) 공탁시점 이후의 매매대금의 잔액에 따라 산정되는 이자액 및 지가상승보상액은 지급하지 아니한다.

(4) (2)에 따라 공탁 등의 조치를 취할 경우, 공탁금은 월지급금 지급 중지시점부터 공탁시점까지의 기간에 지급되어야 할 월지급금과 공탁시점 이후 미지급된 매각금액의 잔여금액의 합산액으로 한다. 이 경우, 공탁시점까지 지급되었거나 지급되는 월지급금상의 이자액의 합산액과 공탁시점까지 반영되는 이자액의 차액은 정산한다.

(5) 공탁금의 가액 산정시 별도 배포되는 "산지연금형 사유림매수 금액산출 프로그램"을 참조한다.

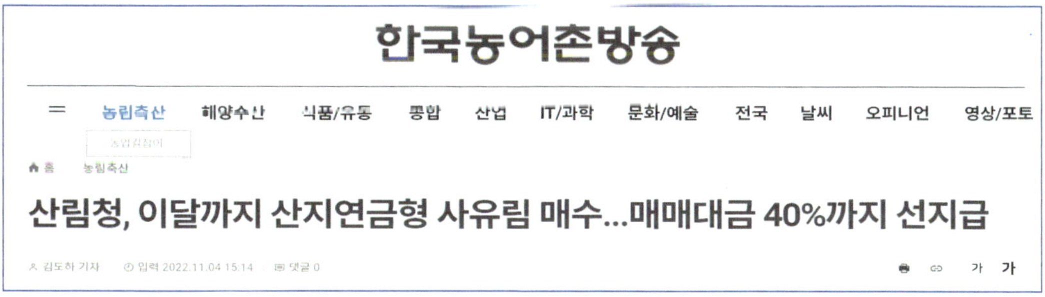
한국농어촌방송

농림축산 해양수산 식품/유통 종합 산업 IT/과학 문화/예술 전국 날씨 오피니언 영상/포토

홈 농림축산

산림청, 이달까지 산지연금형 사유림 매수...매매대금 40%까지 선지급

김도하 기자 입력 2022.11.04 15:14 댓글 0

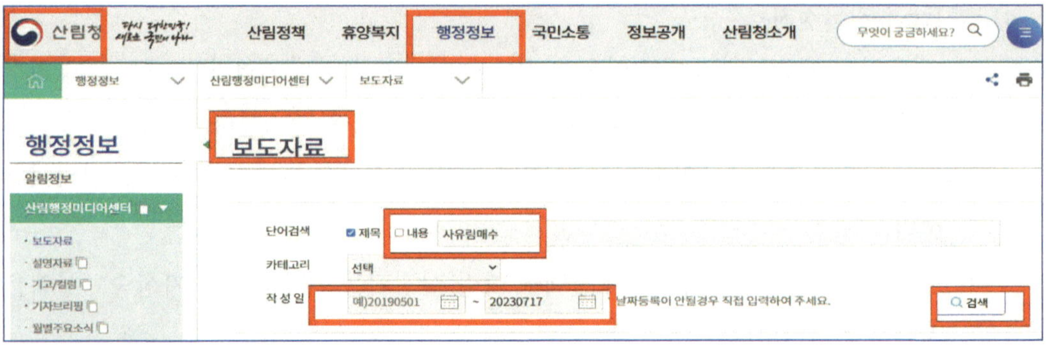
산림청
산림정책
휴양복지
행정정보
국민소통
정보공개
산림청소개
무엇이 궁금하세요?
행정정보
산림행정미디어센터
보도자료
행정정보
알림정보
산림행정미디어센터
보도자료
설명자료
기고/칼럼
기자브리핑
월별주요소식
보도자료
단어검색
제목
내용
사유림매수
카테고리
선택
작성일
예)20190501
20230717
날짜등록이 안될경우 직접 입력하여 주세요.
검색

총게시글 : 13건 (1/2)
10
Go
[중부지방산림청] 충주국유림관리소,'산지연금형 사유림매수'추진
2023-07-10
충주국유림관리소,'산지연금형 사유림매수'추진□ 충주국유림관리소는 산림의 공익기능 증진을 위한 공익임지 확보를 위하여 관할 구역(충주시,괴산군,증평군,음성군,진천군) 내 '산지연금형 사유림 매수'를 지속적으로 추진한다고 밝혔다.○ ?산지연금형 사유림매수제도?는 백두대간보...
[중부지방산림청] 충주국유림관리소, 사유림매수 본격 추진
2023-03-02
투입, 관할지역인 5개시?군(충주시,괴산군,음성군,증평군,진천군)의 사유림 132ha를 매수할 계획이다.○ 매수한 사유림은 국가에서 조림,숲가꾸기 사업 등을...
[남부지방산림청] 울진국유림관리소, 관내 첫 산지연금형 사유림매수 계약 체결
2022-11-10
리소에 따르면 작년 8월 첫 시행된 '연금지급형 사유림 매수' 사업은 산주에게 매매대금을 10년간 매월 나눠 지급하는 제도로 1회차에 매매대금의 40%를 일시금으...
[서부지방산림청] 산지연금형 사유림매수 개선 추진
2022-11-02
을 더욱 확대하고 제도를 개선하여 추진중에 있다고 밝혔다.□ 구체적인 제도 개선 내용으로는 선지급금은 당초 20%에서 40%이내 범위에서 우선 지급하고, 기...
[중부지방산림청] 충주국유림관리소, 분할지급형 사유림매수 본격 추진
2022-05-23
지급에 이자와 지가상승보상액까지...-□ 충주국유림관리소(소장 남해인)는 산림청에서 2021년 처음 도입한 '분할지급형 사유림매수 사업'을 본격 추진한다. ...
[동부지방산림청] 분할지급형 사유림매수제도 본격 추진
2022-05-13
확대하여 본격적으로 추진한다고 밝혔다. □ '분할지급형 사유림매수제도'는 매매대금(감정평가액)을 일시에 지급하는 기존 "(일시지급형)사유림 매수제도"와 달...

8. 산지연금 지급 예시

매매 금액	우선 지급(40%)	월지급액 (10년 지급)	이자액(2%) + 지가상승보상액(2.85%)	총 지급액
100,000,000원	40,000,000원	630,000원	15,960,000원	115,960,000원
500,000,000원	200,000,000원	3,200,000원	84,000,000원	584,000,000원
1,000,000,000원	400,000,000원	6,300,000원	156,000,000원	1,156,000,000원

9. 산지연금형 사유림매수 사업 설명 확인 및 참여 동의서

산지연금형 사유림매수 사업 설명 확인 및 참여 동의서

이 설명 확인 및 동의서는 산지연금형 사유림매수 사업을 신청(참여)하고자 하는 분이 반드시 알아 두셔야 할 내용입니다. 산림청(소속기관을 포함) 직원의 사업 설명을 듣고 이해하신 후, 사업 설명 내용대로 사업을 추진함에 동의하고 참여하신 경우 자필 확인란에 자필 기재하시고, 궁금하신 사항이 있으시면 언제든지 문의하여 주시기 바랍니다.

토지소유자(상담 및 사업참여자) : ______________________

연 락 처 : ______________________

상담일시 / 상담한 곳 : ______________ / ______________

설명직원 : 직급 ______________ 성명 ______________

차례

1. 산지연금형 사유림매수 사업이란 무엇인가요?
2. 산지연금형 사유림매수 매매계약시 등기 소유권 이전 시기는 언제인가요?
3. 참여자격 및 요건은?
4. 산지연금형 사유림매수금을 지급받는 방식은?
5. 산지연금형 사유림매수금은 얼마나 받을 수 있나요?
6. 산지연금형 사유림매수금 신청 및 계약시 필요한 서류 등은 무엇인가요?
7. 산지연금형 사유림매수 계약체결 이후 중도에 계약 해지가 가능한가요?

1 산지연금형 사유림매수 사업이란 무엇인가요?

□ 산지연금형 사유림매수 사업이란 산림청에서 산림보호구역 등의 소규모 산림을 매수 후, 매도자에게 매수금액을 10년 동안 분할방식으로 지급하는 제도를 말합니다. 즉, 산주에게 일정 소득을 제공하여 생활안정에 기여하고, 원활한 국유림경영을 위한 국유림 확대 목적의 산림정책 제도입니다.

2 산지연금형 사유림매수 매매계약시 등기 소유권 이전 시기는 언제인가요?

□ 산지연금형 사유림매수 매매계약에 따른 매매토지의 소유권이전 등기 시점은 최초 1회차 분할지급금 지급 이전으로 합니다.

□ 소유권 이전 등기는 매매계약 체결과 거의 같은 시기에 이행되며, 매매대금은 채권의 형식으로 10년간 120회차로 나누어 지급됩니다.

□ 산지연금형 사유림매수 매매계약은 별지제7호 서식에 따라 체결합니다.

3 자격 및 요건은?

□ 산지연금형 사유림매수 대상지 검토사항에 대하여 성실히 답변하여 주십시요

<table>
<tr><th colspan="2">구 분</th><th>조 건</th><th>확 인</th><th>적격여부의견</th></tr>
<tr><td rowspan="8">신청임야</td><td rowspan="4">필수 검토</td><td>시행규칙 제19조제5항의 매수대상 여부</td><td>예, 아니오</td><td rowspan="8">종합 검토의견 상담</td></tr>
<tr><td>경매신청, 압류, 가압류, 가처분, 가등기 등이 없을 것</td><td>예, 아니오</td></tr>
<tr><td>근저당권, 지상권, 지역권, 임차권 등기 등이 없을 것</td><td>예, 아니오</td></tr>
<tr><td>기타 매수제한지 여부</td><td>예, 아니오</td></tr>
<tr><td>매수 예상 단가 검토</td><td>· 매매가격(A)은 감정평가에 의하며,
* 개별공시지가의 약 ____%로 추정 상담
· 분할지급시 지급잔액에 대한 이자율을 반영한 이자액(B) 및 지가상승률을 반영한 지가상승보상액(C)을 지급
☞ 최종 지급예상액(A+B+C) : 약 ______천원</td><td>____원/㎡</td></tr>
<tr><td rowspan="2">기타사항 검토</td><td>매매토지의 면적이 10ha 이내 여부</td><td>예, 아니오</td></tr>
<tr><td>산림을 경영하는데 지장이 없는 임지</td><td>예, 아니오</td></tr>
</table>

※ 적격여부 의견은 사전검토사항으로 현지조사 및 감정평가 결과 등에 따라 달라질 수 있음.

※ 국가의 매수계획, 매수물량, 예산단가 등을 종합적으로 검토하여 매수대상지 결정 예정임

※ 상담자 답변에 따라 관련 직원이 기재함에 따라, 매수시점 및 지적공부 등 확인에 따라 내용이 달라질 수 있음

4 산지연금형 사유림매수금을 지급 받는 방식은?

□ 산지연금형 사유림매수금을 지급받는 방법은 다음과 같습니다.

- ❍ 10년간 120회차에 나누어 매매대금(감정평가가액)을 원금균등상환의 방법으로 지급
- ❍ 지급회차별 매매대금 지급잔액에 이자율을 반영한 이자액의 합산액을 균등하게 나누어 지급
- ❍ 분할지급에 따라 회차별 토지의 지가상승률을 고려한 지가상승보상액을 지급 * 지급 기간 중 월지급금 지급정지 사유 발생시 이자액, 지가상승보상액은 중단(지급정지)시까지 재정산하며, 총 지급액은 감액됨

※ 총지급액, 회차별 지급금액의 추정가액 및 매매계약 체결 후 실지급 금액은 산림청에서 자체 구축한 "산지연금형 사유림매수 금액산정프로그램"에 의함

지급방식	지급기간 / 지급회차	비 고
분할지급	10년 / 120회	총 지급액과 지급회차별 실지급 총액과의 차액은 마지막 회에 지급

5 산지연금형 사유림매수금은 얼마나 받을 수 있나요?

□ 귀하께서 매도신청하셔서 감정평가한 금액(토지, 입목)에 이자율 및 지가상승률을 적용하여 10년까지 매월 받을 예상금액은 약 ________천원이며, 총지급 예상금액은 약 _______천원입니다.

❍ 매매대금 예상 적용가격 : ___________ 천원 (* 공시지가의 약 _____% 적용)

※ 예상금액 및 총지급 예상금액은 최종 감정가격 등의 사정에 따라 변경됩니다.

□ 분할지급 120회차 중 1회차에는 매매대금의 40% 이내의 금액를 우선 지급 받으실 수 있으며, 나머지 60% 이상에 해당하는 지급 잔액을 10년(120개월)간 분할하여 지급 받으시게 됩니다.

6 산지연금형 사유림매도 신청 및 계약 시 필요한 서류는 무엇인가요?

□ 신청 시에는 산지연금형 사유림매도신청서, 신분증 사본 등이 필요합니다. 추후 매매계약을 할 경우에는 주민등록등(초)본, 등기권리증, 인감증명서, 인감도장, 본인명의 통장(사본) 등이 필요합니다.

7 산지연금형 사유림매수 매매계약 및 약정은 중도 해지 등이 가능한가요?

□ 매매계약은 상호 계약에 의한 사항으로 매도인 일방의 의사로 효력 소멸이 불가능하며, 계약해지는 불가능합니다.

그 밖에 설명이 필요한 사항

20 . . .

위 내용에 대하여 설명을 듣고 이해하였으며, 위 내용대로 산지연금형 사유림매수 사업을 추진함에 모두 동의하고 본인이 소유한 토지의 매도를 승낙합니다.

설명 확인 및 동의자 (토지 소유자 본인) ______________________(서명 또는 인)

설명한 자(매수인-소속 공무원) : 직급 ________ 성명 ___________(서명 또는 인)

제2장 산림과 탄소배출권

1. 탄소중립의 필요성

개인, 회사, 단체 등에서 배출한 이산화탄소를 다시 흡수해 실질적 배출량을 0(Zero)으로 만드는 것이다. 2016년 파리협정 이후 121개 국가가 '2050 탄소중립 목표 기후동맹'에 가입하는 등 탄소중립은 현재 전 세계의 화두라고 할 수 있다.

우리나라도 2050년 탄소 배출량을 '0(Zero)'으로 만들겠다고 선언했다.

최근 환경 오염과 기후 변화가 심각한 사회문제로 대두되고 있는 만큼, 삶의 터전인 지구를 지키기 위해 탄소중립은 더 늦기 전 실천해야 할 우리 모두의 과제이다.

탄소중립화 = 탄소 제로(Carbon Zero) = Net Zero

탄소중립은 글로벌 기후 변화 문제를 해결하기 위한 노력이다. 탄소가 대기 중에 놓여지면서 기온이 상승하고, 이는 기후 변화와 관련된 문제를 야기한다. 탄소중립은 탄소 배출을 줄이고 탄소 회수 프로그램을 통해 탄소 절감을 목적으로 하며, 기후 변화 문제를 해결하는데 도움을 줄 수 있다.

산림을 일정 면적 이상 보유 시 '산림탄소상쇄제도'를 통해 탄소를 자산으로 바꾸는 제도가 있다. 산림탄소상쇄제도는[74)75)] 기업, 산주인, 지자체 등이 자발적으로 탄소흡수원 유지, 증진 활동을 하고, 정부가 인증해주는 제도다. 여기서 얻은 탄소 크레딧은 자발적 탄소시장을 통해 거래할 수 있다.

많은 산림을 확보하면 그만큼 탄소배출권에 많은 쿼터를 확보함으로써, 각 기업, 지자체에서 탄소배출권의 필요 시 매매를 할 수 있는 시대가 되었다. 연일 이슈가 되고 있는 지구온난화 상황으로 보면 산림의 가치(중요성)는 점차 커질 것이고, 새로운 산림의 조성으로 정책의 방향이 바뀌고 있다.

2. 산림이 돈 되는 시대

1) 개인 소유 산림에서 발생하는 탄소배출권을 돈을 받고, 팔 수 있는 시기 도래
2) 탄소배출을 상쇄하기위해 기업체 및 지자체에서 개인 산주와 협업시대 도래(현재 개인 간 거래는 허용되지 않으나, 외국에서는 개인 산주도 산림탄소 배출권 참여)
3) 사유림을 대상으로 하는 정책사업에 관심 갖기[76)]
   (지자체에서는 매년 탄소 제로 관련 사업을 발굴하고, 추진하므로 지자체와 지원사업 여부를 수시로 확인, 참여 의사를 밝힐 필요 있음)
4) 산림조합 조합원 가입을 통한 정책사업 참여
5) '한국임업진흥원' 산림탄소센터의 정보 활용

3. 임업직불제

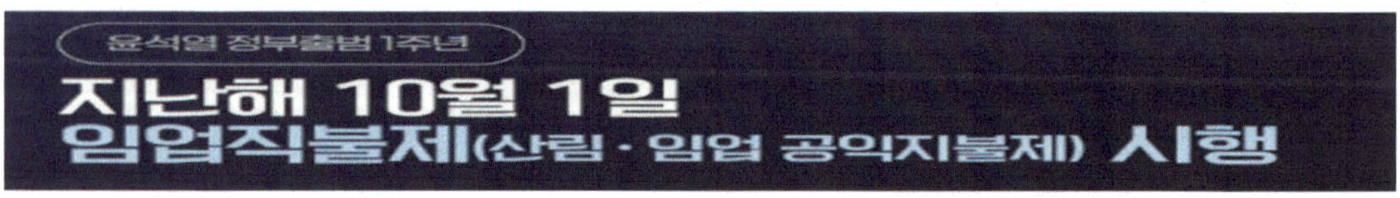

74) 산림청고시. 『사회공헌형 산림탄소상쇄 운영표준』 제3장 산림탄소상쇄 사업 계획의 등록.

75) 「탄소흡수원 유지 및 증진에 관한 법률」 제19조 산림탄소상쇄.

76) 「탄소흡수원 유지 및 증진에 관한 법률」 제23조 산림탄소센타의 설치 및 육성.

1) 임업직불제

산림 공익기능 증진에 대한 임업인의 기여를 보상하고, 공익기능의 지속적인 향상을 위하며, 임업인의 낮은 소득을 보전하는 제도이다.

2) 임업직불제의 필요성

(1) 농 · 어업 소득 보전 지원 많지만 임업 분야는 제외
(2) 전국 산지 76% 보전산지로 묶여 재산권 피해 심각
(3) 산림의 홍수, 가뭄 방지, 공기 정화, 경관 조성 등 공익적 보존 가치 월등히 높음
(4) 각종 규제로 재산권 침해 및 이용에 많은 제한
(5) 산림의 지속적 가치 유지에 지원 필요
(6) 정부의 공익적 가치 실현만 강요 산림경영 애로
(7) “산지전용 허가 “ 받지 않은 토지는 농지로 인정 불가
(8) 같은 지역이라도 밭이면 지원금, 산이면 제외 등 임가의 낮은 소득

3) 조건

(1) 임업직불금을 받으려면 임업경영체 등록을 해야 한다.

① 임야 대상 농업경영체란 임산물의 생산에 이용되는 산지, 즉 임야를 생산수단으로 하는 농업경영체를 말한다.

② 2019년 4월1일부터 지방산림청 및 국유림관리소에서 등록 업무를 진행하고 있다.

(2) 임업직불금은 농업분야 직불금의 농지요건과 유사하게 '산지요건'을 갖추어야 한다. 심사가 약 1개월 정도 소요됨으로 통상 6 ~7월 임업직불금 신청을 받으므로 요건 충족을 미리 준비해야 한다.

(3) 임업경영체 등록 요건 및 신청 등에 관한 자세한 사항은 산림청 누리집 · 임업경영체 통합포털 '임업인'에서 확인할 수 있고 산림청 대표번호(1588-3249)를 통해 평일 9시~18시까지 전문상담원의 안내도 받을 수 있다.

임야 대상 농업경영체란?

- **임야(임산물의 생산에 이용되는 산지)를 생산수단으로 하는 농업경영체**를 말합니다.

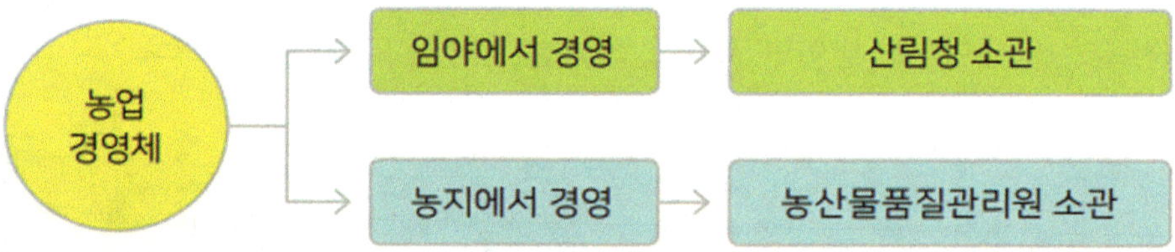

※ 「농어업경영체 육성 및 지원에 관한 법률」 개정(2018. 12. 24.)으로 생산수단에 '임야' 추가

4) 신청지

- 관할 시 · 군 · 구 산림부서, 읍 · 면 · 동사무소에 신분증, 증빙서류와 함께 내방 (산림청, 대표번호 1588-3249)

제3장

산지 응찰 전 확인사항 및 경·공매로 산지연금 준비 및 예상 지급 금액

1. 산지 응찰 전 검토사항(12가지)

1) 위성사진 확인은 했나?

- 네이버지도, 카카오 맵으로 확인

2) 용도지역은 무엇인가?

- 관리지역, 농림지역, 자연환경보전지역(토지이음 사이트에서 무료 확인 가능)

3) 준보전산지와 보전산지 혼재일 경우 면적?

- 산지정보시스템(산림청)에서 확인

4) 경사도?

- 산지정보다드림(한국임업진흥원)에서 확인

5) 경락잔금대출은 가능한가?

- 준보전산지(주로 관리지역 임야) + 도로 접한 경우 대출 수월

6) 도로와 접하였는가?

- 토지이음(www.eum.go.kr) 도면에서 확인

7) 임목 본수도는?

- 나무 밀도, 소나무의 구성 등을 확인

8) 기준지반고?

- 기준지반고 50m 이상은 규제 엄격(경남 고성군 등)
- 도로에서 50m 이상 높은 곳에 있는 곳인가 등

9) 건축은 가능한가?

- 각 구청(건축과) 문의

10) 각종 건축 법규 등은?

- 각 구청(건축과) 문의

11) 임야는 신건 위주로 자주 검색?

- 대박 물건 상당수(준보전산지이고, 도로접하고, 경사도 완만해야 우량 산지)

12) 공매 임야 물건도 자주 검색?

- 대박 물건 상당수

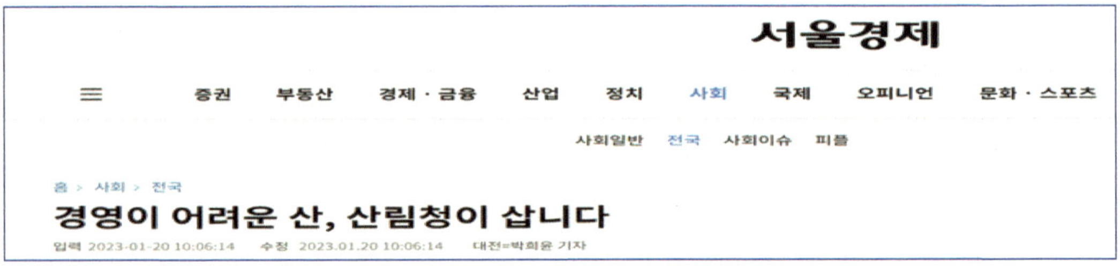
서울경제

증권 부동산 경제 · 금융 산업 정치 사회 국제 오피니언 문화 · 스포츠

사회일반 전국 사회이슈 피플

홈 > 사회 > 전국

경영이 어려운 산, 산림청이 삽니다

입력 2023-01-20 10:06:14 수정 2023.01.20 10:06:14 대전=박희윤 기자

2. 임야 낙찰 전 검색 사이트

1) 준보전산지, 보전산지(임업용 산지, 공익용 산지)의 구분

산지정보시스템
www.forest.go.kr/newkfsweb/kfs/idx/SubIndex.d...
산림청 운영 산지정보 조회, 관리시스템, 이용방법, 통계자료 제공.

2) 임야 경사도, 토양정보, 지형정보(다양한 산림정보 제공)

임업정보 다드림
gis.kofpi.or.kr/gis/
필지별 산림정보 분석, 임업컨설팅 관리, 조회 서비스 제공.

3) 산지의 환경적 가치평가(경사도 확인 등)

국토환경성평가지도
ecvam.neins.go.kr/
국토환경성평가지도 시스템, 서비스 산업 환경분야.

3. 농지 및 산지 간단정리(용도지역)

<table>
<tr><td>구분</td><td colspan="2">농지(農地) : 전, 답, 과수원</td><td colspan="2">산지(山地); 임야</td></tr>
<tr><td>계획관리지역</td><td colspan="2">숙박시설까지 가능
(도로 경계선 50미터 밖)</td><td colspan="2" rowspan="3">준보전산지
+ 도로접 + 경사도 완만
(농협 대출 가능)</td></tr>
<tr><td>생산관리지역</td><td colspan="2" rowspan="2">휴게음식점(커피점 포함) 안됨
단독주택(전원주택 등) 분양지로 최적</td></tr>
<tr><td>보전관리지역</td></tr>
<tr><td rowspan="3">농림지역
+
자연환경
보전지역</td><td colspan="2">농업진흥지역 밖</td><td rowspan="3">보전산지
(농협
대출 불가.
산림조합
일부 취급)</td><td rowspan="2">임업용 산지</td></tr>
<tr><td rowspan="2">농업진흥지역안</td><td>농업보호구역(구,상대농지)
(누구든 단독주택 신축)</td></tr>
<tr><td>농업진흥구역(구,절대농지)
(농어업인만 농어가주택)</td><td>공익용 산지
(농어업인만 농어
가주택 신축)</td></tr>
</table>

4. 경 · 공매로 산지연금 준비 및 예상 지급금액

1) 10억 임야를 산지연금 신청할 경우 산지연금지급금(조건 부합하는 경우)

산지연금의 가장 큰 장점은 감정가의 40%를 일시금으로 지급한다는 것이다. 산지연금이 2021년도에 도입된 초기에는 일시 지급금이 20%였으나 2022년 초기 제도의 단점을 보완해 40%로 개선되었다.

(1) 산지연금 대상 산지(가정)

21-106168(1) 임야 | 울산광역시 울주군 범서읍 중리 산85-1 [토지 17851㎡ / 토지 매각(제시외기타 포함)] | 121,386,800 20,402,000 | 유찰 5회 (17%) | 2023.03.23 (10:00) 입찰 15일전

21-33479(2) 임야 | 충청북도 음성군 금왕읍 육령리 산9-17 [토지 30738㎡ / 토지 매각(제시외기타 포함)] | 1,038,968,060 425,561,000 | 유찰 4회 (41%) | 2023.04.10 (10:00) 입찰 34일전

① 임야 매매대금 1억은 계약 첫 달에 4,063만원 받고 10년간 매달 63만원 10년간 수령

② 누계 40,630,000원 + 75,600,000원 = 총액 116,230,000 산지연금 수령

③ 5억원의 경우 2억원 첫 달 수령, 10년간 매월 320만원 수령, 10억원의 경우 4억원 첫 달 수령, 매월 630만원 산지연금 수령

✤ 산지연금은 나이 제한도 없고, 금액 제한도 없다! (그러나 국가 예산부족이 문제다)
✤ 산지연금 제도가 경·공매와 결합하면 수익률 최고의 노후보장 상품이 될 수 있다!

(2) 진행되고 있는 경·공매물건 사례(2023. 7. 현재)

〈경매 임야〉

사진	사건번호(물번) 물건종류	소재지	감정가 최저매각가	진행 상태	매각기일 (시간)
	21-4082(1) 임야	경상남도 의령군 부림면 여배리 산74 [토지 21272.5㎡ / 토지지분매각(제시외기타 포함)]	51,054,000 16,729,000	유찰 5회 (33%)	2023.07.27 (10:00) 입찰 26일전
	21-4389(3) 임야	경상남도 의령군 유곡면 세간리 산74 [토지 18843㎡ / 토지 매각(제시외기타 포함)]	28,264,500 11,578,000	유찰 4회 (41%)	2023.07.27 (10:00) 입찰 26일전
	22-1797(1) 임야	충청북도 진천군 진천읍 금암리 산51-1 [토지 15666.3㎡ / 토지지분매각(제시외기타 포함)]	72,064,980 12,090,000	유찰 8회 (17%)	2023.07.27 (10:00) 입찰 26일전
	21-10083 임야	울산광역시 울주군 삼동면 금곡리 산214 [토지 28727㎡ / 토지 매각(제시외기타 포함)]	574,540,000 137,948,000	유찰 4회 (24%)	2023.07.26 (10:00) 입찰 25일전
	22-36047 임야	경기도 양평군 용문면 연수리 산26-27 [토지 27533.86㎡ / 토지지분매각(제시외기타 포함)]	440,541,760 105,774,000	유찰 4회 (24%)	2023.07.26 (10:00) 입찰 25일전
	22-4048(1) 임야	충청북도 괴산군 소수면 옥현리 656 [토지 40364㎡ / 토지 매각(제시외기타 포함)]	351,166,800 143,838,000	유찰 5회 (41%)	2023.07.25 (10:00) 입찰 24일전

〈공매 임야〉

□	물건정보	입찰기간	최저입찰가(원) 감정가-최초예정가(원) 최저입찰가율(%)	물건상태 유찰횟수	조회수	공고/상세
□ 캠코 지도보기	2022-09052-006 경상남도 창원시 마산합포구 진전면 시락리 산118-3 [토지 / 임야] [토지 51,174㎡] 매각 일반경쟁	남은시간 : 11일1시간 2023-07-10 10:00 ~ 2023-07-12 17:00	111,304,000 445,213,800 (25%)	입찰준비중 유찰 11 회	376	공고이동 상세이동
□ 캠코 지도보기	2022-03773-001 전라남도 순천시 월등면 월용리 산115 [토지 / 임야] [토지 55,207㎡] 매각 일반경쟁	남은시간 : 11일1시간 2023-07-10 10:00 ~ 2023-07-12 17:00	113,175,000 226,348,700 (50%)	입찰준비중 유찰 6 회	705	공고이동 상세이동
□ 캠코 지도보기	2022-09195-001 충청북도 옥천군 동이면 금암리 산1-5 [토지 / 임야] [토지 113,459㎡] 매각 일반경쟁	남은시간 : 11일1시간 2023-07-10 10:00 ~ 2023-07-12 17:00	102,114,000 204,226,200 (50%)	입찰준비중 유찰 6 회	976	공고이동 상세이동
□ 캠코 지도보기	2021-03422-003 경기도 양평군 옥천면 용천리 산31-21 [토지 / 임야] [토지 165,289㎡] 매각 일반경쟁	남은시간 : 25일1시간 2023-07-24 10:00 ~ 2023-07-26 17:00	421,487,000 1,685,947,800 (25%)	입찰준비중 유찰 12 회	571	공고이동 상세이동

특히 2023년부터 자금시장 경색이 본격화된 이후 경 · 공매시장 유입 신규건수가 크게 늘었다. 법원경매정보업체 '지지옥션'의 '2023년 3월 경매동향보고서'에 따르면, 3월 전국 아파트 경매 진행 건수는 2,450건으로 전월 대비 48.3%, 전년 동월(1,415건) 대비 73.1% 각각 증가한 것으로 나타났고 상가 및 공장, 토지, 임야 등의 신규 경매 건수 또한 큰 폭으로 늘고 있다.

경매 매물 증가 현상은 개인뿐만 아니라 법인으로도 확산되고 있다. 고금리와 경기 침체로 개인이 소유한 주택 매물, 중 · 소규모 법인들이 자금난을 견디지 못하면서 근린상가, 공장, 공장 부지, 농지, 임야 등이 경매시장으로 나오는 것이다.

법학박사 황경진 경매전문학원장은 "2023년은 주택물건의 경매 증가가 두드러졌다면, 내년은 비주거용 물건인 토지와 상가, (농지법 강화로)농지, 임야 등의 경매 물건이 빠르게 증가할 것" 이라고 전망하였다.

(3) 산지연금 관련된 실전사례 모음(2023. 3. 현재)

① 임야 1억 이상 낙찰(최저가격 1억 이상) 검색하였는데?

낙찰가율이 30% 이하가 많다. 만약 국가에서 1차 감정가로 40%(일시불) + 60%(산지연금, 10년간 균등분할 연금지급) 준다면 얼마나 좋을까?

(예시) 영주국유림관리소와 임야 매매대금이 1억 이라면?
↳ 계약 첫 달에 4,063만원 지급하고
그후 10년간 매달 63만원 산주(매도자)가 산지연금을 받는다면?
(예로, 임야 매매대금이 5억원이라면 2억받고 매월 320만원,
10억원이라면 4억 받고 630만원이 매달 산지연금받는다?)

사진	사건번호(물번) 물건종류	소재지	감정가 최저매각가	진행 상태	매각기일 (시간)
	21-105363 임야	울산광역시 울주군 온산읍 강양리 산51-2 [토지 15344㎡ / 토지 매각]	675,136,000 162,100,000 171,111,000	매각 (24%) (25%)	2023.03.07 (10:00)
	22-55486(1) 임야	경기도 용인시 처인구 남사읍 방아리 산5-2 [토지 16833㎡ / 토지 매각]	1,312,974,000 315,245,000 342,222,000	매각 (24%) (26%)	2023.03.02 (10:00)
	22-55486(2) 임야	경기도 용인시 처인구 남사읍 방아리 산5-3 [토지 10808㎡ / 토지 매각]	853,832,000 194,755,000 212,222,000	매각 (23%) (25%)	2023.03.02 (10:00)
	21-4538(1) 임야	울산광역시 울주군 두서면 복안리 68-1 외 2필지 [토지 17378㎡ / 토지만 매각]	2,170,972,000 521,250,000 635,000,000	매각 (24%) (29%)	2023.02.28 (10:00)
	21-8963 임야	광주광역시 서구 매월동 산54-3 [토지 16959㎡ / 토지 매각(제시외기타 포함)]	627,483,000 179,912,000 210,000,000	매각 (29%) (33%)	2023.02.28 (10:00)
	21-105089 임야	부산광역시 사하구 감천동 산141-2 [토지 6545㎡ / 법정지상권 / 토지만 매각]	857,395,000 351,189,000 364,389,990	매각 (41%) (42%)	2023.02.28 (10:00)
	22-506253 임야	인천광역시 연수구 동춘동 산65-16 [토지 1157㎡ / 법정지상권 / 토지만 매각이며,지분 매각임]	428,090,000 102,785,000 104,100,000	매각 (24%) (24%)	2023.02.28 (10:00)
	19-521440(3) 임야	경기도 용인시 수지구 동천동 산28-6 [토지 14877㎡ / 토지지분매각(제시외기타 포함)]	2,856,384,000 685,818,000 822,222,000	매각 (24%) (29%)	2023.02.21 (10:30)
	20-11539(4) 임야	경상남도 거제시 고현동 산34-3 [토지 6974.1㎡ / 토지지분매각(제시외기타 포함)]	495,161,100 118,888,000 121,650,000	매각 (24%) (25%)	2023.02.20 (10:00)

② 임야 매매대금 1억은 계약 첫 달에 4,063만원 받고 10년간 매달 63만원 10년간 수령(누계 75,600,000원 + 40,630,000= 총액 116,230,000 산지연금 수령)

(5억은 2억 / 매월 320만원, 10억은 4억 / 매월 630만원)

	21-106168(1) 임야	울산광역시 울주군 범서읍 중리 산85-1 [토지 17851㎡ / 토지 매각(제시외기타 포함)]	121,386,800 20,402,000	유찰 5회 (17%)	2023.03.23 (10:00) 입찰 15일전

③ 임야 매매대금 5억은 계약 첫 달에 203백만원 받고 10년간 매달 320만원 수령

	21-108386 임야	울산광역시 울주군 범서읍 두산리 산195 [토지 47008㎡ / 토지 매각(제시외기타 포함)]	470,080,000 79,006,000	유찰 5회 (17%)	2023.03.22 (10:00) 입찰 14일전

• **매각토지.건물현황** (감정원 : 세광감정평가 / 가격시점 : 2021.08.21)

목록	지번	용도/구조/면적/토지이용계획		㎡당 단가 (공시지가)	감정가	비고
토지	두산리 산195	자연녹지지역,도시지역,개발제한구역,보전산지,공익용산지	임야 47008㎡ (14219.92평)	10,000원 (1,850원)	470,080,000원	
감정가		토지:47008㎡(14219.92평)		합계	470,080,000원	토지 매각 (제시외기타 포함)

④ 울산광역시 울주군 임야 개별공시지가 ㎡당 1,260원, 감정평가 6,000원

→ 임야 매매대금 10억은 계약 첫 달에 406백만원 받고 + 10년간 매달 630만원 10년간 수령

• **매각토지.건물현황** (감정원 : 써브감정평가 / 가격시점 : 2021.12.13)

목록	지번	용도/구조/면적/토지이용계획		㎡당 단가 (공시지가)	감정가	비고
토지	대복리 산11	보전산지,공익용산지,공장설립승인지역,도시지역,자연녹지지역,개발제한구역	임야 137851㎡ (41699.93평)	6,000원 (1,260원)	827,106,000원	
감정가		토지:137851㎡(41699.93평)		합계	827,106,000원	토지 매각 (제시외기타 포함)
현황 위치	* 대상물건은 울산광역시 울주군 웅촌면 대복리 소재 "울산 한솔그린빌아파트" 북동측 원거리에 소재하는 부동산(토지)으로서, 주위는 임야 등으로 형성되어 있음. * 대상토지 인근까지 차량접근 가능하며, 일반적인 교통상황은 보통임. * 부정형의 토지로서, 기준시점 현재 '자연림'임. * 지적도상 맹지임.					

	21-108386 임야	울산광역시 울주군 범서읍 두산리 산195 [토지 47008㎡ / 토지 매각(제시외기타 포함)]	470,080,000 79,006,000	유찰 5회 (17%)	2023.03.22 (10:00) 입찰 14일전

개별공시지가(㎡당)

1,780원 (2022/01) 연도별보기

지역지구등 지정여부

「국토의 계획 및 이용에 관한 법률」에 따른 지역 · 지구등

농림지역(농림지역)

다른 법령 등에 따른 지역 · 지구등

가축사육제한구역(일부제한구역 800m)<가축분뇨의 관리 및 이용에 관한 법률>, 도로구역(고속국도040호선)<도로법>, 접도구역(접도구역)<도로법>, 배출시설설치제한지역<물환경보전법>, 보전산지(2018-12-28)<산지관리법>, 임업용산지(2018-12-28)<산지관리법>

「토지이용규제 기본법 시행령」 제9조 제4항 각 호에 해당되는 사항

중점경관관리구역(중점경관관리구역)

확인도면

매일신문 2023.02.22. 네이버뉴스

남부지방산림청, 95억원 들여 사유림 1천22ha 매수

산림청에 매도를 희망하는 산주는 **산림청 누리집**(www.forest.go.kr)에 게시된 2023년 사유림 매수 계획 공고를 통해 매도하려는 산림이 소재하고 있는 지역을 관할...

- 남부**산림청**, 95억원 투입 사유림 1022.5ha 매수 브릿지경제 2023.02.22.
- 남부지방**산림청**, 사유림 1022.5ha 매수 경상매일신문 2023.02.22.

---

⑤ 임야 매매대금 10억은 계약 첫 달에 406백만원 받고 + 10년간 매달 630만원 10년간 수령

21-33479(2) 임야	충청북도 음성군 금왕읍 육령리 산9-17 [토지 307387㎡ / 토지 매각(제시외기타 포함)]	1,038,968,060 425,561,000	유찰 4회 (41%)	2023.04.10 (10:00) 입찰 34일전

⑥ 산림청에서 예산에 따라 매년 사유림을 매입하고 있다.

대한민국 인사혁신처 2023.01.25.

산림청, 563억 들여 사유림 매수...여의도 면적 14배 규모

사업에 참여하고 싶은 산림소유자는 **산림청 누리집**(www.forest.go.kr)을 참고하면 됩니다. 송준호 산림청 국유림경영과장은 "매수한 산림은 산림 기능별로 경영계획을...

뉴스다임 2022.05.06.

산림청, '분할지급형 사유림매수 제도' 추진

'분할지급형 사유림매수제도'를 통해 제천시, 단양군에 소유하고 있는 임야를 매도하고자 경우에는 **산림청 누리집**에 게시된 관련 공고문을 참조하여 단양국유림관...

숲을 만날땐 미르숲과 함께^^ 2023.02.27.

2023년 산림청 찾아가는 숲해설 모집(무료)

(오후 수업 신청시 우선 배치정) ->본 모집안내는 북부지방**산림청 누리집**(홈페이지->알림마당->공고)에도 게시되어 있으니 산림복지진흥에 소외되는 이웃이 없도록 주변에 많은 홍보를 부탁드립니다...

⑦ 2022년 9월부터 달라진 산지연금형 사유림 매수(산림청)

⇒ 산주의 안정적 소득을 보장하고자 국가가 산림을 매수하여 매대금을 10년간 나누어 지급하고 이자 및 지가상승을 보상하는 제도

* 단가조정 : 일시지급형 기준단가(전국 평균 943원/㎡) → '기준단가 삭제'

* 선지급금 : 매매금액의 20% → 매매금액의 40% 이내로 개선

대상산림 : 산림 관련 법률 또는 다른 법률에 따라 국가(산림청)가 보존할 필요가 있는 공익임지

* 총지급금 = 매매대금 + 이자액 + 지가상승 보상액, 10년간(120개월) 매월 분할 지급 1회차에 매매대금 중 40% 이내 선지급, 120회차에 걸쳐 지급잔액과 이자액, 지가상승보상액 균등 분할 지급(22년 기준 : 이자율 2.0%, 지가상승율 2.85% 적용 = 4.85% 추가)

* 매수절차 : 산림의 소재지 관할 매수기관 상담 〉 매도승낙서 접수 〉 대상지 검토 및 결정 〉 매수가격결정(감정평가) 〉 제약체결 〉 소유권이전 및 '선지급금 + 1회차분 대금' 지급, 10년간 매월 대금 지급 완료

⑧ 보도자료를 자주 검색하자. 산림청의 '산지지급형 사유림매수제도'

규제에 꽁꽁 묶인 산(山) 팔아 10년 동안 연금 받자
- 산지연금형 사유림매수 년 내 마지막 추진 -

□ 산림청(청장 남성현)은 「산지연금형 사유림매수제도」를 통해 각종 규제에 묶여 있는 산림을 매수하고 있다고 밝혔다.

○ 「산지연금형 사유림매수제도」는 산림 관계법령상 백두대간 보호구역, 수원함양 보호구역, 유전자원 보호구역 등 각종 규제에 묶여 벌채 및 개발 행위에 제한을 받는 산림과 도시지역에 도시숲 등으로 활용될 수 있는 산림을 국가에서 매수하는 제도로,

○ 사유림 매매대금을 10년(120개월)간 균등하게 지급함으로써 산주에게 안정적인 생활자금을 제공하는 연금 성격의 새로운 제도이다.

□ '21년 처음 도입된 후 초기 제도의 단점을 보완하여 올해는 ① 계약 체결 시 선지급되는 금액 비율을 매매대금의 40%까지 확대 · 지급하도록 개선하였으며, ② 매수 시 적용되던 지역별 매수 기준단가를 삭제하였고, ③ 여러 사람이 소유자로 되어 있는 공유지분의 산림 또한 공유자 4명까지는 매수할 수 있도록 제도를 개선해 시행하고 있다.

□ 산림청에서는 사유림매수제도의 특성상 현지 조사, 감정평가 등에 일정 기간이 소요됨에 따라 이번 11월이 올해 계획물량을 매수할 수 있는 마지막 기간이 될 것으로 예상된다며, 관심이 있는 산주들께서는 산림청 누리집(www.forest.go.kr) → 행정정보 → 알림 정보 → 공고에 게시된 관련 공고문을 참조하여,

○ 매도하려는 산림이 소재하고 있는 행정구역을 관할하는 국유림관리소에 문의할 것을 안내하고 있다.

□ 심상택 산림산업정책국장은 "각종 규제에 묶여 벌채 및 개발 행위에 제한을 받는 산림을 소유한 임업인이나 산주들께서는 산지연금형 사유림매수제도를 활용하여 산지를 국가에 매각하고 연금을 받을 수 있도록 기한 내에 신청하시길 당부드린다"라고 말했다.

맨위로

첨부파일
산지연금형 사유림매수 제도.jpg [894.6 KB]
(221104)보도자료-산지지급형 사유림매수 마지막매수 추진.hwp [190.5 KB]

⑨ 개발되기 어려운 임야를 가지고 계속 보유세만 납부하지 말고 산림청에 매도하자.

가. 개발되기 어려운 임야를 가지고 계신 분들이 수익할 수 없는 임야로 인해 계속 보유세만 납부하고 있는 경우가 많다. 지방에 있는 임야를 넓은 면적으로 가지고 계신 분들이 유리할 것으로 보인다. 하지만 수도권의 임야는 개별공시지가가 높아 대부분이 해당이 안된다. (경기도 쪽은 양평, 홍천, 안성, 광주 근교가 해당될 것으로 보인다.)

도로가 없어도 되지만 도로가 있다면 선정확율이 더 높아진다. 관리가 수월한 편이 좋기 때문이다. 또한 산림청 소유의 임야와 붙어있는 땅이라면 면적 제한 없이 매도도 가능하다고 하니 해당되시는 분들은 한번 확인해 보시기 바란다.

나. 경매로 임야를 매수하는 경우 감정평가서의 감정가로 정한다. 산림청에서 말하는 매매금액은 감정평가업자 2인의 감정평가액이 된다. 즉 경매의 감정가보다 약 10-20% 저감 예상된다.

	21-1157 임야	경상남도 양산시 동면 내송리 산40-36 외 2필지 [토지 32324㎡ / 토지 매각]	882,445,200 302,679,000 302,679,000	매각 (34%) (34%)	2023.03.08 (10:00)

지번	용도/구조/면적/토지이용계획		㎡당 단가 (공시지가)	감정가	비고
내송리 산40-3 6	공익용산지,개발제한구역, 자연녹지지역,가축사육제한구역	임야 10299㎡ (3115.45평)	27,300원 (5,490원)	281,162,700원	

↳ 임야 매매대금 1억은 계약 첫 달에 4,063만원 받고 10년간 매달 63만원 10년간 수령
(누계 75,600,000원 + 40,630,000= 총액 116,230,000 산지연금 수령)
(5억은 2억/매월 320만원, 10억은 4억/ 매월 630만원)

⑩ 매해 산림청(예로, 영주국유림관리소 등)에서 '공 · 사유림매수계획공고' 후 매수하고 있다.

3편 산지연금

총게시글 : 222건 (1/23)

번호	제목	담당부서	작성일
222	[남부지방산림청] 2023년 공 · 사유림 매수 계획 공고	영주국유림관리소	2023-02-07
221	[동부지방산림청] 2023년 공.사유림 매수계획 공고	영월국유림관리소	2023-02-02
220	[남부지방산림청] 2023년도 공·사유림 매수 계획 공고	영덕국유림관리소	2023-01-25
219	[남부지방산림청] 2023년도 공·사유림 매수 계획 공고	구미국유림관리소	2023-01-20
218	[남부지방산림청] 2023년도 공·사유림 매수계획 공고(남부지방산림청 공고...	기획운영팀	2023-01-18
217	[중부지방산림청] 2023년 공 · 사유림 매수 계획 공고(중부지방산림청 제2...	기획운영팀	2023-01-18
216	[북부지방산림청] 2023년도 공·사유림 매수계획 공고[북부지방산림청 공고...	기획운영팀	2023-01-17
215	[본청] 2023년도 공·사유림 매수 계획 공고	국유림경영과	2023-01-13

⑪ 농업교육포털을 통해 산림청 산하 전문교육기관, 장소, 인원 등 확인할 수 있다.

[본청] 전문교육기관 교육·훈련 등 프로그램 수리내역('23.2.16. 현행화)

한국임원진흥원, 경남귀산촌학교 등 (프로그램 신고수리된 전문교육기관 발췌)

프로그램 신고 수리내역(2023.2.16. 기준)

농업교육포털(https://agriedu.net)을 통해 교육기간, 장소, 인원 등 변경사항 확인

연번	전문교육기관	지정일자	교육분야	교육프로그램명	교육기간	교육대상	교육장소	교육내용
4	한국임업진흥원 (1600-3248)	2014.09.16	임업소득	산나물 재배기술 과정	23.1.30.-1.31	거창군 임업후계자협회 회원	영주(한국임업진흥원 산양삼 산약초 홍보 교	(이론) 산나물형원의 이해와 조성, 식물의 생육특성 등 (실습) 산나물 재배 실습(종자채취, 정선, 저장, 파종 등, 삽목 등)
5	한국골판지포장산업협동조합 FNP인력개발원 (02-3474-7124~8)	2019.03.08						
6	경남귀산촌학교 (055-274-7755)	2020.02.19	임업소득	임업 및 귀산촌 고소득 사업교육 훈련	(1기) 2023.1.7.~1.21 (2기) 2023.2.4.~2.18 (3기) 2023.3.4.~4.18. (4기) 2023.4.1.~4.15. (5기) 2023.4.29..~4.15. (6기) 2023.5.27.~6.10. (7기) 2023.6.24.~7.8. (8기) 2023.7.22.~8.5. (9기) 2023.8.19.~9.2. (10기) 2023.9.16.~9.30. (11기) 2023.10.14.~10.28. (12기) 2023.11.11.~11.25. (13기) 2023.12.9.~12.23.	퇴직 후 제2의 삶을 찾는 사람 도시 삶에서 벗어나 자연의 삶을 원하는 사람	경남귀산촌학교, 함양, 창원	치유농업의 활용기법, 산림정책 및 방향 야생화 재배, 귀산촌 교육 및 정책자금 산림치유사, 산지를 이용한 고소득 산나물 가꾸기 목조주택 건축 SNS활용 마케팅, 산양삼/약결림/ 명이나물 현장 견학 산림경영 정보 이용 도시농업관리사, 굴착기 활용방법 국토계획 및 이용에 관한 법률
			임업소득	귀산촌/임업 농장디자인 과정	(1기) 23.4.28~4.30 (2기) 23.8.25~8.27 (3기) 23.11.17~11.19	임업인, 임업관련 경영체, 귀산촌인, 귀산촌 희망자 등	비대면	-트렌드에 맞는 산림경영 농장디자인 전략 -농장 대상지 분석 방법론과 음지/반음지/양지에 따른 작물 선택 -산림복합경영 정책방향 및 임업소득분야 지원사항 -임업현장 건축설계/시공 실무 -산림경영 농장마스터플랜 작성(마을/시장 분석도면, 농장 설계도면)

1 페이지

⑫ 경남귀산촌학교의 교육 프로그램 소개(2023년 7월)

산림청 산림청 지정 전문교육기관

경남귀산촌학교

현대 사회는 스트레스가 많아 모두들 몸과 마음이 지쳐 있습니다. 삶이 고단하고 그 해법이 복잡할 때, 마음을 평안한 상태로 살아가려면 자연에 순응해야 합니다. 산길을 조용히 걸으며 숲속에서 새소리, 물소리, 바람소리를 듣고 자연과 같이 느끼면 오욕칠정(五慾七情)에 어지럽혀진 마음속이 맑아지고, 지친 몸과 마음의 치유와 회복이 됩니다. 휴가(vacation)는 '마음을 비우는 시간'이라는 vacation에서 유래했습니다. 우리 국토의 70%가 넘는 산지를 활용하여 치유 및 소득을 얻고 행복을 찾는 것이 국가의 주요시책이고 국민의 권리이기에, 경남귀산촌학교는 인생의 행복을 산림에서 배우도록 초선(樵仙 나무꿈과 선녀) 대학을 열어 산림소유 방법, 임업경영, 수확, 가공, 마케팅 등을 안내하는 길라잡이가 되고자 2019.2월 사단법인으로 출범하였습니다. 농촌에 살고 싶거나 귀농/귀촌/귀산촌의 꿈을 가진 사람으로 국가보조금을 받기 위해서는 필수적인 교육과정입니다.

◯ 교육대상 : 귀농, 귀산촌 임업후계자, 정책자금신청, 임업인보수교육, 농/산촌에 관심있는 자

◯ 교육내용 : 제32기과정(23.07.22~08.05) 귀농, 귀산촌 임업휴계자, 도시농업관리사 보수교육

과목명	강의 내용	강사명	소속/직책
오리엔테이션	입학식, 자기소개	김영수	경남귀산촌학교 사무국장
산지이용법	농, 임업관련 행정법률	강경환	애드윈 행정사무소 행정사
산림경영	산림경영정보이용	이승우	한국임업진흥원 산림정책 일자리본부장
귀산촌정착	귀산촌정착 및 임야구매	고평석	전)경남대학교 법대 교수
임업기계	굴착기 활용방법	윤용원	진동중장비 학원장
산림치유	산림치유사의 전망	정승록	한국열린사이버대학 주임교수
조경수 생산	조경수 생산 및 관리	신현철	국립산림과학원/임업연구관
산림시책	산림시책 및 산림소득방안	김윤모	전)경남도 산림녹지계장
정책자금	귀산촌 정책자금	이미영	함안산림조합 신용상무
친환경 농업	친환경 텃밭만들기	이상헌	경남 EM센터소장
친환경 약초재배	토종약초, 약용류 재배	김만배	전)약용자원연구소장
산지연금	산지구매 및 산지연금	이호근	캠코한국자산관리공사 칼럼니스트
생태건축	복소수백 건축	김태욱	생태건축원 대표
산채재배	산지 고소득, 산나물기꾸기	채윤석	경남과기대 교수
귀산촌 종합	소감발표, 평가, 수료식	허순영	경남귀산촌학교 사무차장

◯ 교육일시 : 주 4회 매주 목, 금(18:30-21:30) 토, 일요일(08-19시) 줌화상회의 병행

◯ 교육장소 : 창원시 성산구 상남로 38 대우상가 2층(진동중장비학원 내)

◯ 수강료 : 귀농, 귀산촌(60시간) 50만원/인, 귀농/임업후계자(40시간) 40만원/인
보수교육(20시간) 20만원/인 ※ 별도금액 굴삭기소형면허증 과정(12시간) 30만원/1인

◯ 입금계좌 : 농협 301-0246-7211 61 (경남귀산촌학교) 선착순 선입금자 우선등록

◯ 신청 : 메일(007bonderr@naver.com) 또는 팩스 055-274-7799

◯ 문의 : 055-284-3355, 010-9334-4020 (사무국장 김영수)

(사단법인) 경남귀산촌학교

○ 교육일시 : 주 4회 매주 목, 금(18:30-21:30시), 토, 일요일(08-19시) 줌화상회의 병행

✤ 지금은 경매 · 공매로 저가 낙찰을 이용한 산지연금 준비를 할 시기이다.

5. 공익용산지 주택 신축허용

1) 공익용산지는 보전산지(공익용산지,임업용산지) 중 하나로, 임업생산과 함께 재해방지·수원보호·자연생태계보전·산지경관보전·국민보건 휴양증진 등의 공익기능을 위하야 필요한 산지로서 산림청장이 지정하는 산지를 말한다.

2) (과거 임업용산지에서만 허용되었으나) 공익용산지에서도 농림어업인이 자기소유의 공익용산지에서 기존 임도를 활용하여 농림어업의 경영을 위해 실제 거주할 목적으로 주택 및 그 부대시설을 설치할 경우 부지면적 660㎡ 이하까지 주택 및 그 부대시설 설치를 허용하였다.

예) 보전관리지역은 건폐율 20% 이므로 200평 부지에 40평(바닥면적)의 신축주택이 허용됨.

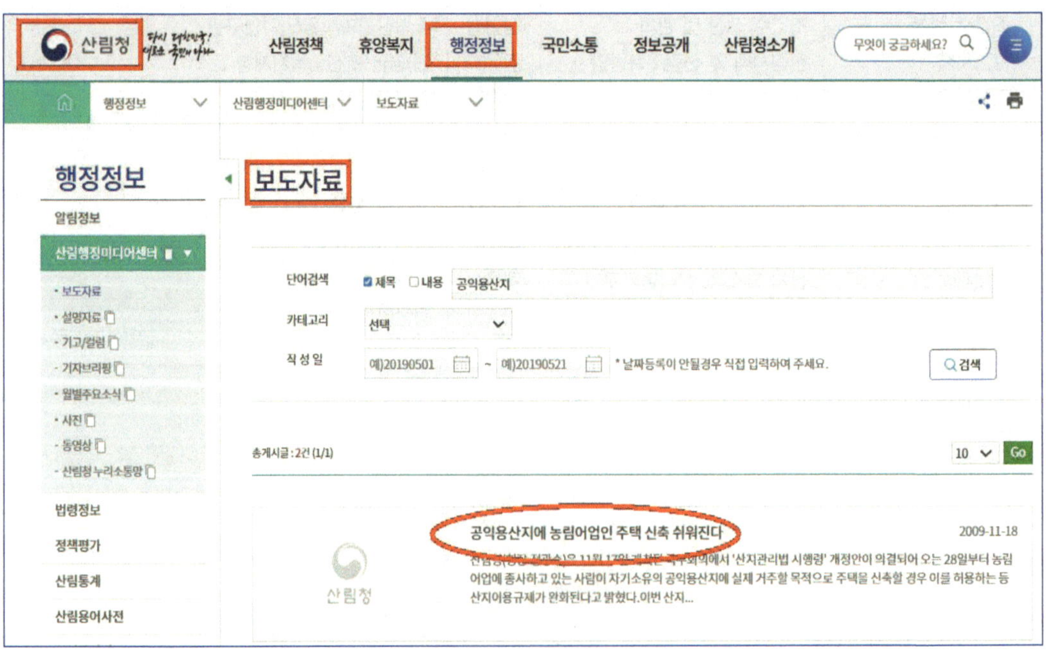

보도자료

공익용산지에 농림어업인 주택 신축 쉬워진다

• 작성일 2009-11-18 • 작성자 / 장병영 • 조회 10075

산림청(청장 정광수)은 11월 17일 개최된 국무회의에서 '산지관리법 시행령' 개정안이 의결되어 오는 28일부터 농림어업에 종사하고 있는 사람이 자기소유의 공익용산지에 실제 거주할 목적으로 주택을 신축할 경우 이를 허용하는 등 산지이용규제가 완화된다고 밝혔다.

이번 산지이용규제 완화는 그동안 일선의 공무원, 민간단체, 민원인 등이 제기한 산지관련 제도개선 의견을 종합적으로 검토한 결과 합리적이라고 판단되는 사항에 대해서는 제도개선을 추진한 것으로 주요내용을 살펴보면 다음과 같다.

① 농림어업인이 자기소유의 공익용산지에서 직접 농림어업을 경영하면서 실제 거주할 목적으로 주택 및 그 부대시설을 설치할 경우 부지면적 660제곱미터 이하까지 주택 및 그 부대시설 설치를 허용함

② 농림어업인이 자기소유의 산지에서 직접 농림어업을 경영하면서 실제로 거주하기 위하여 주택 및 부대시설을 설치하는 경우 자기소유의 기존 임도를 활용하여 시설할 수 있도록 허용함

③ 농기계수리시설, 농기계창고, 농축수산물의 창고middot;집하장 또는 그 가공시설 등 농림어업용의 경미한 시설을 설치할 경우 동 시설의 최소규모(1천제곱미터 이상)를 폐지함

④ 임업용산지에서 농림어업인이 산나물 등 임산물 재배를 위한 산지전용 허용면적을 1ha에서 3ha로 확대함

⑤ 준공검사가 완료되지 않았으나 실제로 통행이 가능한 도로로서 도로관리청 또는 도로관리자가 도로이용에 동의한 경우 산지전용을 허용하는 등 계획상의 도로를 이용한 산지전용 허가기준 완화

⑥ 토석채취허가 사항 중 경미한 사항에 대하여는 산지관리위원회의 심의를 생략할 수 있도록 하는 등 토석채취 허가절차 간소화 - 토석채취허가 기간이 만료된 후 그 기간이 만료되기 전에 이미 채취한 석재를 반출하려는 경우 - 토석채취 지역의 비탈면 복구를 위해 불가피하게 토석을 채취해야 하는 경우 - 산지전용 과정에서 부수적으로 생산되는 10만 세제곱미터미만의 토석을 채취하는 경우

⑦ 민간사업자가 시행하여 국가 또는 지방자치단체에 기부채납 또는 무상귀속하게 되는 공용middot;공공용시설의 경우 산지전용허가기준 일부를 완화하여 적용하고 복구비 예치의무를 면제

⑧ 임업용산지에서 '초middot;중등교육법' 및 '고등교육법'에 따른 각급 학교시설을 허용함

최병암 산림청 산지관리과장은 "이번 산지이용규제 완화로 농림어업인 등 서민경제 활성화에 기여할 것으로 기대한다"며 "앞으로도 국민 불편사항 해소를 위해 계속해서 제도개선을 추진해 나갈 계획이다"고 밝혔다.

문 의 : 산림청 산지관리과 심상택 사무관(042-481-4141)

산지관리법 시행령

[시행 2009. 11. 28] [대통령령 제21850호, 2009. 11. 26, 일부개정]

다음

제13조(공익용산지안에서의 행위제한) ① (현행과 같음)

②법 제12조제2항제4호에서 "대통령령이 정하는 규모 이하"란 다음 각호의 구분에 따른 규모 이하를 말한다.

1. 농림어업인의 주택 또는 종교시설을 증축하는 경우: 종전 주택·시설 연면적의 100분의 130 이하
2. 농림어업인의 주택 또는 종교시설을 개축하는 경우: 종전 주택·시설 연면적의 100분의 100 이하
3. 농림어업인의 주택 또는 사찰림의 산지 안에서의 사찰을 신축하는 경우: 다음 각 목의 구분에 따른 규모 이하
   가. 법 제12조제2항제4호가목 단서에 따라 농림어업인이 자기 소유의 산지에서 직접 농림어업을 경영하면서 실제로 거주하기 위하여 신축하는 주택 및 그 부대시설: 부지면적 660제곱미터 이하
   나. 법 제12조제2항제4호다목에 따라 신축하는 사찰 및 그 부대시설: 부지면적 1만5천제곱미터 이하

6. 질의응답 내용[산림청]

1 산림청 임야매입 문의(2023-01-21)

안녕하세요. 산림청에서 임야를 매입하시는 것으로 알고 있습니다. 임야 매입에 대한 절차와 방법을 알고 싶습니다. 소재지는 부산시 기장군 정관읍, 철마면 두 곳입니다. 관련 부서담당자 연락처 등이 있으면 알려주십시오. 감사합니다.

→ **(답변)** 작성자 양산국유림관리소 055-370-2740

안녕하십니까? 산림정책에 관심 가져 주심에 감사드립니다.

귀하의 질의 사항에 대하여 다음과 같이 답변드립니다.

우선 산림청에서는 「국유림의 경영 및 관리에 관한 법률」 제18조에 따라 공.사유림매수사업을 추진하고 있으며, 매수하는 임야는 매도 승낙된 임야를 대상으로 예산범위 안에서 국유림의 효율적 확대 및 관리, 토지가격, 산림사업(목재수확, 나무심기, 숲가꾸기 등) 가능여부, 경사도, 암석지 존재 등을 종합적으로 검토하여 매수가 결정됨을 알려드립니다.

부산시 기장군 일대 사유림 매수 담당부서는 남부지방산림청 양산국유림관리소(055-370-2740~4)이며, 사유림 매수절차 등에 대하여 자세하게 설명되어 있는 '2023년 공.사유림 매수계획 공고문(남부청 공고-2023-9호)'을 첨부하여 드리니 참고하시기 바랍니다.

※ 산림청홈페이지 → 행정정보 → 알림정보(사유림을 삽니다) → 218번 게시글에서도 확인 가능

본 답변 또는 부산시 기장군 일대 사유림 매수와 관련하여 문의사항이 있으면 남부지방산림청 양산국유림관리소(055-370-2740)로 연락주시면 자세히 안내하여 드리겠습니다.

감사합니다.

2 경매로 인한 임야 취득시 문의(2023-03-09)

안녕하세요.

경매로 인한 임야 취득 시 임야 연금 매입이 되는지 확인이 필요한데요.

담당 관리소로 전화해서 번지를 알려줘야만 확인이 가능하나요? 그리고 제곱미터당

6000원 이하면 매입하시고,,,,경매로 인한 취득 시 1년 후부터 매입이 가능하나요? 아니면 바로 신청 할 수 있는 건가요?

→ **(답변)** 경매로 인한 임야 취득 시
작성자 국유림경영과 042-481-4096

귀하께서 문의하신 '경매로 취득 후 1년이 경과한 경우 매입이 가능한지"에 대하여 답변 드립니다.

산림청에서는 산림생태계보전, 산림휴양증진, 산림자원 육성 및 산림재해예방 등 산림공익기능의 보전·증진을 위하여 사유림 매수를 통해 국유림 확대 정책을 추진하고 있습니다. 귀하께서 질의한 최근 1년 이내에 소유권이전 등 변동이 있는 산림(단, 상속이나 증여에 따라 소유권이 변경된 경우 예외)은 매수대상에서 제한하고 있음을 알려드립니다.

3 산림청 산지매입 문의(2022-12-18)

안녕하세요.
산림청에서 사유지를 매입하시는 것으로 알고 있습니다.
산지 매입에 대한 절차와 방법을 알고 싶습니다.
산지는 경북 영양군 영양읍 화천리 및 (일월면 도곡리) 소재입니다.
(추가.경북 영양군 일부지역도)감사합니다.

→ **(답변)** 산림청 산지매입 문의(2022-12-21)
작성자 영덕국유림관리소 055-370-2740

안녕하십니까?
영덕국유림관리소 사유림매수 담당자입니다.
경북 영양군 지역은 영덕국유림관리소에서 관할하고 있습니다.
해당 관리소별로 사유림매수 단가가 다르기에 귀하의 소유 임야에 대한 매수절차 및 매수 가능 여부에 대하여 임야의 소재지 및 지번을 알려주시면 상세히 답변 드리겠습니다.
연락처는 영덕국유림관리소 관리팀 054-730-8120으로 문의하시면 됩니다.

건강하고
가치있는
숲을 만들기 위해
산림청은
산을 매수
하고
있습니다.
매수지역
대구광역시, 경산시, 구미시, 김천시, 상주시,
고령군, 군위군, 성주군, 청도군, 칠곡군
매수단가
900원/㎡ 내외 (평당 약2,970원)
매수가능한 산림
• 국유림에 연접하고 있어 집단화가 가능한 산림
• 접근성이 좋고 숲가꾸기 · 임도 등 국유림 경영 · 관리에 필요한 산림
• 백두대간 보호구역 등 산림 보호를 위해 필요한 산림 등
문의 : 구미국유림관리소 관리팀
• 전화 : 054-464-4875 / 팩스 : 054-712-4114
• 주소 : (우)39360 경북 구미시 금오대로 307-2(오태동 740)
산림청 | 남부지방산림청 구미국유림관리소

7. 전국 국유림관리소 사유림 매수기관별 관리지역 · 주소 · 전화번호

매수 기관	관 할 지 역	주 소	전화번호(T)
북부지방산림청	춘천·홍천·서울·수원·인제·민북지역국유림관리소 관할지역 총괄	강원도 원주시 배울로124	033-738-6240
춘천 국유림관리소	강원도 춘천시·철원군·화천군, 경기도 가평군(민북관리소 관할 제외)	강원도 춘천시 신북읍 맥국길 5	033-240-9920
홍천 국유림관리소	강원도 원주시·홍천군·횡성군	강원도 홍천군 홍천읍 마지기로 93	033-439-5520
서울 국유림관리소	서울특별시·인천광역시와 경기도 부천시·광명시·시흥시·김포시·의정부시·동두천시·남양주시·구리시·고양시·파주시·포천시·양주시·연천군	서울특별시 성북구 화랑로 18가길 30	02-3299-4530 02-3299-4550
수원 국유림관리소	경기도 수원시·안양시·평택시·안산시·오산시·군포시·의왕시·하남시·성남시·과천시·이천시·용인시·화성시·안성시·여주시·광주시·양평군	경기도 수원시 권선구 매송고색로 503번길 18	031-240-8910
인제 국유림관리소	강원도 인제군(민북관리소 관할 제외)	강원도 인제군 인제읍 인제로255	033-460-8020
민북지역 국유림관리소	강원도 양구군·인제군(서화면)·화천군(상서면,화천읍)·철원군	강원도 양구군 양구읍 학안로 187	033-480-8521
중부지방산림청	충주·보은·단양·부여국유림관리소 관할지역 총괄	충남 공주시 봉정돌고개길 20	041-850-4031
충주 국유림관리소	충북 충주시·진천군·괴산군·음성군·증평군	충북 충주시 중원대로 3006	043-850-0320
보은 국유림관리소	충북 청주시·보은군·옥천군·영동군	충북 보은군 보은읍 장신로 46	043-540-7050
단양 국유림관리소	충북 제천시·단양군	충북 단양군 단양읍 별곡6길 16	043-420-0330
부여 국유림관리소	대전광역시와 충남 천안시·공주시·계룡시·보령시·아산시·서산시·논산시·금산군·세종시·부여군·서천군·청양군·예산군·태안군·당진시·홍성군	충남 부여군 규암면 백제문로 19-16	041-830-5030
서부지방산림청	정읍·무주·영암·순천·함양국유림관리소 관할지역 총괄	전북 남원시 산동면 요천로 2311	063-020-4030
정읍 국유림관리소	전북 군산시·익산시·정읍시·김제시·전주시·완주군·순창군·고창군·부안군	전북 정읍시 상동 벚꽃로 564-20	063-570-1920
무주 국유림관리소	전북 남원시·진안군·무주군·장수군·임실군	전북 무주군 무주읍 주계로 152	063-320-3620

영암 국유림관리소	광주광역시와 전남 목포시·나주시·강진군·해남군·영암군·무안군·함평군·영광군·장성군·완도군·진도군·신안군·장흥군	전남 영암군 도포면 입비동길 1	061-470-5320
순천 국유림관리소	전남 광양시·순천시·여수시·담양군·곡성군·구례군·고흥군·보성군·화순군	전남 순천시 교량동 순천만길 180	061-740-9320
함양 국유림관리소	경남 진주시·통영시·사천시·거제시·의령군·고성군·남해군·하동군·산청군·함양군·거창군·합천군	경남 함양군 함양읍 함양로 1072	055-960-2520
동부지방산림청	강릉·양양·평창·영월·정선·삼척·태백국유림관리소 관할지역 총괄	강원도 강릉시 종합운동장길 57-14	033-640-8530
강릉 국유림관리소	강원도 강릉시	강원도 강릉시 연곡면 진고개로 2530-28	033-660-7712
양양 국유림관리소	강원도 속초시·고성군·양양군	강원도 양양군 양양읍 송암길 13-48	033-670-3024
평창 국유림관리소	강원도 평창군	강원도 평창군 대화중앙 2길 11-3	033-330-4021
영월 국유림관리소	강원도 영월군	강원도 영월군 영월읍 영월로 1909-1	033-371-8120
정선 국유림관리소	강원도 정선군	강원도 정선군 정선읍 봉양5길 17	033-560-5520
삼척 국유림관리소	강원도 삼척시(하장면 제외)·동해시	강원도 삼척시 근덕면 맹방해변로 13	033-570-5221
태백 국유림관리소	강원도 태백시·삼척시(하장면에 한한다)	강원도 태백시 번영로 293	033-550-9940
남부지방산림청	영주·영덕·구미·양산·울진국유림관리소 관할지역 총괄, 울릉군	경북 안동시 솔밭길 28	054-850-7730
영주 국유림관리소	경북 안동시·영주시·문경시·의성군·예천군·봉화군	경북 영주시 반지미로 178	054-630-4020
영덕 국유림관리소	경북 포항시·경주시·영천시·청송군·영양군·영덕군	경북 영덕군 영해면 벌영3길 27	054-730-8120
구미 국유림관리소	대구광역시와 경북 경산시·구미시·김천시·상주시·고령군·군위군·성주군·청도군·칠곡군	경북 구미시 금오대로 307-2	054-712-4110
울진 국유림관리소	경북 울진군	경북 울진군 울진읍 대흥신림로 1397	054-780-3920
양산 국유림관리소	부산광역시, 울산광역시, 경남 김해시·창원시(창원·마산·진해)·밀양시·양산시·창녕군·함안군	경남 양산시 동면 금오로 25	055-370-2740

부록 1 주택연금 · 농지연금 · 산지연금 비교 현황

주택연금, 농지연금, 산지연금의 비교 2023. 7. 현재 작성자: 연금박사 이호근			
구분	주택연금(2007년 시행)	농지연금(2011년 시행)	산지연금(2021년 시행)
주관부서	한국주택금융공사	한국농어촌공사	산림청
연령	만55세 이상 (2020. 4. 1.개정, 부부 중 1명이 만55세 이상 대한민국 국민)	농지 소유자 본인이 만60세 이상 (배우자 연령을 만 55세로 법개정 추진중)	나이 제한없음
가입조건	없음	영농 5년이상 경력(농지대장 필요)	없음
대출	대출이 쉽다	대출이 쉽다.	맹지가 많고, 어렵다
대상	주택, 노인복지주택,(주거용)오피스텔, 복합용도주택(1/2 이상 주택) →부부기준 공시가격 9억원 이하(2023년 10월 12일부터 공시가격 9억원에서 12억원으로 완화)주택소유자. 9억원(2023년 10월 12일부터 공시가격 9억원에서 12억원으로 완화) 초과 2주택자는 3년이내 1주택 처분시 가입 가능 (강남 30억 아파트는 가입 안됨)	① 「농지법」상의 농지 중 공부상 지목이 전,답,과수원으로서 사업대상자가 소유하고 있고 실제 영농에 이용되고 있는 농지 ② 사업대상자가 2년이상 보유한 농지(상속받은 농지는 부모/ 피상속인의 보유기간 포함) ③ 사업대상자의 주소지를 담보농지가 소재하는 시,군,구 및 그와 연접한 시,군,구 내에 두거나, 주소지와 담보농지까지의 직선거리가 30km이내의 지역에 위치하고 있는 농지 ④ (근)저당권 등 제한물권이 설정되지 아니한 농지 단, 선순위 채권최고액이 담보농지 가격의 100분의 15미만인 농지는 가능 ⑤ 압류·가압류·가처분 등의 목적물이 아닌 농지	① 산림경영임지 국유림확대계획지내 산림, 국유림에 접해 이어져 있거나 둘러싸여 있는 산림, 임도 시방댐 부지 등 국유림 경영·관리에 필요하다고 인정되는 토지, 국유림 집단화 권역에 있는 산림으로서 보통 15,000평=3ha이상) ② 산림공익임지(「산림보호법」, 「백두대간 보호에 관한 법률」, 「산지관리법」 등에 따라 매수 청구한 산림) ③산지연금형 사유림매수임지 등
근거법	「한국주택금융공사법」 제2조 8의2호	「한국농어촌공사 및 농지관리기금법」 제24조의5	「국유림의 경영 및 관리에 관한 법률」 제18조
평가액	감정가 100%	감정평가가격 90% / 공시가격 100%	감정가100%(경매감정가의 70%-90% 정도)
선순위	선순위 (근)저당권 등 있으면 연금액이 매우 축소됨	기설정액이 담보농지가격의 채권최고액 15% 미만 경우에 가능	계약금 40%로 완세 가능
소유권	본인 소유자가 평생 유지	본인 소유자가 평생 유지 (농지 소유권 2년 경과후 연금신청)	소유권 이전(임야 소유권 1년 경과후 연금신청 → 산림청

설정	1순위(한국주택금융공사) (근)저당권 설정함	1순위(한국농어촌공사) (근)저당권 설정함	없음(소유권을 산림청에 이전)
제외	3주택 이상인 자	①불법건축물이 설치되어 있는 토지 ②본인 및 배우자 이외의 자가 공동소유하고 있는 농지 ③개발 지역 및 개발계획이 지정 및 시행 고시되어 개발계획이 확정된 지역의 농지 등 농지연금 업무처리요령에서 정한 제외농지	①(근)저당권 및 지상권 등 사권이 설정되어 있는 산림 ②입목등록 또는 입목등기가 되어 있는 산림③산지연금형은 5인이상의 공유의 토지 또는 산림은 매수하지 않음.
장점	①부부 종신 지급: 평생동안 부부에게 거주를 보장 ②(보증금 없는)월세 수입 보장③부부 중 한 분이 돌아가신 경우에도 연금감액 없이 100% 동일금액 지급 (단, 신청당시 배우자가 55세이상이고 연금승계를 선택한 경우에 한함)④ 부부 모두 사망 후 주택을 처분해서 연금수령액 등이 집값을 초과시상속인에게 청구하지 않으며, 집값이 남으면 상속인에게 지급.	①부부 종신 지급 ②담보농지를 직접 경작하거나 임대할 수 있어 추가소득 가능 ③농지연금을 받던 농업인이 사망할 경우 배우자가 승계하면 배우자 사망시까지 농지연금을 수령(단, 신청당시 배우자가 60세이상이고 연금승계를 선택한 경우에 한함) ④부부 모두 사망 후 담보농지처분후 남은 금액이 있으면 상속인에게 돌려주고, 부족하더라도 더 이상 청구하지 않음.	40% 일시불 받고 60%는 10년간 농지연금 분할수령 (2%+2.8%=4.8% 추가)
단점	주택가격 제한 (공시가격 12억원 이하 2023.10.12일부터 완화)	최고 3백만원 한도(1인당) 부부 합산 6백만원 가능	실제 산지연금용 임야 찾기 어려움. 만약 맹지 임야는 향후 매도 어려움(탄소배출권 수입)
종료	주택연금 이용자와 배우자가 모두 사망한 경우	좌동	매도승낙서(소유권이전시)
양도 소득세	문제 없음 (사망후 경매 등으로 정산)	좌동	매도후 납부(토지는 1년 미만 55%, 2년미만 44%,2년이상 기본세율+10%)
추가 소득	(보증금 없는) 월세 무한대 수입	농업경영, 임대 수입은 별도	없음(산림청에 매도 못하면 향후 탄소배출권 소득 기대)
주택 연금 수령	(월지급금 예시) 공시가격 등은 주택연금 가입 가능 여부를 판단하기 위한 가격이며, 실제 월지급금은 담보주택의 시세 또는 감정평가액에 따라 산정. 2023년 10월 공시가격 9억원 → 12억원 상향 입법예고		

종신지급방식(정액형, 2023.3.1. 기준)

일반주택

(종신지급방식, 정액형) (단위 : 천원)

연령	주택가격											
	1억원	2억원	3억원	4억원	5억원	6억원	7억원	8억원	9억원	10억원	11억원	12억원
50세	112	225	338	451	564	677	790	903	1,016	1,129	1,242	1,355
55세	151	302	453	604	756	907	1,058	1,209	1,360	1,512	1,663	1,814
60세	204	409	614	819	1,023	1,228	1,433	1,638	1,843	2,047	2,252	2,457
65세	246	492	739	985	1,232	1,478	1,724	1,971	2,217	2,464	2,615	2,615
70세	300	601	901	1,202	1,503	1,803	2,104	2,405	2,705	2,763	2,763	2,763
75세	373	746	1,120	1,493	1,867	2,240	2,613	2,977	2,977	2,977	2,977	2,977
80세	476	951	1,427	1,903	2,379	2,855	3,310	3,310	3,310	3,310	3,310	3,310

① 예시 : 70세(부부 중 연소자 기준), 3억원 주택 기준으로 매월 90만 1천원을 수령합니다.

주거목적 오피스텔

(종신지급방식, 정액형) (단위 : 천원)

연령	주택가격											
	1억원	2억원	3억원	4억원	5억원	6억원	7억원	8억원	9억원	10억원	11억원	12억원
50세	79	158	237	316	395	474	553	632	712	791	870	949
55세	109	219	328	438	548	657	767	876	986	1,096	1,205	1,315
60세	153	307	461	614	768	922	1,076	1,229	1,383	1,537	1,690	1,844
65세	192	384	577	769	961	1,154	1,346	1,539	1,731	1,923	2,116	2,308
70세	243	486	729	972	1,216	1,459	1,702	1,945	2,189	2,432	2,675	2,745
75세	313	626	939	1,252	1,565	1,878	2,191	2,504	2,817	2,964	2,964	2,964
80세	412	024	1,237	1,649	2,062	2,474	2,887	3,299	3,299	3,299	3,299	3,299

① 예시 : 70세(부부 중 연소자 기준), 3억원 주택 기준으로 매월 72만 9천원을 수령합니다.

노인복지주택 | 지방자치단체에 신고된 노인복지주택

(종신지급방식, 정액형) (단위 : 천원)

연령	주택가격											
	1억원	2억원	3억원	4억원	5억원	6억원	7억원	8억원	9억원	10억원	11억원	12억원
50세	89	178	267	356	445	534	623	712	801	890	979	1,068
55세	122	244	366	489	611	733	856	978	1,100	1,222	1,345	1,467
60세	169	338	508	677	846	1,016	1,185	1,354	1,524	1,693	1,862	2,032
65세	208	417	625	834	1,042	1,251	1,460	1,668	1,877	2,085	2,294	2,503
70세	261	522	784	1,045	1,307	1,568	1,830	2,091	2,352	2,614	2,751	2,751
75세	331	663	995	1,327	1,659	1,991	2,323	2,655	2,968	2,968	2,968	2,968
80세	432	865	1,298	1,730	2,163	2,596	3,029	3,303	3,303	3,303	3,303	3,303

① 예시 : 70세(부부 중 연소자 기준), 3억원 주택 기준으로 매월 78만 4천원을 수령합니다.

가입 가능한 노인복지주택

노인복지주택명	주소
서울시니어스타워 강남타워	서울특별시 강남구 자곡로 100-2(자곡동 631)
후성누리움	서울특별시 강동구 명일로135(둔촌동)
서울시니어스타워 가양타워	서울특별시 강서구 화곡로 68길 102(등촌동)
서울시니어스타워 강서타워	서울특별시 강서구 등촌3동 669-1(공항대로315)
상암 카이저팰리스	서울특별시 마포구 월드컵북로47길37(상암동)
시니어캐슬 클라시온	서울특별시 은평구 은평로21길 34-5(녹번동)
정동상림원	서울특별시 중구 정동길21-31(정동)
시니어스 분당타워	경기도 성남시 분당구 구미로173번길 47
정원속궁전	경기도 성남시 분당구 불정로112
더헤리티지	경기도 성남시 분당구 대왕판교로 155(금곡동)
광교아르데코	경기도 수원시 영통구 광교로42번길 80 (이의동)
광교두산위브	경기도 수원시 영통구 광교중앙로 55
블루밍더클래식	경기도 하남대로 770(신장동)
옥성골든카운티	전라북도 완산구 중인1길136-20(중인동)
내장산 실버아파트	전라북도 정읍시 금붕1길 190
서울시니어스 고창타워	전라북도 고창군 고창읍 석정2로 140
스프링카운티자이	경기도 용인시 기흥구 동백죽전대로 333(중동)
노블레스타워	서울특별시 성북구 종암로90(종암동) 서울특별시 성북구 종암로18길 22

*출처 : 보건복지부

*심사과정에서 폐지 등으로 인해 실제 가입 가능한 노인복지주택은 위와 상이할 수 있으며, 그 외의 '노인복지주택'은 별도 문의 바랍니다.

※ 공사법 시행령 및 주택담보노후연금보증 업무처리기준에 의한 공고 사항입니다.

Q 월 지급금 예시 공시지가 기준(감정가의 경우 공시지가 월 지급금의 90%지급)

종신(정액)형

나이	농지가격 1억원	2억원	3억원	4억원	5억원	6억원
60세	34만원	68만원	102만원	136만원	170만원	204만원
65세	38만원	75만원	113만원	151만원	189만원	226만원
70세	42만원	85만원	127만원	170만원	212만원	254만원

종신(수시인출)형

나이		농지가격 1억원	2억원	3억원	4억원	5억원	6억원
60세	수시인출	2,400만원	4,900만원	7,300만원	9,600만원	1억 2,200만원	1억 4,700만원
	종신연금(월)	24만원	48만원	72만원	96만원	120만원	144만원
65세	수시인출	2,500만원	5,100만원	7,700만원	1억 300만원	1억 2,900만원	1억 5,500만원
	종신연금(월)	27만원	53만원	80만원	106만원	133만원	160만원
70세	수시인출	2,700만원	5,400만원	8,100만원	1억 800만원	1억 3,500만원	1억 6,200만원
	종신연금(월)	30만원	60만원	90만원	120만원	150만원	180만원

- 수시 인출 : 목돈이 필요한 경우 수시로 인출 할 수 있는 일시인출 한도

산지 연금 수령	산지연금은 40% 일시불 받고 60%는 10년간 농지연금 분할 수령 (예) 임야 감정가 1억원은 계약 첫 달에 4,063만원 받고, 10년간 매달 63만원 수령(40,630,000+75,600,000 = 총액 116,230,000), 임야 감정가 5억원의 경우는 계약 첫 달에 2억원 받고, 10년간 매달 320만원을 수령한다.

부록 2 유튜브 "법학박사 황경진경매TV" 사례(주제)별 현황

유튜브 또는 네이버(Naver) 검색, 예) 황경진 1100강, 1300강 입력 후 시청		
	목 차	유튜브 강의 차례
1	가등기	179, 411, 751, 805, 1090, 1131, 1301, 1302
2	가장임차인	37, 1145
3	가처분	342, 360, 806, 1131, 1301, 1303
4	가처분(점유이전금지, 통행방해금지)	342, 360, 604, 1096
5	개인회생, 파산 및 면책. 채무조정제도(오징어게임)	1008, 1087, 1158, 1204, 1213, 1293
6	깡통전세	111, 193, 268, 331, 577, 818, 905
7	구법사건, 신법사건	1012
8	건축법	1048
9	건축중단, 건축관계자 변경	467, 1284
10	검색 방법(물건 검색)	52, 75, 208, 298, 324, 325, 355, 418, 478, 551, 627, 642, 707, 736, 995, 1053, 1086
11	경매 권리분석 부족	10, 11, 13, 27, 685, 686, 697, 840, 1016, 1118
12	경매에서의 담보책임	23
13	경매 매도방법	901
14	경매와 공매의 신문 공고, 경매부동산의 매각공고	347, 685, 686, 936, 937, 1116
15	경매와 공매의 경합	431, 581, 632, 1159, 1297, 1309
16	경매와 공매의 흐름도	1013, 1014
17	경매와 공매의 비교	63, 405, 798, 799, 902, 940, 941, 942, 1016, 1044(1062 분실)
18	경매잔금대출(경락잔금대출)	24, 48(1부), 67, 107, 136, 204, 205, 211, 232, 242, 308, 327, 350, 375, 387, 388, 368, 399, 444, 463, 546, 592, 692, 798, 823, 829, 956, 1034, 1035, 1060
19	경매흐름도	1190, 1307
20	경매학원의 엿보기	1, 23, 31, 36, 47(1부), 85, 86, 124, 125, 872, 880, 899
21	경매함정 유형 분류	15, 641, 687, 695
22	공매 권리분석 부족	55, 95, 130, 138, 142, 145, 223, 420, 808, 881
23	공매 기초	12, 27, 686, 705, 706, 783, 784, 804, 840, 882, 883, 944, 1063
24	공매 랭킹 20위 권리분석	949
25	공매 상가 낙찰	540, 562, 700, 831
26	공매 아파트 낙찰	145, 162, 473, 477, 494, 509, 520, 558, 142, 688, 778, 787, 943
27	공매 임대(대부), 쉬운창업, 실업자 탈출기	53, 326, 356, 378, 461, 498, 533, 656, 684, 699, 712, 737, 938, 1082, 1127, 1154, 1196, 1210, 1223, 1231, 1234, 1298, 1308
28	↳ 아파트 임대	395, 777, 789, 981

29	↳ 학교 구내매점 임대	60, 150, 169, 198, 295
30	↳ 매점(복지관) 등	295, 582
31	↳ GS편의점 임대	133, 198, 481, 534, 739, 1091
32	↳ 커피점 임대	5, 35, 295, 532, 535, 739, 832, 1091, 1234
33	↳ 주차장 임대	41, 792, 777, 1123, 1137
34	↳ 식당 임대	48(3부), 93, 788
35	공매(배분계산서)	22, 95, 709
36	공매 취소	550
37	공원 낙찰	433
38	공유물분할청구소송, 행정심판청구소송	120, 339, 365, 1148
39	공유자우선매수신고	618, 957, 1147
40	공인중개사 중개 하자	101, 146, 173, 451, 591, 735, 887, 982, 1051
41	공장 낙찰	455, 782
42	관리비 미납(미납관리비, 체납관리비)	110, 144, 187, 288, 470, 648, 910, 1052, 1088, 1121,
43	구법사건, 신법사건	877
44	국세징수법 개성	1310
45	국민연금	129, 338, 555, 698, 835, 1020, 1045, 1069, 1269
46	권리분석	410, 412, 670, 671, 722
47	권리분석 오류 사례	55, 58, 148, 182, 241, 244, 245
48	권리분석(경매)이해 부족	182, 468, 470, 472, 494, 496, 599, 886,
49	기일입찰표 미숙지, (10% 몰수, 경매법정 무효처리)	25, 61, 257, 305, 329, 334, 374, 552, 556, 430, 556, 989, 1083, 1208, 1233, 1286,
50	낙찰후 그림을 잘 그린 사례(가공)	414, 701, 873, 1094, 1150, 1151,
51	내 종잣돈 10배 늘리기	7, 528,
52	낙찰자 명의(개인, 부동산매매사업자, 법인)	1289
53	노인복지주택(고령자복지주택, 마이홈)	918, 1071, 1166,
54	농어촌주택 양도소득세 특례적용	62, 90, 137, 490, 580, 646, 1056, 1229
55	농어촌공사	459, 654, 1046, 1173
56	농업진흥구역 낙찰	256
57	농업경영계획서 작성	1009, 1024
58	농지 낙찰	323, 363, 443, 446, 459, 464, 496, 545, 561, 588, 594, 717, 816, 889, 895, 1039, 1046, 1209, 1220, 1221, 1278
59	농지 낙찰 후 되팔기	381, 459
60	농지 대항력	997

61	농지법 개정	856, 1077, 1175, 1219, 1236
62	농지 임대(대부)	340, 791, 309
63	농지연금	29, 30, 94, 129, 231, 309, 322, 354, 421, 443, 639, 658, 669, 694, 725, 726, 776, 797-2, 821, 871, 907, 914, 1021, 1038, 1061, 1078, 1167, 1172, 1218, 1270, 1299, 1312
64	농지대장(구, 농지원부), 농업인혜택	259, 309, 421, 493, 525, 603, 640, 643, 711, 791, 980, 1022, 1040, 1093, 1122
65	농지취득자격증명(미제출시 보증금 몰수)	48(2부), 104, 276, 335, 364, 365, 366, 413, 443, 536, 560, 569, 665, 689, 708, 727, 801, 839, 975, 976, 1042, 1043, 1079, 1192, 1276,
66	농작물	1279
67	다가구주택 낙찰	368, 399
68	다세대(빌라) 저가낙찰	844, 847
69	담보책임	442
70	담장소송(20년 점유취득시효)	66, 290, 749, 1201, 1235
71	대위변제	331, 891
72	대지 낙찰	92
73	대출상담사	9, 105, 696, 1037, 1092,
74	도로관련법(공원, 도로 낙찰, 진입로문제)	224, 433, 438, 565, 625, 815, 1237
75	매각물건명세서,현황조사서	196, 629, 1089
76	매각불허가결정	48(2부), 74, 89, 177, 335, 355, 366
77	매매사업자등록(사업소득)	1160
78	목욕탕 수익사례	701, 1152
79	목차 유형별 분류표	20, 1081
80	묘지(분묘) 낙찰	30, 380, 909, 1003, 1011, 1043, 1171
81	무상임대차각서(무상거주확인서)	911, 890, 1073
82	(잔대금)미납	신설
83	미등기부동산에 대한 제경매	467
84	불법건축물(이행강제금)	1287
85	배당표(경매)	96, 186, 304, 341, 383, 553, 888, 1203
86	배분계산서(공매)	598, 647, 710, 802, 1015,
87	법인명의 낙찰 장단점	44, 71, 136, 252, 253, 432, 446, 457, 529, 554, 569, 747, 1114, 1115, 1220, 1232,
88	법인의 아파트, 농지낙찰	545, 569, 1205,
89	법정지상권	32, 78~82, 310~315, 415, 680, 681, 691, 762, 763, 764, 765, 766, 767, 922, 923, 924, 925, 926, 927, 928, 929, 1100, 1226, 1283
90	↳ 1. 법정지상권 개요	310, 415, 680, 762, 764, 1188, 1283
91	↳ 2. 제경매	78, 312, 415, 680, 765, 922, 926

92	↳ 3. 임의경매	32, 79, 312, 415, 680, 764, 924, 925 ,926
93	↳ 4. 수목	32, 80, 313, 415, 681, 766, 927, 1101, 1279
94	↳ 5. 지료	32, 314, 415, 681, 928, 1102
95	↳ 6. 대지권	923
96	↳ 7. 공유 지분 낙찰	32(6집), 81(1집), 315(3집), 415(4집), 681(7집), 929(중권), 1104,
97	↳ 8. 명도	82, 315, 415, 681, 1103,
98	(국토교통부, 국세청 등) 보도자료 미숙지	8, 247, 299, 456, 489, 471, 112, 456
99	부동산공법	851, 977,
100	부동산거래신고	115, 746
101	분묘기지권, 묘지 낙찰(무연고, 유연고)	30, 155, 311, 380, 404, 450, 560, 626, 634, 635, 729, 828, 853, 909, 921, 1003, 1011, 1025, 1192
102	상가 낙찰(우수사례)	54, 56, 131, 174, 246, 392, 482, 527, 537, 538, 541, 700, 701, 702, 892, 988, 1193, 1217, 1230,
103	상가 연금(상가 낙찰)	54, 162, 166, 167, 174, 221, 272, 284, 330, 392, 439, 470, 479, 482, 527, 538, 539, 540, 541, 546, 547, 811, 831, 846, 892, 983, 111, 1271
104	상대적 소액보증금	102, 452, 497, 820, 948, 1130, 1185
105	(상임법, 상가건물임대차보호법)대항력 있는임차인	26, 47(3부), 57, 58, 189, 261, 271, 391, 994, 1066, 1290
106	(상임법)우선변제권	170,262,
107	(주임법,주택임대차보호법) 대항력 있는 임차인	26, 28, 47(3부), 57, 58, 121, 164, 181, 213-219, 390, 397, 398, 452, 453, 458, 645, 672, 674, 677, 678, 679, 760, 842, 885, 1018, 1136, 1144, 1136, 1288
108	(주임법)우선변제권	185, 996,
109	(주임법)최우선변제권	243, 270, 452, 947,
110	생활형 숙박시설,다중주택 낙찰	56, 91, 396, 491, 539, 541, 575, 576, 587, 752, 1057, 1311
111	서식(전세보증금 반환용)	69
112	(변호사,법무사,공인중개사) 선임 보수	424, 451
113	산업폐기물	1007
114	산지연금(신설)	151기 2회차 정교재
115	섬경매	3, 240, 265, 410, 426, 462, 652, 655, 772, 773, 774, 830, 1098, 1099, 1274
116	신축 건물의 건축 중단(건축주 명의변경)	467
117	소송	1025, 1026
118	소액보증금(최우선변제권)	95, 96, 243, 270, 452, 804, 947, 1051, 1183, 1185
119	수생 질의답변(응답)	1191
120	수목 매각제외	80, 313, 826, 1027, 1279

121	수산자원보호구역, 커피점 낙찰	4, 99, 266, 363, 589, 624, 916, 1010
122	수익난 사례(낙찰 우수사례)	419, 422, 428, 779, 780, 781, 785, 786, 874, 875, 945, 988, 1155, 1228, 1285
123	수익형호텔 낙찰	373
124	신탁공매	17, 38, 64, 403, 578, 657, 758, 814, 898, 906, 919, 1005, 1124, 1126, 1134
125	아파트 낙찰	106, 108, 113, 127, 145, 162, 172, 197, 209, 245, 260, 273, 277, 294. 300, 306, 328, 337, 395, 401, 402, 403, 423, 429, 472, 473, 477, 485, 496, 522, 530, 577, 676, 745, 778, 786, 793, 794, 795, 796, 797, 869, 974, 1070, 1085, 1141, 1143, 1222, 1230
126	아파트 대지권 낙찰	18, 209, 302, 362, 440, 607, 787, 1153, 1170, 1216
127	아파트 대지권 미등기	573, 610, 750, 1139
128	아파트 임대(대부)	395, 597, 789
129	아파트형공장(지식산업센터)	661, 1004, 1184,
130	양도소득세 문제	45, 90, 117, 137, 154, 251, 382, 386, 391, 456, 465, 471, 568, 606, 703, 734, 744, 810, 834, 1036, 1049, 1062, 1120, 1135, 1186, 1187
131	예고등기	264, 343, 411, 807
132	예금보험공사 공매	151, 230, 301, 813, 920, 978, 991, 1125, 1153
133	오피스텔 낙찰	425
134	용도지역	628, 1041
135	외국인의 임대차(대항력)	47(3부), 852, 891, 946, 1142
136	외부 경매전문가 초청(이종실교수)	447, 448, 500, 501, 566, 567
137	위반 · 불법건축물(이행강제금)	70, 293, 303, 492, 817, 893, 1067, 1161, 1287
138	유치권	33, 83~84, 159~160, 196, 316-319, 416, 682, 683, 691, 778, 779, 780, 786, 930, 931, 932, 934, 935, 1055, 1105, 1106, 1107, 1108, 1109, 1110, 1189, 1227, 1300
139	유튜브 주제별 · 유형별 분석	1129
140	인도명령(건물명도)	82, 345, 406, 407, 912, 917, 1006, 1047, 1195
141	인수주의(매각 후 말소되지 않는 권리)	98, 147, 184, 187, 194, 214-219, 283, 263, 275, 357, 358, 391, 397, 398, 411, 427, 360, 453, 878, 879, 1000, 1001, 1002, 1305
142	인허가문제	114, 227, 370
143	임금채권 배당 문제	97, 186, 647, 787
144	임야(산지)낙찰	16, 19, 46, 65, 87, 139, 175, 279, 404, 426, 457, 459, 464, 543, 594, 609, 728, 827, 979, 1215, 1272
145	임차권양도양수계약서	123, 819
146	입찰금지물건	615
147	입찰대행(매수신청대리)	667, 775, 1295

148	입찰보증금(10%)몰수	61, 109, 183, 191, 374, 474, 822, 824, 839, 894, 976, 989, 999, 1128, 1220
149	입찰전 체크리스트(81건)	666, 900, 1058, 1176, 1177, 1178, 1179, 1180, 1181, 1182, 1292
150	입찰하고 떨어진 사례	483, 484
151	전입세대확인서 오류 발급	47(3부), 47(4부), 296, 622, 675, 803, 1065
152	재개발구역 낙찰	21, 108, 350, 544, 565, 742, 961, 962, 965, 967, 1132, 1198
153	재건축구역 낙찰	197, 273, 423, 522, 544, 963, 964, 968, 1059, 1132, 1133, 1198, 1207
154	전세권(27강좌)	184, 190, 191, 192, 193, 194, 199, 254, 255, 275, 294, 351, 352, 358, 393, 394, 359, 436, 449, 600, 611, 612, 613, 614, 723, 761, 998, 1304, 1306
155	전세권만 경매	281, 359
156	우체국 e-그린우편으로 보유 부동산 매각(매물 정리)	596
157	전국8도 경공매 권리분석	950, 951, 952, 953
158	정보공개	4, 590, 896, 1202
159	조세문제(부가가치세 등)	386, 456, 903, 1095
160	조정대상지역 낙찰	387, 649, 650
161	수위토지통행권(통행방해금 지가처분신청)	1313
162	주임법 인수유형들	28
163	주택도시보증공사 대항력 포기물건	1076, 1080, 1119, 1138, 1157, 1291
164	주택연금	129, 231, 322, 353, 385, 475, 524, 633, 639, 668, 694, 730, 740, 741, 776, 821, 836, 837, 913, 1023, 1072, 1074, 1165
165	주택임대차보호법,상가건물 임대차보호법 비교 분석	57, 141, 271, 390, 748, 993, 1194
166	주택임차권	123, 244, 188, 819
167	주차장(법)	1019, 1128, 1237
168	지구단위계획구역	1281
169	지료	314, 604, 605, 655, 909, 928, 1028, 1281
170	지분 낙찰	14, 39, 40, 49, 51, 81, 100, 140, 168, 200, 201, 202, 233, 280, 291, 315, 350, 382, 388, 408, 442, 469, 583, 616, 617, 619, 620, 621, 713, 714, 715, 716, 738, 787, 843, 848, 849, 850, 954, 955, 958, 1029, 1050, 1146, 1149, 1168, 1206, 1224, 1225, 1273
171	지분 낙찰후 해야 될 일	959, 960
172	지역권	437
173	지지옥션 경매만화	1199, 1200
174	지하층 낙찰	361, 702, 781
175	차순위매수신고	143, 210, 571, 858, 1117
176	취하·취소	89, 178, 220, 384, 549, 897, 1097

177	친인척간 임대차	891
178	취득세 문제	8, 112, 136, 249, 307, 386, 425, 456, 489, 523, 734, 743, 834, 1032, 1033, 1036, 1296
179	취하·취소	89, 178, 220, 384, 549, 897, 1097
180	채권상계	346, 458, 800
181	취득시효	66, 120
182	칼럼 소개(신설)	
183	토지거래허가구역	1214
184	토지 낙찰	289, 290, 406, 572, 628, 1211, 1212, 1275, 1277
185	토지 조세(농지보전부담금, 개발부담금,대체산림자원조성비)	48(2부), 1280
186	통행방해금지가처분 신청	604
187	특수법인물건(사회복지법인, 재단법인 등) 주무관청허가	457, 1294
188	펜션 낙찰	488
189	1차경매, 2차경매 (선행경매, 후행경매)	68, 263, 890, 1064, 1075
190	(문패와)호수가 다른 경우	908
191	행정심판청구소송	365, 1174
192	LH공사에 감정가 매각	47(2부), 72, 149, 595, 812, 1054, 1195
193	LH공사(한국토지주택공사) 희망 임대 아파트	212, 332, 344, 460, 542, 787, 966
194	NPL(부실채권)	195, 203, 206, 207, 435, 568, 579, 591, 605, 662, 693, 753, 754, 755, 756, 759, 969, 970, 971, 972, 973, 1084, 1153, 1169, 1197

부록 3　유튜브 “법학박사 황경진경매TV” 출간 도서 현황

유튜브 교재 발간		수록 강좌	강좌수	촬영 기간(각 48시간)
1~5집	1집(大)	46강~123강	82강	제115기(2019. 9. 9.~)
	2집(大)	124강~232강	108강	제117기(2019.11.21.~)
	3집(大)	233강~374강	141강	제119기(2020. 1.30.~)
	4집(大)	375강~467강	92강	제121기(2020. 5.11.~)
	5집(大)	468강~605강	138강	제123기(2020. 7.20.~)
6~8집	6집(大)	1~45강 606~640강	70강	제125기(2020.10. 5.~)
	7집(大)	641강~734강	94강	제127기(2020.12.14.~)
	8집(大)	735강~824강	84강	제129기(2021. 2.15.~)
상권~하권	상권(大)	825강~898강	74강	제 131기(2021. 4.19.~)
	중권(大)	899강~983강	85강	제133기(2021. 6.24.~)
	하권(大)	984강~1067강	84강	제135기(2021. 8.26.~)
A권~C권	A권	1068강~1149강	82강	제137기(2021.11. 1.~)
	B권	1150강~1198강	49강	제139기(2022. 1. 3.~)
	전자책	1199강~1268강	70강	제141기(2022. 3.17.~)
	C권	1269강~1350강	82강	제143기(2022. 5.19.~)

부록 4 유튜브 "법학박사 황경진경매TV" 출간 도서 목록

<table>
<tr><td colspan="3">유튜브 "법학박사 황경진경매TV" 출간 도서 목록
(2023. 6.23. 현재 194 목차 분류, 1313강 등록중)
교재 구입처 : 황경진경매학원(010-8765-4137) 권당 10만원 / 3권 21만원</td></tr>
<tr>
<td>
</td>
<td>
</td>
<td>
</td>
</tr>
<tr>
<td>82강(46강~123강)
2019. 9. 9.~11. 18.</td>
<td>108강(124강~232강)
2019. 11. 21.~20.1. 29.</td>
<td>141강(232강~374강)
2020. 1. 30.~4. 6.</td>
</tr>
<tr>
<td>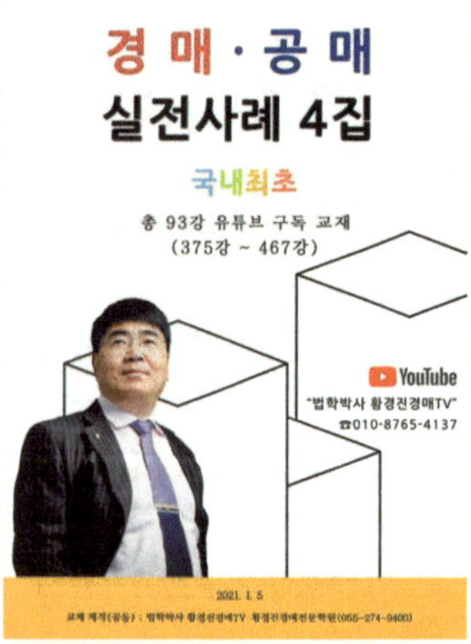
</td>
<td>
</td>
<td>
</td>
</tr>
<tr>
<td>92강(233강~374강)
2020. 5. 11.~7. 17.</td>
<td>138강(468강~605강)
2020. 7. 20.~9. 28.</td>
<td>70강(1~45강, 606~640강)
2020. 10. 5.~12. 13.</td>
</tr>
</table>

94강(641강~734강) 2020. 12. 14.~ 21. 2. 10.	84강(735강~824강) 2021. 2. 15. ~ 4. 15.	74강(825강~898강) 2021. 4. 19.

85강(899강~983강) 2021. 6. 24.	84강(984강~1067강) 2021. 8. 26.	82강(1068강~1149강) 2021. 11. 1. ~ 22. 1. 2.

49강(1150강~1198강) 2022. 1. 3. ~ 22. 3.16.	82강(1269강~1350강) 2022. 5.19. ~ 2022. 7.13.	70강(1199강~1268강) 2022.3.17.~2022.5.18.

부록 5 유튜브 "법학박사 황경진경매TV" 1강~1313강 강의 순서

443강	농지를 잘 알아야 농지취득자격증명도 받고 농지연금도 잘 받는다.	359P
444강	경락잔금대출 2,000건 이상 취급하면서 배운 것(대출 안되는 경우 많다).	363P
445강	채무자명의변경(중도상환수수료 없음)과 (근)저당권자 변경(후순위 임차인은 영원한 후순위).	372P
446강	법인과 종중명의로 농지를 취득할 수 있다.	374P
447강	외부 경매전문가 초청 1회(특수경매 1인자 이종실교수, 1부).	382P
448강	외부 경매전문가 초청 1회(특수경매 1인자 이종실교수, 2부).	382P
449강	(대구 대박사건 비슷한 거제아파트 선순위 전세권사건), 항고 기각으로 대법원에 재항고하였으나 패소.	384P
450강	낙찰 후 무연고묘, 유연고묘 처리하는 방법.	391P
451강	변호사(선임보수), 법무사와 중개사의 매수신청대리 보수표.	394P
452강	소액보증금 조견표(불쌍한 임차인 생명표) 와 상대적 소액임차인 배당.	397P
453강	경매와 공매의 인수주의(47유형).	402P
454강	LH공사(한국토지주택공사)의 마음을 잘 읽어야 감정가로 되팔 수 있다.	408P
455강	제조업의 침체로 공장 경매가 급증.	412P
456강	취득세 12%, 양도세 70%, 종부세 6% 내야됨(7.10 부동산대책).	415P
457강	감정가 45억 임야가 1%(4천6백만원)까지 떨어져 경매중이다. (소유자가 종교시설(교회등), 종중, 학교법인, 유치원, 사회복지법인, 사단·재단법인).	426P
458강	세입자가 경매신청하고 낙찰받고 채권상계신청후 소유자 되는 방법.	432P
459강	농지는 한국농어촌공사에, 산지는 국유림관리소에 감정가로 되팔자.	434P
460강	토지는 LH공사(한국토지주택공사)에 감정가로 되팔자.	439P
461강	코로나19로 실업자라면 공매 임대 낙찰을 배우면 바로 구제된다.	443P
462강	고흥 거금도섬(해수욕장)에 대지 200평(2천만원) 나왔다.	447P
463강	원장님, 경락잔금대출 한도는 어디에 전화할까요?	448P
464강	농지, 산지 낙찰시 주의할 것 너무 많다.	449P
465강	양도세 절감법? 1/1-12/31 양도차익 1억, 양도손실 1억 =양도세'0'된다.	452P
466강	개인회생신청하면 대부업, 사채, 개인끼리의 빚까지 모두 탕감된다.	455P
467강	건축 중단된 건물이 매각 제외된 토지 낙찰시 문제점 해결방안.	456P
468강	123기 개강 당일 낙찰 임박한 우량물건 권리분석 실전노하우 전수하다(1부).	32P
469강	123기 개강일부터 낙찰 임박한 지분물건 소개(2부).	38P
470강	낙찰 임박 9건 권리분석(낙찰자는 보증금에서 밀린 월세, 관리비 공제할 수 있다).	41P
471강	7.10.(부동산대책 2주후) 취득세, 양도세, 종부세 재정리하다.	44P

부록

1069강	국민연금(30세,89,000원, 30년불입)→65세 월523천원 받는다	
1070강	동경 수도권 아파트 1.2억→ 3.6억(주택연금)→지금 3천만원	
1071강	노인복지주택에 입주하면 좋은가?	
1072강	이런 주택 낙찰시 만55세에 주택연금 평생받는다.	
1073강	무상거주확인서에 서명한 세입자는 나가야 한다.	
1074강	주택연금을 많이 받는 주택 낙찰이란?	
1075강	주택(1차경매에서→2차경매) 낙찰시 인수가 발생.	
1076강	주택도시보증공사의 대항력 포기(큰돈이 보인다)	
1077강	농지 취득자격 심사부터 사후관리까지 강화된다.	
1078강	취득세, 보유세, 양도세가 없는 농지연금	
1079강	공·경매 농지 낙찰시 농지취득자격증명(농지취득자격증명) 발급이 큰 걱정이다.	
1080강	전세보증금 보다 싸게 낙찰가능. HUG 대항력 포기 물건 증가	
1081강	공·경매 유형별 분류표(124유형) 쉽게 보는 방법(3시간 특강)	
1082강	온비드 공매에서 임대(대부)물건은 320건 보인다(3시간 특강)	
1083강	기일입찰표 작성 모든 것(교회명의 작성까지)	
1084강	NPL(부실채권)에서 수익을 내고 싶다면?	
1085강	공시가격 1억 미만 아파트 찾는 방법.	
1086강	전국 조회수 TOP30위~50위에서 대박찾는 방법있다.	
1087강	개인회생, 개인파산 신청시 유리한 점.	
1088강	아파트 체납관리비는 어디까지 낙찰자 부담인가?	
1089강	경매에 현황조사서와 매각물건명세서가 매우 중요.	
1090강	선순위 가등기를 깨트린 사례.	
1091강	국가기관의 커피점, GS편의점, 군부대의 치맥 낙찰	
1092강	대출상담사도 교육을 받아야 영업을 할 수 있다.	
1093강	농지대장(구,농지원부)있으면 농업인 혜택 18가지	
1094강	경·공매에 재미난 낙찰사례	
1095강	토지 낙찰시 부담하는 여러가지 세금	
1096강	후순위 가처분이라도 말소 안된다.	
1097강	경매취하·공매취소 절차?	
1098강	휴가철 찾아가고 싶은 33개 섬경매 검색하려면?	
1099강	보령 해저터널 개통기사와 경매검색	

1100강	(법정지상권 관련된) 특수물건 해설	
1101강	입목 등기부를 보셨나요?	
1102강	경매낙찰시 지료는 얼마나 받나요?	
1103강	토지만 낙찰후 건물 명도는 어떻게 해야 할까?	
1104강	토지 지분만 낙찰시 건물은 철거되는가?	
1105강	유치권신고된 물건은 낙찰가 매우 낮다.	
1106강	아파트 유치권주장시 월세는 주어야 한다.	
1107강	유치권신고자도 인도명령대상이 된다.	
1108강	유치권 성립하는 판결문 있는 공장임에도 낙찰자가 유치권을 깬 사례.	
1109강	유치권 신고된 경공매 사례분석 연구	
1110강	유치권신고된 물건에 낙찰자한테 유리·불리한 판례 소개	
1113강	상가 예상낙찰가 산정 방법	
1114강	법인은 왜 공시가격 1억 미만 아파트를 낙찰받는가?	
1115강	(법무사 수수료없이) 나홀로 법인을 설립하려면?	
1116강	신문에서 보는'경매부동산의 매각 공고'	
1117강	경매법정 2등되면 차순위매수신고 하자.	
1118강	경매, 공매, NPL을 배우자.	
1119강	주택도시보증공사의 대항력 포기 빌라(인수×)	
1120강	1가구 1주택 양도세 비과세 기준?	
1121강	낙찰후 체납관리비 미납액 어디까지 부담할까?	
1122강	농지대장을 연1백만원 이하로 만드는 비법?	
1123강	나는 실업자 면했다(국가 주차장을 임대(대부)받고).	
1124강	나는 경·공매 아파트보다 신탁공매 아파트가 더 좋다.	
1125강	앞으로 예금보험공사 공매 쏟아진다.	
1126강	신탁공매 점유자는 우선수익자한테 문의하라.	
1127강	조기 퇴직자는 공매 임대(대부)를 배우자.	
1128강	주차장법 무지로 입찰보증금 10% 떼였다.	
1129강	내가 원하는 유튜브 주제별 권리분석(전반부)	
1130강	상대적 소액임차인에 추가 배당	
1131강	가등기 , 가처분의 모든 것(3시간 특강).	
1132강	재개발·재건축지의 검색 방법	

1133강	아파트 재건축 VS 리모델링	
1134강	신탁공매와 신탁원부 관계	
1135강	아파트 양도세 비과세되는 경우란?	
1136강	나는 말소기준권리보다 먼저 전입한 자가 무섭다.	
1137강	공매 주차장 입찰전 검토사항?	
1138강	주택도시보증공사의 대항력 포기물건이란?	
1139강	경매아파트 대지권미등기 문제없는가?	
1140강	내 전세보증금 4.5억 무배당(확정일자 없어)	
1141강	낙찰받으면 큰일나는 아파트란?	
1142강	외국인 거주 아파트 낙찰시 문제점?	
1143강	이런 아파트 낙찰시 패가망신.	
1144강	아파트 낙찰받아 추가부납한 사례	
1145강	가장임차인 있는 아파트를 낙찰받자.	
1146강	지분 낙찰로 대박난 사례들	
1147강	지분 경매·공매의 공유자우선매수 시한?	
1148강	지분 낙찰후 공유물분할 협의요령과 소송	
1149강	지분 낙찰후 대박 사례, 피박사례	
1150강	낙찰 후 가공을 잘한 사례(6건)	
1151강	낙찰보다 가공이 더 중요하다.	
1152강	불모지 낙찰(목욕탕·지하층) 수익사례(8건)	
1153강	대지권, NPL,예금보험공사 낙찰 수익사례(6건)	
1154강	노상주차장,커피점,식당 낙찰 우수사례(4건)	
1155강	이런 것 낙찰시 큰 돈 된다(5건)	
1156강	100세 시대를 어떻게 준비하고 있는가?	
1157강	주택도시보증공사의 대항력 포기물건	
1158강	개인회생 신청과 경매 연기	
1159강	동일한 아파트가 경매·공매 함께 진행중(경합)	
1160강	낙찰 물건 절세방법(너는 77백만원→난 22백만원 낸다).	
1161강	위반건축물 낙찰 골치 아프다.	
1162강	강남에 120명 입찰(역시 강남)	
1163강	선순위 전입자는 무조건 대항력이 있는가?	

1164강	주택도시보증공사가 대항력을 포기하였다는데	
1165강	주택연금 대상주택과 가입요건	
1166강	60세되면 노인복지주택에 입주해야	
1167강	농지연금도 모르면 노후가 불안하다.	
1168강	지분 낙찰은 대출이 안된다.	
1169강	개인 or 법인 NPL 투자 가능한가?	
1170강	대지권 낙찰시 성공·실패 사례란?	
1171강	묘지, 불법건축물 있는데 농지취득자격증명 발급받기	
1172강	농지연금 받고 싶다면 배워야	
1173강	농어촌공사에 내 농지 팔기	
1174강	농지취득자격증명 거부시 행정심판청구소송	
1175강	농지법 많이 개정되었네	
1176강	입찰전 체크리스트 1-10번	
1177강	입찰전 체크리스트 11-20번	
1178강	입찰전 체크리스트 21-30번	
1179강	입찰전 체크리스트 31-40번	
1180강	입찰전 체크리스트 41-50번	
1181강	입찰전 체크리스트 51-60번	
1182강	입찰전 체크리스트 61-72번	
1183강	내 자녀가 소액보증금을 얼마나 받을 수 있나?	
1184강	지식산업센터(아파트형공장) 낙찰시 주의사항	
1185강	공인중개사라면 이정도는 알아야(상대적소액보증금까지)	
1186강	다가구주택이 아차하면? 다세대주택된다(중과대상)	
1187강	세무사도 공부 많이 해야 된다.	
1188강	어렵다(법정지상권이 성립할 여지 있음)	
1189강	어렵네(유치권 신고가 있으나 그 성립 여부는 불분명하여)	
1190강	황경진경매학원 첫 개강일(경매흐름도/3시간)	
1191강	황경진경매학원 2일차(수강생 질의에 답변/3시간)	
1192강	황경진경매학원 3일차(농지취득자격증명 발급과 분묘기지권/3시간)	
1193강	황경진경매학원 4일차(상가낙찰 우수사례/3시간)	
1194강	황경진경매학원 5일차(주임법과 상임법 비교)	

1195강	황경진경매학원 6일차(LH에 고가매도, 인도명령/3시간)	
1196강	황경진경매학원 7일차(공매 임대(대부) 낙찰/3시간)	
1197강	황경진경매학원 8일차(NPL,부실채권 투자/3시간)	
1198강	황경진경매학원 9일차(재개발·재건축과 경매/3시간)	
1199강	(국내 최고 경매사이트 지지옥션) 경매만화와 실전사례 해설 1부	
1200강	(국내 최고 경매사이트 지지옥션) 경매만화와 실전사례 해설 2부	43P
1201강	지적 불부합지(담장소송 당함)	75P
1202강	정보공개제도란?	78P
1203강	배당순위 어렵지 않다.	81P
1204강	채무조정제도(오징어게임 참가전 숙지해야)	85P
1205강	아파트 공시가격 1억 이상/미만 매우 중요.	87P
1206강	지분 낙찰의 주의사항?	88P
1207강	투기과열지구의 아파트 분양자 조건은?	91P
1208강	경매 낙찰 요지경(1원 차이로 1등 낙찰자되고)	93P
1209강	10년에 2배 또는 7배 오른 농지의 비교?	99P
1210강	공매 임대(대부) 배워 노후 준비하다.	109P
1211강	토지이용계획확인서 배우다.	113P
1212강	바닷가에 어떤 토지를 낙찰받아야 커피점 되는가?	123P
1213강	개인회생, 파산자의 경매는 여기에 나온다.	127P
1214강	토지거래허가구역은 경매, 공매(압류재산)에서 허가 필요없다.	129P
1215강	임야 낙찰시 이런 것을 주의해야 한다.	131P
1216강	아파트 낙찰시 이런 것을 주의해야 한다	135P
1217강	상가 낙찰시 이런 것을 주의해야 한다	139P
1218강	2022년 2월 18일부터 만 60세 이상 농지연금 가입	145P
1219강	농지법 많이 개정되었네.	151P
1220강	공장에 농지를 법인명의 낙찰받아 입찰보증금 떼이다.	157P
1221강	농지 낙찰후 잔금을 넣느냐? 마느냐? 문제로다.	160P
1222강	소유자만 거주하는 아파트 문제없다	164P
1223강	국가기관의 임대물건을 낙찰받자	176P
1224강	지분 낙찰의 모든 것(1부, 3시간 특강)	177P
1225강	지분 낙찰 심화과정(2부, 성공21건/실패11건)	208P

1288강	낙찰자가 임차인의 보증금을 안아야 한다고요?	
1289강	낙찰자 명의 중요(개인명의, 부동산매매사업자, 법인)?	
1290강	상가에 선순위 임차인 판별법?	
1291강	주택도시보증공사(HUG) 보증빌라 낙찰시 돈 될까?	
1292강	입찰전에 체크리스트가 있는가?	
1293강	개인회생신청시 경매기일이 1년정도 연기되는가?	
1294강	특수법인물건의 경매시 주무관청의 허가를 꼭 받아야 하는가?	
1295강	경매 입찰대행(매수신청대리)의뢰시 보수?	
1296강	취득세 중과와 감면대상?	
1297강	경매와 공매가 동시에 진행될 때 권리분석	
1298강	(쉬운 창업)국가 부동산을 임대하자	
1299강	2천만원으로 배우자 사망시까지 월3백만원 국가연금(농지연금)	
1300강	유치권배워 아파트 7.7억 낙찰가 ⇒ 현재 26억	
1301강	가등기와 가처분 잘 알면 대박	
1302강	가등기+(근)저당권(조심하자), (근)저당권+가등기(문제없다)	
1303강	가처분+(근)저당권(조심하자), (근)저당권+가처분(문제없다?)	
1304강	선순위 전세권 인수 10 사례	
1305강	인수란 경매낙찰자가 추가부담하는 것(BAD)	
1306강	전세권설정 바로알자.	
1307강	경매 구법사건과 신법사건의 비교.	
1308강	공매 임대를 알면 퇴직이 두렵지 않다.	
1309강	경매와 공매의 경합 실전사례 해설.	
1310강	압류재산의 공매 법률개정.	
1311강	생활숙박시설 바로알기	
1312강	농지연금 바로알기	
1313강	주위토지통행권의 침해(통행방해금지 가처분신청)	

참고문헌

한국주택금융공사(www.hf.go.kr/).

한국주택금융공사, 『주택담보노후연금보증 업무처리기준』, 2022.

한국주택금융공사 '주택연금 5천호 달성 기념 고객 체험수기집'.

농림축산식품부(www.mafra.go.kr/).

농림축산식품부 '농지업무편람(2023년)'

농림축산식품부 농지과 '농지민원 사례집(2023년)', '2022년 농지대장 업무지침 및 농업행정 실무 매뉴얼(2022년)'

한국농어촌공사(www.ekr.or.kr/)

농지은행처 '농지연금 업무처리요령(2023년)'

농지은행 '맞춤형 농지지원사업 업무지침(2023년)'

농지취득자격증명발급심사요령(농림축산식품부 예규)

산림청(www.forest.go.kr/)

산림청 '산지연금형(분할지급형) 사유림매수 업무처리지침(2023년)'

[유튜브] 트러스톤TV. 강창희 대표'1시간으로 끝내는 100세 설계 총정리'

[유튜브] 이영주 연금박사 '내 집으로 매달 연금 받는 방법'

[유튜브] 법학박사 '황경진경매TV'

황경진, "부동산 경매절차에서 농지취득자격증명제도에 관한 연구", 경남대학교 논총

다음카페, 황경진경매학원(cafe.daum.net/hwangauction)

지지옥션 카툰경매(만화)[No 895/2018., No1045/2021.]

옥션원(www.auction1.co.kr/)

한국임업진흥원, 사회공헌형 산림탄소상쇄사업 시범모니터링

조선일보[조선경제 김지섭 기자] (2023. 6.12/2023. 7.19)

농지은행 홈페이지에서의 농지연금 동영상 3개

○ [한국농어촌공사 농지연금 홍보영상] 땅큐! 농지연금(https://vo.la/vqhJR) 40초

○ [귀촌이야기]농지연금 덕분에 노후가 행복합니다, 농지연금 가입자 이종관 씨 (https://vo.la/F5RqA) 3분 20초

○ (농지은행Q&A) #10. 농지연금사업 소개편(https://vo.la/uDow3) 10분 13초